A Sombra de Ulisses

Coleção Estudos
Dirigida por J. Guinsburg

Equipe de realização – Tradução: Sara Margelli e Carlo Alberto Dastoli (cap. 9); Revisão de tradução: Lucia Wataghin; Edição de texto: Iracema A. de Oliveira; Revisão de provas: Lilian M. Kumai e Marcio H. de Godoy; Sobrecapa: Sergio Kon; Produção: Ricardo Neves, Sergio Kon e Raquel Fernandes Abranches.

Piero Boitani

A SOMBRA DE ULISSES

Com caderno de poemas selecionados
e transcriados por Haroldo de Campos

 PERSPECTIVA

Título do original em italiano
L'ombra di Ulisse

© 1992 Piero Boitani. Brazilian edition arranged through the mediation of Eulana Literary Agency

Dados Internacionais de Catalogação na Publicação (CIP)
(Câmara Brasileira do Livro)

Boitani, Piero
A Sombra de Ulisses / Piero Boitani; apêndice com traduções de poemas por Haroldo de Campos; [tradução Sara Margelli]. – São Paulo: Perspectiva, 2005. – (Estudos; 203 / dirigida por J. Guinsburg)

Título original: L'ombra di Ulisse
ISBN 85-273-0717-0

1. Ulisses (Mitologia grega) na literatura I. Campos, Haroldo de, 1929-2003. II. Guinsburg, J. III. Título. IV. Série.

05-1547	CDD-809.93351

Índices para catálogo sistemático:
1. Ulisses na literatura: Apreciação crítica   809.93351

Direitos reservados em língua portuguesa
EDITORA PERSPECTIVA S.A.
Av. Brigadeiro Luís Antônio, 3025
01401-000 São Paulo SP Brasil
Telefax: (11) 3885-8388
www.editoraperspectiva.com.br
2005

Sumário

PREFÁCIO IX

INTRODUÇÃO
    A Maravilha: Poesia e História XIII

1. Sombras:
    Figuralismo e Profecias 1

2. Naufrágio:
    Interpretação e Alteridade 15

3. A Nova Terra:
    Tipologias, História, Intertextualidade 31

4. De Terra em Terra, para o Vórtice:
    Leitura Oblíqua, Impura, Inquieta 53

5. In Breve Carta:
    Ciência e Poesia do Conhecimento. 73

6. A Última Viagem e o Fim das Viagens:
    Funções da Ironia. 99

7. O Espelho do Mar:
    Uma Esperança para a Literatura na História. 119

VIII   A SOMBRA DE ULISSES

8. Ulisses, as Sereias, o Faisão:
Palavra, Enigma, Silêncio 133

9. A Última Viagem de Ulisses no Brasil............................... 157

APÊNDICE

Ulisses 2001:
Mito, Literatura e História Entre Dois Milênios 171

Caderno de Poemas
(selecionados e transcriados por Haroldo de Campos) 187

Prefácio

Dois dias antes de começar as aulas das quais nasceu a idéia deste livro, a nave espacial americana Discovery lançou a sonda européia Ulisses numa longa viagem e, de imediato um jornal noticiou que tencionava, "como o herói de Dante" "experimentar as nunca dantes navegadas lonjuras do mundo sem pessoas atrás do sol". Uma coincidência tão grande não poderia ser fortuita. Todo meu discurso estava ali, num vôo insano, não mais além das Colunas de Hércules, mas no espaço entre os planetas e as estrelas. Tratava-se, evidentemente, do "cumprimento"* atual de um antigo mito e de uma antiga narração poética. Era essa história de prefiguração e realização que eu queria discutir em minhas conferências e no livro. Estava fascinado pelo modo como a literatura, que carrega o peso do ser e do existir, relaciona-se com a história, que é o mundo do devir: pelos momentos em que se encontram e pelos momentos em que o jogo das suas vozes é mais intenso.

Para poder captar o eco era necessário construir um relato que, acompanhando o principal, percorresse alguns caminhos laterais e não dirigisse o olhar para as estátuas que ladeiam o percurso, mas para as sombras que acompanham o viajante. Esta é a razão pela

---

* Ao longo deste livro, traduzimos dois termos-chave da concepção figural, "compiese" e "compimento", respectivamente por "cumprir"e "cumprimento". Para este conceito, cf. pp. XIX-XX da introdução. (N. da E.)

qual falo de "sombras" e principalmente de uma delas – a que, iniciando com a viagem de Odisseu ao Hades, projeta seu longo cone, em tantas formas diferentes, até nossos dias. Pelo mesmo motivo escolhi o formato do ensaio e não um tratado orgânico. As mil encarnações de meu herói já foram estudadas por outros e quem quisesse fazê-lo, de maneira mais completa, deveria compor uma verdadeira enciclopédia. Gostaria, em vez de tocar em certos problemas, propor algumas sugestões, suscitar curiosidade e perplexidade para, por meio delas, estimular a reflexão de cada um.

Para fabricar minha história, tive que me tornar um leitor que chamarei "impuro". O Leitor Impuro – sobre quem voltarei a falar ao longo deste trabalho – não é apenas aquele que vai para a cama com seus livros (apesar de também fazê-lo, com o mesmo prazer que é imprescindível a tal atividade). É principalmente aquele que, conhecendo o enredo e o final da narrativa, escolhe deliberadamente uma posição no espaço e no tempo, na história e na ideologia, de onde olhar para sua narração. Além disso, o Leitor Impuro é aquele que já se apaixonou pela Teoria, mas que sobreviveu à relação por ter, como diriam Paul Valéry e Frank Kermode, um grande "apetite pela poesia". Finalmente, o Leitor Impuro é também Inquieto: apesar de tudo, preocupa-se com o problema da interpretação e da história das interpretações, do significado delas como reflexos – e, por vezes, como representações criativas – de posições estéticas, morais, religiosas, de situações ideológicas, culturais e materiais. Como leitor e como romano, eu sou totalmente impuro. Leitores puritanos, tomem cuidado.

Quanto às leitoras: William Golding disse-me certa noite que quem prefere a *Odisséia* à *Ilíada* tem coração feminino. Não concordo com ele, nem com Samuel Butler, o qual atribuiu a mãos femininas (as de uma Nausícaa siciliana) a elaboração do poema. Admito, porém, que uma leitura das aventuras de Ulisses do ponto de vista de Circe, Calipso, Anticléia, Nausícaa, Euricléia e Penélope (ou de Molly Bloom) teria sido, talvez, mais "inovadora" da que aqui é proposta. Mas eu estava interessado em temas diferentes. Espero que as poucas páginas dedicadas à Penélope de Wallace Stevens sejam testemunhas de que, se Golding tem razão, eu de certo modo fiz a experiência de Tirésias, que nos torna mais saudáveis e nos oferece uma esperança; e que seria uma honra pertencer, mesmo que apenas através da poesia, ao sexo mais gentil.

Este ensaio nasce da minha antiga paixão pela figura de Ulisses, uma paixão que cultivo há décadas, através dos livros que li e das viagens que fiz. Nunca teria sido escrito, porém, sem que três ocasiões me obrigassem a traduzir aquele amor em pensamentos mais ou menos coerentes.

Em 1986, Cormac Ó Cuilleanáin pediu-me para oferecer um seminário sobre o canto XXVI do *Inferno*: no Trinity College de

PREFÁCIO XI

Dublin devo a ele, portanto, o início da reflexão, além de algumas idéias e referências que me proporcionou ao longo dos anos.

Em 1989, a Universidade de Virgínia, em Charlottesville, convidou-me a dar uma aula que, a partir de um tema de literatura italiana, se desenvolvesse num panorama comparatista. Escolhi *Beyond the Sunset: Dante's Ulysses in Another World* (agora publicado na *Lectura Dantis* virginiana). Por esse convite sou grato, de coração, em primeiro lugar a Tibor Wlassics e também a Barbara Nolan, A.C. Spearing e Herbert Tucker. Desejo agradecer, particularmente, a Alastair Fowler, que, terminada a conferência, disse: "Naturalmente você está escrevendo um livro sobre este tema!" Não tinha pensado nisso, mas desde aquele momento comecei a vislumbrar tal possibilidade.

No ano seguinte, a Universidade da Califórnia, em Berkeley, chamou-me para ocupar a cátedra de Cultura Italiana no semestre outonal. Dentre as suaves incumbências que este cargo comportava, havia três conferências sobre um tema, de novo, italiano e comparatista. Retornei a Ulisses, encarando-o como problema mítico-literário capaz de propor questões existenciais e históricas. Não poderia tê-lo feito sem a simpatia, os conselhos e a freqüente troca de idéias com os colegas e amigos de Berkeley: Robert Alter, Gian Paolo Biasin, Stephen Botterill, Louise Clubb, Gustavo Costa, Phillip Damon, Stephen Greenblatt, Charles Muscatine, Dana Smith, Ruggero Stefanini, Brian Stock, Kenneth Weisinger.

Meu débito é inexaurível para com uma pessoa em particular. Bernice Joseph hospedou-me durante meses, com extraordinária generosidade, em sua belíssima casa em Presídio Heights de San Francisco. Ouviu-me durante muitas noites, presenteou-me com sua tranqüila sabedoria, deu-me condições para explorar o "oeste selvagem" e o maravilhoso litoral da Califórnia enquanto pensava em Ulisses. A ela, portanto, em primeiro lugar, dedico este livro.

Voltando à Roma, decidi que o escreveria em forma de ensaio, em italiano e para um público culto, mas não de especialistas e nem estritamente de acadêmicos. Carla Carloni, da editora Il Mulino, não teve hesitações em aceitar aquilo que ainda era apenas uma idéia baseada em um breve texto datilografado em inglês, e sou-lhe grato por seu entusiasmo.

A elaboração revelou-se, por motivos estruturais, estilísticos e psicológicos, mais complexa do que o previsto. Se consegui terminá-la, devo aos meus amigos – Barbara e Francesco Calvo, Paola e Giorgio Piacentini, Carlo Biancheri – que me ajudaram nesses três aspectos. Estas páginas representam, sobretudo, o produto de um sodalício de vinte e cinco anos com Francesco Calvo, que acompanhou o desenrolar da minha história de Ulisses com atenção carinhosa, severa e paciente e com conselhos sábios e humanos. Portanto, a ele também dedico o trabalho.

Não poderia, mesmo querendo, esquecer que escrevi o livro enquanto minha esposa Joan trazia dentro de si a incipiente vida de nossa filha Giulia. Visto que ambos (eu e a mãe), felizes, demos à luz, ao dedicar o volume à nossa filha, agradeço a Joan desejando-lhe vida mais longa e menos inquieta do que a de seu companheiro de gestação.

Seria impossível mencionar aqui todos aqueles que de muitas maneiras contribuíram para minha meditação sobre este tema. Referências e acenos chegaram a mim de todas as pessoas que encontrei nos lugares visitados durante esses anos. Limito-me a lembrar com gratidão de Richard Ambrosini, Pamela e David Benson, Patrick Boyde, Robert Clark, Lidia Curti, Agostino Lombardo, Franco Marenco e Jeffrey Robinson; os colegas da Associazione Italiana di Anglistica que me ouviram em Veneza; além dos alunos e amigos das Universidades de Roma, Perugia e Connecticut.

Piero Boitani
Roma, 6 de novembro de 1991.

NOTA DA EDITORA

A presente publicação em português, baseada na segunda edição italiana, revista e corrigida pelo autor, abre-se com um relevo romano em mármore do final do século I d.C., pertencente ao Louvre, que representa o encontro de Ulisses com Tirésias no Hades, cena da qual *A Sombra de Ulisses* parte para sua viagem através da história e dos textos.

Introdução
A Maravilha: Poesia e História

são seus reais prefácios de sombra

No meio dos sofrimentos que o conduziriam ao final trágico – e que logo se tornariam célebres em toda a Europa como sintomas de uma nova sensibilidade e de uma literatura moderna – o atormentado Werther de Goethe escreve em seu "diário", *Os Sofrimentos do Jovem Werther,* que às vezes se detinha a olhar um rio para acompanhar a correnteza com os olhos, imaginando as aventurosas regiões para as quais ele fluía. A fantasia encontrava repentinamente alguns limites, mas sentia a necessidade de ir adiante, cada vez mais longe, até perder-se na contemplação de distâncias invisíveis. Ao culto Werther ocorre imediatamente uma comparação com o mundo dos poetas antigos: "igualmente limitados e igualmente felizes" – ele exclama com nostalgia – "eram os nossos magníficos patriarcas! Igualmente infantis seus sentimentos, sua poesia!". Depois, para esclarecer o que acabou de enunciar, surge-lhe espontâneo o exemplo: "Quando Ulisses fala do desmedido mar e da terra sem confins, é igualmente verdadeiro, humano, férvido, íntimo e misterioso".

Como muitos outros antes e depois dele, Goethe era fascinado pela *Odisséia*. Nos Alpes, em 1779, recita trechos do poema aos pastores e fortifica-se na ascensão das geleiras pensando em Ulisses. Em Veneza, em 1786, compara-se ao herói grego e começa a pensar em escrever um drama sobre sua estada junto aos Feácios. Em Palermo – escreve no *Viagem à Itália,* em 7 de abril de 1787 –, sai correndo para comprar um *Odisséia* e a relê à luz do mundo que descobre na Sicília. Os jardins públicos da cidade debruçados sobre o mar

XIV A SOMBRA DE ULISSES

aparecem-lhe como o espelho tangível da ilha encantada de Alcínoo. A natureza e as cores da Sicília, como a encarnação do *Urlandschaft*, do primigênio, da ideal paisagem homérica. Os personagens do poema lhe parecem delinear a imagem do *Urmensch*, do Homem primevo, incontaminado e sábio. A *Odisséia* resplandece para ele – como escreverá mais tarde Schiller – não apenas como poesia, mas como a própria Natureza.

Goethe nunca terminou seu drama acerca de Ulisses e Nausícaa. Mas o encantamento que os versos de Homero exerciam sobre ele perdurou por toda a sua vida e pode ser percebido em suas palavras e em sua poesia. Este livro é uma tentativa de esclarecer por que e de que modo Ulisses pode aparecer hoje, às portas do ano 2000, duzentos anos depois do Werther, "verdadeiro, humano, férvido, íntimo e misterioso".

Ulisses constitui aquilo que alguns críticos contemporâneos definiriam como um "discurso" da civilização ocidental; para os historiadores, um "imaginário" "de longa duração"[1] – em outros termos, um arquétipo mítico que se desenvolve na história e na literatura como um constante *logos* cultural. Parafraseando Bernard Andreae, Ulisses representa a "arqueologia" da imagem *européia* do homem[2]. Neste sentido, ele é profundamente diferente da figura hebraica de Jonas e daquela oriental de Simbá, mesmo que tenha com elas semelhanças não irrelevantes. Desde o início, Odisseu mostra-se aberto ao futuro: aos disfarces de que é mestre em Homero e às transformações poéticas que seu mito e seu primeiro texto literário estimulam, com seus excessos e seus vazios evocativos.

Ulisses é antigo e moderno ao mesmo tempo. Suas vicissitudes constituem um ponto de observação ideal para medir as diferenças e as consonâncias entre a "alteridade" do passado e a "modernidade" do presente[3]: seja em termos histórico-culturais, seja na dimensão daquele "verdadeiro, humano, íntimo e férvido" de que fala Werther. A estes dois aspectos da comparação entre alteridade e modernidade meu ensaio retorna continuamente porque parece-me ofício primário de quem hoje lê e de quem, ao ler, convida a compreender o que as palavras do passado significam para nós; se o que elas dizem e o modo como o dizem ainda têm peso para os homens do ano dois mil. Ulisses, herói da continuidade e da metamorfose[4], pode talvez unir dentro de cada um de nós aquelas duas margens do tempo entre as quais vive cada cidadão da Europa e cada filho dessa civilização em todos os continentes.

Se Ulisses atravessa as épocas, deve isso ao fato de ser, desde os primórdios, um *signo* – em âmbito cultural, o signo de uma inteira episteme. Quando, como veremos no primeiro capítulo, Tirésias profetiza a Odisseu a fatídica última viagem para o lugar que não conhece os navios e a comida temperada com sal, obrigando-o a levar

INTRODUÇÃO XV

nos ombros um remo, o herói adquire um valor de símbolo da civilização fundada no mar: daquele *nomos* dos oceanos que foi contraposto àquele da terra[5]. A partir desse momento, e cada vez que empreende aquela viagem, ele é signo. Cada cultura está livre para interpretá-lo como tal no âmbito de seu próprio sistema de signos, atribuindo-lhe uma dupla valência, ora baseada nas características míticas do personagem, ora nos ideais, nas questões, nos horizontes filosóficos, éticos e políticos daquela civilização.

Neste livro tento acompanhar a evolução desses signos através de suas várias fases: clássica, medieval, renascentista, romântica e moderna. Às vezes utilizo para isso (e brevemente discuto) os dois conceitos de "tipologia" e de "cânone"[6].

Uma tipologia é, por exemplo, a que a cultura italiana lança no Renascimento e que é retomada no início do Novecentos: o Ulisses dantesco antecipa Cristóvão Colombo e torna-se o precursor da episteme e das ciências modernas. Um cânone é uma seqüência histórica ou literária – do "imaginário"– consagrada pela tradição e pelas instituições culturais, escolares e políticas: na Itália, entre o Oitocentos e o Novecentos, a tipologia à qual acabo de me referir torna-se "canônica" na poesia, na crítica e nas escolas. Tipologias e cânones não são imutáveis, mas seria tolice negar o valor cultural e vital que possuem: são como museus, que falam do passado a quem os visita no presente e com maior força àqueles que se dão a liberdade de se deslocarem de uma estância a outra, descartando os itinerários preestabelecidos.

Ulisses é signo porque expressa um sentido e não denota um significado. Esta distinção remonta a Gottlob Frege[7], o fundador da lógica matemática moderna, para quem o significado de um nome próprio é "o objeto que nós indicamos com ele", enquanto a "representação" que dele temos é totalmente subjetiva, e o "sentido" está entre um e outra. O exemplo que Frege usa a esse propósito nos interessa de perto. "A afirmação 'Ulisses foi desembarcado em Ítaca enquanto dormia profundamente' – escreve ele – tem claramente um sentido, mas é duvidoso que tenha um significado porque é duvidoso que o termo 'Ulisses' que faz parte desta proposição, o tenha. Ulisses é uma imagem real, mas não objetiva; ela é percebida pelo sujeito, mas não é subjetiva: é como a imagem produzida pela objetiva dentro de um telescópio quando se observa a Lua. Além da metáfora lógica, Ulisses é, como Tennyson o fará dizer, um *nome*: potencialmente uno, Ninguém e cem mil. Serão os Werther e os Goethe a atribuir a este nome um significado.

Nós não analisamos "Ulisses" do ponto de vista lógico ou lingüístico-formal, mas lemos as aventuras de Ulisses em poesia. Enquanto na lógica "o que nos interessa é o *valor de verdade* de nossas proposições", na leitura de uma composição épica – continua Frege – "somos exclusivamente atraídos, além das melodias da língua, pelo sentido das proposições e das imagens e dos sentimentos suscitados em nós por elas. Com o problema da verdade perderíamos a alegria artística e transformaríamos a poesia em pesquisa científica". Os leitores do presente ensaio certamente não irão querer assistir a uma metamorfose tão cruel, e nem mesmo perder o prazer da arte. Ao contrário: se, como diz o filósofo alemão, "aquilo que nos faz avançar do sentido ao significado é a procura da verdade", nós tentaremos completar este caminho lendo nas *imagens* e nos *sentimentos* o "significado" que a poesia e a história atribuem a Ulisses no momento em que elas se encontram.

O caminho a ser percorrido nos é indicado pelo próprio Frege, que em uma nota sugere chamar "figuras" aqueles "signos que devem ter apenas um sentido". Ulisses é justamente uma *figura* desse tipo (em breve voltarei à outra acepção do termo usada nesse livro). Ele constitui, desde o início de sua existência mítico-literária, um modelo, uma *forma* "multiforme" (*polytropos*) de vida humana cheia de potencialidades.

Odisseu é apresentado no terceiro verso do poema homérico como paradigma do conhecimento do mundo e de si mesmo na dor: "de muitos homens viu as cidades e conheceu os pensamentos, muitas dores sofreu no mar sua alma". Desde a época imperial romana ele se tornou – como veremos no primeiro capítulo – um ícone da *experiência,* da *ciência* e da *sabedoria.* Ulisses é ainda supremo engenheiro e artesão da *techne*: construtor do cavalo de madeira, de uma jangada, de seu próprio leito nupcial, além de perito navegador. Na guerra de Tróia, como também durante as aventuras do retorno e na literatura de Sófocles a Shakespeare, revela-se mestre de *retórica,* da linguagem usada como meio de sobrevivência, e com finalidade política, para fins de persuasão, engano, ilusão, apropriação e domínio (em Dante haverá a junção de aspiração ao conhecimento, oratória e maestria na navegação). Finalmente – e é o que mormente nos interessa em nosso contexto –, Odisseu constrói, em sua *metis* e em sua *Aletheia*, na astuta arte da sabedoria que o une a Atena e na verdade que o associa a Apolo, um modelo de *poesia*.

A *Odisséia* toma forma a partir das próprias palavras do herói. No Livro XI, quando ele narra para Alcínoo as próprias aventuras e a viagem pelo Hades, à qual retornaremos em breve, o rei dos Feácios elogia sua "mente egrégia", não tecelã de "histórias falsas que ninguém pode ver", mas capaz de dar "forma" aos "relatos". "Tens – diz Alcínoo – exposto com arte (com perícia, com sabedoria) a tua narração (*mythos*) como um *aedo*". Os efeitos da poesia de Odisseu são mais envolventes até do que aqueles obtidos pelo aedo dos Feácios, Demodoco, que provoca alegria ou pranto, e similares àqueles produzidos por Fêmio, o aedo de Ítaca que "encanta os ouvintes" com as histórias da volta dos Aqueus à pátria. Quando o herói termina sua narração sobre o Hades e os Mortos, os Feácios ficam imóveis em silêncio: "estavam dominados por um encantamento, na sala escura". E o próprio Alcínoo desejaria permanecer acordado toda a longa e indizível noite para ouvir as "empresas maravilhosas", as aventuras que Odisseu sabe contar tão bem.

Empresas *maravilhosas*: que enfeitiçam como a poesia de Fêmio, como o canto das Sereias (as palavras empregadas nos três casos possuem a mesma raiz, *thelgein*)[9], como a *Odisséia* que tem por tema o *nostos* – o regresso narrado pelo aedo de Ítaca e pelo próprio protagonista. "Os próprios deuses", exclama Alcínoo quando Odisseu chora pela segunda vez ouvindo Demodoco falar dos lutos de Tróia, "fiaram a ruína para os homens, para que o também os pósteros tivessem o canto". A poesia nasce no encantamento de quem a ouve: é o fim do destino e da História.

Píndaro mudará esta poética lançando-se contra os "prodígios" e as "narrações entrelaçadas de multicoloridas mentiras" para sustentar o valor da "verdade". Retornará, porém, à *Odisséia* para nela encontrar o único modelo que possa competir com sua lírica. Na sétima *Neméia,* ele suspeita que a história de Odisseu tenha-se tornado superior às suas empresas graças aos "doces versos" de Homero. A arte engana arrastando consigo seus *mythoi* – diz Píndaro –; entretanto, nas "mentiras" e na "alada facilidade" de Homero (e portanto de Odisseu) existe um especial *semnon*, algo de sagrado, de augusto, venerando e majestoso. Isto será admirado por Werther e Goethe; isto será chamado por Walter Benjamin, em nosso século, de "aura"[10].

Ulisses constitui para a Grécia arcaica e clássica um modelo supremo e unificado de episteme e de poesia. O *contexto* cultural encontra, naqueles tempos remotos, um *texto* poético que o reflete. E este texto, ele mesmo produto do estupor, suscita o encantamento e o silêncio. Nosso caminho irá se desenvolver entre esses extremos. Alcançamos aqui, a luz que guia nossos passos: a *maravilha* que une poesia, filosofia e ciência, e liga o Ulisses antigo ao moderno. "É do poeta o *fim* a maravilha", cantava o barroco Marino, ecoando doutrinas difusas em todas as épocas. Para Platão e Aristóteles, a maravilha constitui a fonte originária e perene do amor pelo saber (da *philo-sophia*), porque o homem assusta-se com os fenômenos que o rodeiam, encontrando-se, portanto, na incerteza e na ignorância e por isso inicia a filosofar, isto é, a buscar o conhecimento das causas e dos princípios (para nós, os modernos, tal definição incluirá também a ciência).

Mas a maravilha é também o *início* da poesia. Quem ama as lendas, o mito, as narrações (o *philomythos*) – diz Aristóteles em sua *Metafísica* dando uma alfinetada em Platão – "é de certo modo filósofo, já que o mito é um conjunto de coisas maravilhosas". Um dos comentadores medievais de Aristóteles, Tomás de Aquino, vai além do mestre. Este grande arquiteto da episteme escolástica inverte a seqüência e faz com que o pensador grego diga que "o filósofo é de certa forma um "philomythes", um amante do mito fabuloso: o que é próprio dos *poetas*". E a razão pela qual o filósofo é comparado ao poeta – ele prossegue – é que "ambos se ocupam de coisas maravilhosas".

Para resumir, podemos nos expressar do seguinte modo: *en arkhē*, em princípio, era e é a maravilha, fonte do *logos* e do *mythos*. Aquilo que reúne filosofia, ciência e poesia é o *desejo* que os homens, por natureza, têm do saber. Com força extraordinária deu voz a este impulso Dante, poeta-filósofo e inventor de um mito de Ulisses entre os mais memoráveis. No *Convívio,* ele escreve, quase que esboçando uma teoria medieval do sublime:

> Porque o *estupor* é um *artodoarmento da alma* em razão de grandes e *maravilhosas coisas vistas ou ouvidas ou de algum modo sentidas*: que por parecerem grandes, provocam reverência naquele que as sente: por parecerem admiráveis, torna-o *desejoso* de conhecê-las.

O "desejo" de que fala Dante parece-me o único estado de espírito que une os habitantes de seu Limbo que vivem como nós, os modernos, "num desejo sem esperança" (sanza speme in disio) ao *ardor* de seu Ulisses, condenado no Inferno ao "desejo" que "inclina" o poeta e o leitor a escutá-lo, e, finalmente, ao desejo de verdade que move o homem para o Paraíso[11]. Toda nossa parábola – como veremos nos capítulos dois e oito – coloca-se entre esses pontos cardeais.

A visão da maravilha que acabo de delinear inspira cada uma das páginas que seguem: o estupor permeia tanto os versos de Homero como aqueles de Tasso e Leopardi, tanto os diários de Colombo e os de Darwin como os romances de Conrad. É a característica principal de Ulisses enquanto "figura"; é o único instrumento que nós, filhos da época da ansiedade e da pobreza, possuímos para nos dispormos à poesia e ao saber do passado e de nossa própria época: o único meio para tentar a leitura da modernidade na alteridade e vice-versa.

Naturalmente, a maravilha que será encontrada nos capítulos deste ensaio não é solar. Desde o começo, como acabamos de ver, ela confina com o encanto que enfeitiça; freqüentemente, ao estar diante de Ulisses, ela torna-se perplexidade, horror, estupor cômico, turbamento aterrorizado (a reação provocada por aquilo que Freud chama *das Unheimliche*, o não-familiar, o "perturbador"). O desejo não é sempre júbilo, mas também tensão, sofrimento, divisão, consciência do ridículo. E quando o desejo não vibra, o homem está anestesiado e anulado pela monotonia. Existem, enfim, *sombras* na maravilhosa paisagem de Goethe e da *Odisséia*.

Um discurso crítico sobre o mito, a poesia e a história – sobre as maravilhas e os horrores que temos diante de nossos olhos – não pode tomar forma a não ser na nossa consciência de sermos sombras. O caminho que Ulisses percorre na poesia através do tempo é uma viagem, como aquela da nossa existência, para o Hades: do ser ao não ser, deste ao outro mundo, da vida à morte. Esta é sua eterna navegação, no fim da qual ele se reencontra no *limiar* entre dois continentes. Mas existe, também, em nossa narrativa, uma luz do devir, que se torna sombra na imaginação: é aquela da viagem da vida para o Paraíso Terrestre, para o Novo Mundo que se revela sempre mais "outro" – da história que cada vez mais se escurece e se rompe. Ulisses está suspenso no *limine* que une e divide as épocas na *linha de sombra* – como será chamada por Conrad – que é o nosso horizonte ontológico e histórico.

Poesia e história encontram-se na sombra existencial. Este cone escuro ajuda-nos a entender e a superar a diversidade aristotélica entre a história como exposição de fatos reais no "particular" e a poesia como narração de eventos possíveis no "universal". A poesia – diz Aristóteles – "é mais filosófica e mais séria que a história". Para estabelecer entre elas uma ligação, que pode salvar o valor universal de uma sem perder o particular da outra, não seria suficiente a categoria do "imaginário". Devemos introduzir um nexo mais orgânico, e mais "íntimo e férvido". Com essa finalidade emprega-se no presente livro uma segunda valência de "sombra", a valência "figural".

Em um célebre ensaio, Erich Auerbach mostrou como a visão cristã e medieval da história, das artes e da interpretação é dominada pelo conceito de *figura* ou *umbra*. Um personagem ou um evento do Antigo Testamento "prefigura" um personagem ou um evento do Novo: Jonas por três dias no ventre da baleia "antecipa" Cristo por três dias na tumba. Jonas é *figura* e *typos* de Cristo; Cristo "cumpre" Jonas.

A interpretação figural estabelece entre dois fatos ou pessoas um nexo lógico no qual um deles não significa apenas si mesmo, mas significa também o outro, enquanto o outro inclui ou completa o primeiro. Os dois pólos da figura estão separados no tempo, mas ambos encontram-se no tempo, como fatos ou figuras reais; ambos encontram-se contidos... na correnteza que é a vida histórica, enquanto apenas a inteligência, o "intellectus spiritualis", é um ato espiritual; um ato espiritual que, considerando cada um dos dois pólos, tem por objeto o material dado ou esperado dos acontecimentos passados, presentes ou futuros, não conceitos ou abstrações[12].

Esta concepção profética da história também permeia a literatura e a arte da Idade Média, do Renascimento e da Reforma. Na *Divina Comédia,* a personagem de Virgílio "cumpre" o Virgílio histórico como o conhecia Dante. Cristóvão Colombo sente que sua empresa é o cumprimento das palavras de Isaías. Os Puritanos complementam a profecia da Nova Jerusalém fundando na América a Cidade Santa.

XX   A SOMBRA DE ULISSES

Não seria possível ler mito, poesia e história desta forma, aproximando-se do imaginário do passado por meio de suas próprias categorias e desenvolvendo-o, onde for necessário, levando em conta a visão moderna do mundo? Ulisses torna-se justamente uma *figura* deste tipo (e a definição de Auerbach vem assim complementar a de Frege). Ele é um personagem mítico e literário que intérpretes, poetas e historiadores lêem *retórica* e *profeticamente* como *typos*: sombra que se alonga, transformando-se, na imaginação ocidental. Para adaptar aos nossos fins as palavras de Beatriz no canto XXX do *Paraíso*, Ulisses é "umbrífero prefácio" do verdadeiro poético e do real histórico, no qual se encarna pontualmente para marcar os seus nós, as suas "crises".

Este ensaio volta constantemente às relações entre mito, poesia e história, entre retórica e "imaginaire"[13]. Cada capítulo inclui uma parte dedicada à dimensão existencial da sombra e uma na qual se entra em seu campo figural – onde se desenha um "intertexto" mitológico-literário-histórico. Não se pretende desse modo delinear correspondências exaustivas ou conclusivas, mas, ao contrário, despertar o interesse (a maravilha) do leitor, provocar nele a reflexão pessoal e estimulá-lo com gentileza a perceber que existem muitos "prazeres da leitura"[14] e talvez também uma poesia *da* história.

Ulisses é sombra graças à interpretação. A interpretação nasce do "segredo" contido "na palavra", do nosso desejo de compreender o mistério do texto[15]. Desde a *Odisséia,* Ulisses é, como observa Werther, *geheimnisvoll –,* cheio de arcano. O que será que quer dizer Tirésias quando, ao preanunciar ao herói uma morte serena em "esplendorosa velhice", *acrescenta* que ela virá *ex halos*: "do mar" ou "longe do mar"? Por que as Sereias são apresentadas como fascinantes, mas são, *também,* segundo Circe, envoltas por imagens de morte que Odisseu depois não verá? O poema homérico doa a mãos-cheias informações "excessivas" e contraditórias, suscitando perguntas às quais não oferece respostas. Sobre esses excessos e sobre esses "vazios" se atormentam o comentário e a interpretação criativa e filosófica. O Ulisses romano e aquele dantesco tentam responder de maneiras diversas aos questionamentos abertos por Homero. O Ulisses renascentista interpreta aquele de Dante. O viajante de Baudelaire "lê" Homero, Dante e Colombo. Cada texto contém um mistério, cada poesia é interpretação de outra poesia à luz da história e da existência.

A interpretação constitui o problema central do leitor, e portanto este ensaio lhe empresta uma atenção particular. A interpretação é ao mesmo tempo "infinita" e "limitada"[16]. Ela cresce com a compreensão que cada um adquire na vida e na leitura, meditando – em um processo de re-conhecimento – sobre o próprio desejo na consciência. Já que esse crescimento é potencialmente sem fim na existência individual e na da história da humanidade, a interpretação potencial-

INTRODUÇÃO XXI

mente não tem fim. Ela tem porém alguns limites: no texto e em sua trama lingüística, no contexto que o rodeia, na "intenção da obra". Veremos que uma das possíveis conclusões deste livro será o silêncio do intérprete. Para indicar, todavia, a infinita potencialidade da leitura, sugerem-se outros quatro êxitos: o riso, o horror, a palavra e o enigma.

O texto é legível, conhecível e aprazível, mas também dividido e, em última análise, inefável. Este livro apresenta uma série de textos similares, na esperança de que pelo menos eles dêem prazer e proporcionem inquietação. "Quem lê não é diferente de Ulisses descendo aos Ínferos, que oferece o sangue ou, além da metáfora, uma parte de sua essência vivente aos fantasmas, aos personagens que encontra cara a cara no próprio ato da recepção"[17]. Ele é, portanto – como será esclarecido no quinto capítulo –, fundamentalmente inquieto. Quem propõe uma catábase deste tipo e pretende guiá-la – o crítico, o intérprete – não é diferente do Virgílio de Dante: não é "*omo certo*", mas sombra fraca. Não se acomoda em nenhuma segurança, sabendo apenas da própria irrequieta procura do homem e de sua "imperfeição" de crítico. É impelido por uma única esperança: que o leitor compreenda – como Estácio diz para Virgílio no *Purgatório* dantesco – o amor (o desejo) que nos aquece a todos quando "esquecemos nossa vaidade, tratando as sombras como coisa concreta".

NOTAS

1. Para ambos os conceitos ver *La nuova storia*, em J. Le Goff (org.), Milão, 1980.

2. B. Andreae, *L'immagine di Ulisse. Mito e archeologia*, Turim, 1983. E ver M. Horkheimer e T.W. Adorno, "Odisseo, o Mito e Illuminismo", em *Dialettica dell'-Illuminismo*, Turim, 1966[2] , pp. 52-89; E. Junger, *Il nodo di Gordio*, Bolonha, 1987, p. 36; M.W. Helms, *Ulysses' Sail. An Ethonographic Odyssey of Power, Knowledge, and Geographical Distance*, Princeton, 1988; Eric J. Leed, *La mente del viaggiatore*, Bolonha, 1992.

3. Para os termos da discussão ver H. R. Jauss, *Alterità e modernità della letteratura medievale*, Turim, 1989; e *New Literary History*, 10 (1979).

4. E. Canetti, *La lingua salvata*, Milão, 1980, pp. 132-133 e *La coscienza delle parole*, Milão, 1990[2], pp. 387-388.

5. C. Schmitt, *Der Nomos der Erde*, Colônia, 1950; e "La contrapposizione planetaria tra Oriente e Occidente", em *Il nodo di Gordio, op. cit.*, pp. 135-167.

6. Sobre os cânones ver *Canons*, em R. von Hallberg (org.), Chicago-Londres, 1984; F. Kermode, *History and Value*, Oxford, 1989.

7. G. Frege, "Senso e significato", em C. Mangione (org.), *Logica e Aritmetica*, Turim, 1965, pp. 374-404.

8. G. Chiarini, *Odisseo. Il labirinto marino*, Roma, 1991, pp. 101-144.

9. P. Pucci, *Odysseus Polutropus*, Ítaca-Londres, 1987, pp. 191-213. Sobre o encantamento e o 'terror das fábulas' ver R. Calasso, em *I quarantanove gradini*, Milão, 1991, pp. 487-497.

10. Sobre Píndaro ver Ch. Segal, *Pindar's Mythmaking*, Princeton, 1986; W. Benjamin, *L'Opera d'arte nell'epoca della sua riproducibilità tecnica*, Turim, 1966.

A SOMBRA DE ULISSES

11. Para essa problemática ver, de F. Ferrucci, o notável *Il poema del desiderio. Poetica e passione in Dante,* Milão, 1990.

12. E. Auerbach, "Figura", em *Studi su Dante,* Milão, 1963, p. 204. Para outro tipo de sombra que confina com o "outro", ver M. Trevi e A. Romano, *Studi sull'ombra.* Veneza,1990[2].

13. Sobre mito e literatura ver a discussão de F. Ferrucci, "Il mito", em A. Asor Rosa (org.), *Letteratura italiana,* 5, Turim, 1986, pp. 513-49. Ferrucci cria e aniquila o mito em seu belíssimo romance *Il Mondo Creato,* Milão, 1986, no qual o próprio Deus tenta, sem êxito, explicar para Dante que Ulisses representou o homem em seus valores mais elevados. No capítulo seguinte, Deus participa da expedição de Colombo. De Ferrucci ver, também *L'assedio e il ritorno,* Milão, 1991[2].

14. R. Alter, *I piaceri della lettura,* Milão, 1989.

15. F. Kermode, *Il segreto nella Parola,* Bolonha, 1992. Minha discussão deve algo também a H. R. Jauss, *Question and Answer,* Minneapolis, 1989.

16. P. C. Bori, *L'Interpretazione infinita,* Bolonha, 1987; U. Eco, *I limiti dell'interpretazione,* Milão, 1990. Ver ainda os ensaios de C. Segre e R. Antonelli no volume 4 de *Letteratura italiana,* por A. Asor Rosa (org.), Turim, 1985.

17. E. Raimondi, *Ermeneutica e commento,* Florença, 1990, p. 48.

1. Sombras:
Figuralismo e Profecias

O sol se pôs e todos os caminhos escureceram: e a
nau chegou aos limites do Oceano profundo*.

Gostaria de começar por duas grandes sombras. Uma nasce dentro da narração de Ulisses, das aventuras que ele viveu durante os dez anos de seu regresso de Tróia para Ítaca e que são cantadas pela *Odisséia*: a sombra da viagem ao reino de Hades, em direção da morte. A outra é aquela que surge silenciosamente do mito, permeando nossa cultura: o Ulisses que se reencarna, com valências diferentes, na poesia e na história através dos séculos, desde Homero até nossos dias. A presença constante desta figura, o fascínio que nunca deixou de exercer sobre a imaginação, são sinais de que ela traz em si o nosso destino de homens.

No horizonte desse destino, como que confluindo sobre uma perene linha de sombra, as duas silhuetas escuras reencontram-se sempre. Tradição literária e além-mundo, poesia e morte se sobrepõem, se cruzam, revelam-se uma a face extrema da outra. Podemos de fato iniciar com uma passagem que, colocando-se contemporaneamente no começo e no fim de nossa história, no passado mais longínquo e no mais próximo, na antiguidade homérica e no século XX, é testemunha direta do constante confluir, na poesia e no tempo, das duas sombras:

E depois fomos para a nau,
quilha sobre as ondas, pelo mar divino, e

---

* Le sole calò a tutte le strade s'ombravano: e giunse la nave ai confini dell'Oceano profondo. (*Odisséia*, v. nota 1)

2   A SOMBRA DE ULISSES

mastro e vela erguemos sobre a nau escura,
levamos ovelhas a bordo e nossos corpos também
pesados de pranto, e ventos de popa
nos impeliram para a frente, enchendo as velas:
de Circe esta arte, a deusa de cabelos lisos.
Sentamos no meio, barra travada pelo vento,
assim com velas abertas seguimos pelo mar até o fim do dia.
Sol para seu sono, sombras sobre todo o oceano,
chegamos então aos confins da água mais funda,
às terras cimérias, e cidades povoadas
cobertas de névoa cerrada, nunca penetrada
pelo brilho dos raios do sol
nem tapete de estrelas nem olhando para trás do céu
a noite mais escura estende-se sobre os infelizes mortais
Corria para trás o oceano, chegamos ao local
Profetizado por Circe[i].

Vale lembrar que estes são os primeiros versos do canto XI da *Odisséia*, o canto que narra a viagem do herói até as portas do Hades e depois a *nekyia*, a evocação dos mortos. Alguns detalhes dessa passagem devem ser notados. Odisseu parte das terras de Circe e navega rumo ao ocidente até, como diz o original, o sol escurecer e todas as estradas cobrirem-se de sombras. Então, ele alcança os confins do Oceano (os *peirata Okeanoio*): sobre o país dos cimérios reinam uma espessa neblina e a funesta noite. Não por acaso, em grego a palavra *zophos* significa tanto "ocidente" como "obscuridade". Logo depois, Odisseu segue o curso do Oceano e chega às portas do Hades. Mais tarde ele voltará atrás navegando em direção a nordeste, completando assim em um só dia o que foi chamado "um périplo mítico em sentido horário". Em sua viagem de ida, o herói dirigiu-se para "os confins do domínio cósmico da vida e da morte"[1]. Na *Ilíada* (XIV, 201) o Oceano recebe o nome de *theon genesis*, princípio dos deuses: então projetando-se até seus limites extremos e navegando sobre este imenso rio que circunda a terra, Odisseu veleja para o princípio do cosmos, para o confim entre o ser e o não ser. É aqui, sobre a montaliana* "oposta margem" sobre a "férrea costa", que encontra o

---

i. And then went down to the ship, / Set keel to breakers, forth on the godly sea, and / We set up mast and sail on that swart ship, / Bore sheep aboard her, and our bodies also / Heavy with weeping, and winds from sternward / Bore us out onward with bellying canvas, / Circe's this craft, the trim-coifed goddess. / Then sat we amidships, wind jamming the tiller, / Thus with stretched sail, we went over sea till day's end. / Sun to his slumber, shadows o'er all the ocean, / Came we then to the bounds of deepest water, / To the Kimmerian lands, and peopled cities / Covered with close-webbed mist, unpierced ever / With glitter of sun-rays / Nor with stars stretched, nor looking back from heaven / Swartest night stretched over wretched men there. / The ocean flowing backward, came we then to the place / Aforesaid by Circe. (*idem*)

* Referente ao poeta italiano Eugênio Montale. (N. da E.)

Hades, habitado pelas *psykhai*, aquelas sombras, aqueles sopros sem nervos, aqueles "hálitos sem matéria ou voz traídos pelas trevas" que são os mortos; e pelo seu aspecto, pelas palavras que eles pronunciam, ele descobre *das Sein des Gewesenen*[2]: o ser do ter sido, uma essência umbrática, um "ser-em-morte" e "ser-no-passado", diferente do nosso ser transitório de vivos e a ele cego, mudo e surdo até que o sangue fumegante das vítimas não lhes devolva a memória, os olhos para reconhecer, a palavra, e tristeza infinita.

Eis, portanto, nossa primeira sombra: uma viagem, aliás, *"per umbram ad umbras"*, para o mundo mítico, mas sempre aberta ao horizonte da nossa existência de homens, da morte; uma viagem e para o ocidente, para o pôr do sol. Celebrando Téron na terceira *Olímpica*, Píndaro dirá que o nome do tirano de Agrigento, vencedor dos jogos, alcançou a *eskhatia*, a margem ou o limite, percorrendo a distância "de casa até as Colunas de Hércules". "O que está além – comenta o poeta – não pode ser percorrido nem pelos sábios nem pelos ignorantes". Na quarta *Neméia*, voltará ao tema: "Ninguém pode passar ao *zophos* – à obscuridade do ocidente – além de Gadeira" (Cadiz). Metaforicamente, então, no "discurso mítico"[3], navegar além de Gibraltar significa transpor o umbral ontológico, ultrapassar o limite (*peras*) atribuído ao homem, na direção de uma treva sobrenatural. Eis, então, definidos os limites ao mesmo tempo, do conhecimento e da vida, as duas árvores proibidas para a humanidade no jardim do Éden, no oriente. Não surpreenderá que, numa civilização fundada sobre o mar, mais uma vez a metáfora da navegação encarne, por meio do próprio Píndaro na terceira *Nemeia*, a prescrição divina:

> Não é fácil viajar além
> sobre o não explorado mar
> além dos limites das colunas de Heracles.
> Que foram colocadas pelo herói-deus como sinal claro
> dos confins do navegar. No pélago derrotou
> monstruosas feras, sozinho seguiu as correntezas
> nas profundezas e alcançou do retorno o fim:
> conheceu enfim a terra[ii].

O conhecimento do mundo possui bem demarcadas fronteiras náuticas (*nautilias eskhatas*), que coincidem com o limite (*peras*) das Colunas, ilustres testemunhas, "marcos" colocados por Héracles "para que o homem não os ultrapasse". Ali se encontra o extremo

---

ii. Non è facile viaggiare aldilà / sul non battuto mare / oltre il limite delle colonne d'Eracle. / Le pose l'eroe-dio a chiaro segno / dei confini del navigare. / Vel pelago spezzò / mostruose bestie, solo seguì le correnti / sui bassi fondali e raggiunse del ritorno la fine: / fece conosciuta la terra. (*idem*)

que reenvia os homens para casa, o "fim do retorno". Enfim, o mito – e a poesia – falam claro: Odisseu, o herói por excelência do *nostos*, do retorno que se enrola sobre si mesmo como um simbólico labirinto[4], navegou além de seu fim último, na direção das trevas. Dessa sombra então, vivo, retornou ao mundo dos vivos, para fazer dos mortos uma narração para Alcínoo, "com arte, como um aedo".

No entanto, nem mesmo na longa noite, indizível, que tira o sono aos feácios, o *mythos* – a narração maravilhosa surpreendida no instante em que se torna mito sob nossos olhos – apaga a sombra das experiências de Odisseu; antes dá-lhe espessura na memória, apresentando-a na luz ofuscante do encanto. Porque a "mente egrégia" do herói (e do poeta), ao dar forma à narração, faz seguir à viagem ao Hades um outro, e mais inquietante, sopro de morte. Eis as Sereias que, deitadas no gramado, impedem o retorno aos que escutam seu "límpido canto". São anunciadas por uma calmaria sem um sopro de vento e pelas ondas adormecidas por um deus; e nesta absoluta imobilidade momentânea do tempo e do espaço, no total silêncio que a cera aplicada aos ouvidos dos companheiros impõe ao mundo dos homens, a Odisseu amarrado ao mastro, o som de mel que provêm de suas bocas oferece prazer e sabedoria, promete o canto poético das desventuras troianas e o conhecimento de tudo "aquilo que ocorre em terra feraz". Estão rodeadas, porém, como avisou Circe, por "um grande amontoado de ossos de homens em decomposição, com a pele que repuxa".

Encontramos-nos, portanto, diante da maior sombra, a mais paradoxal e reflexiva, que Odisseu até agora enfrentou. Assim como Demodoco, o aedo do rei Alcínoo que, comovendo o herói até as lágrimas, narrou a briga entre Odisseu e Aquiles e o cavalo de madeira, as Sereias também cantam dele, de seu passado; tal como as Musas da *Ilíada* e de Hesíodo, elas sabem tudo. A poesia, em suma, é memória persistente de si e do mundo, conhecimento individual e universal. É por isso que ela seduz, chegando no silêncio, na solidão, quando o céu e o mar estão suspensos na bonança, em uma vigília que se sente descida do alto, parada pelo "demônio" divino.

Somos então advertidos: por trás do olhar com o qual, na poesia, penetramos dentro de nós, por trás do saber que a poesia nos oferece, esconde-se a morte, a verdade final de ossos. Das ondas adormecidas transparece, como um vulto encoberto por um véu, o último sono: a poesia sopra na entrada, é a ponte frágil suspensa entre duas margens, é um perigo extremo. Quem, desconhecendo a verdade, escuta sua voz, quem, como diz Circe, "aproxima-se", não terá mais volta, exatamente como quem vai além das Colunas de Hércules: "nunca mais a esposa e os filhos pequenos ficarão felizes e perto dele porque retornou". Para sempre será "enfeitiçado", morrendo, para a vida doce do amor que resplandece perto, pelo desejo do saber. É a mensagem que o "solar" Homero lança aos pósteros e que será bom lembrar, doravante, nesses nossos discursos.

No entanto, não podemos esquecer tampouco a outra valência da imagem: apesar de tudo, o coração de Odisseu *quer* ouvir, deseja a sedução, aspira a sentir aquela voz de beleza e de morte *quando vivo*. Indene, sem nem mesmo ter visto os restos putrefactos, ele ultrapassa a poesia; amarrado em previdente sabedoria, faz-se ao mar além das "amarras", abandona a si mesmas aquelas que Eurípides chamará as "virgens filhas do mundo subterrâneo"; prossegue seu caminho, vagando ao longo dos anos nas terras do fantástico, mas obstinadamente voltado para a direção de casa, da realidade, da vida.

Nem, por fim, devemos descuidar a última das sombras que o episódio lança em nossa direção, o enigma e a divisão que ele abre para o futuro. Porque, em suma, aquilo que Odisseu ficou sabendo das Sereias, o texto, secreto em sua concisa clareza, não nos declara, colocando assim um véu sobre sua revelação, obrigando-nos, como fez com séculos de hermenêutica, à interpretação mais ou menos alegórica, igual em certo sentido, àquela que eu mesmo acabo de esboçar. Quem são verdadeiramente as Sereias? Seres obscuros do mundo subterrâneo, como queria Platão no *Crátilo*? Ou, como o próprio Platão, com exemplar sublimação e implícita autodesconstrução, propunha na *República*, seres celestes que entoam a música das esferas do mundo futuro; portanto, em uma época subseqüente, "anjos"? Símbolos do desejo mundano e do prazer dos sentidos, cortesãs e prostitutas, como acreditava o helenismo, ou ícones do saber, no estilo das *doctae sirenes* celebradas por Ovídio? E o que terão tido em mente os setenta tradutores da Bíblia (a *Septuaginta*) quando, tendo chegado a um dos mais tremendos lamentos de Jó, lhe farão dizer "seirenes" no lugar de "abutres", de tal modo que seu grito contra Deus soa assim: "Irmão das sereias tornei-me, companheiro dos avestruzes. Minha pele apodrece e descama, meus ossos queimam de febre"? Terão eles ligado as cantoras homéricas ao monte de ossos que as rodeiam? Até mesmo Jerônimo, que na *Vulgata* evita sempre o vocábulo, faz com que Isaias, aparentemente num momento de exotismo sincretista hebraico-grego, pronuncie um oráculo sobre Babilônia segundo o qual a desgraçada cidade será habitada por dragões, avestruzes, e "peludos" (sátiros, talvez), e seus palácios 'de prazer' pelas Sereias!

Estamos assim na presença de outra sombra, aquela que, com suas perguntas, envolve a interpretação, que nasce da mais densa treva homérica e alonga-se sobre as narrações dos séculos vindouros. Para ela voltarei em breve. É premente para mim, agora, chegar a outro tipo de projeção, contíguo àquele hermenêutico, mas mais estritamente literário. A passagem que citei no começo não é apenas a abertura do canto XI da *Odisséia* homérica, mas também uma sua

6 A SOMBRA DE ULISSES

(sutilmente perversa) tradução inglesa – uma tradução mediada pela versão quinhentista latina de Andreas Divus e moldada nos ritmos de uma versão novecentista do *Seafarer* anglo-saxão (que remonta aos séculos entre o VIII e o XI). Com esta "tradução" Ezra Pound, o escritor americano, personagem central da modernidade, começa sua obra mais ambiciosa, os *Cantos*. O mais magmático, obscuro, excitante poema "épico" do nosso século abre-se com a viagem ao Hades. A sombra da morte, portanto, não somente retorna, mas funciona como prótase para todos os eventos narrados pela poesia, como se para começar o caminho de exploração fosse necessário ter em primeiro lugar a experiência do mundo extremo.

A operação de Pound, porém, é significativa também de outro ponto de vista, ou seja, como retomada de uma passagem homérica por meio de versões e reproduções de épocas sucessivas, como aglutinação de sedimentos poéticos, como sombra literária – a sombra de uma sombra – que o canto XI da *Odisséia* projeta no tempo até os anos 1923-1930. Essa é portanto, um sinal de uma tradição jamais apagada, que mantém uma continuidade tão profunda entre as margens do canto, da morte e da vida, que a poesia ocidental a sente como ineludível.

Além disso, existe no coração da sombra um cerne mais escuro. Porque, fazendo *iniciar* os *Cantos* com a nekyia, Pound coloca entre si mesmo e Homero não apenas Andreas Divus e o *Seafarer*, mas também, e acima de tudo, Dante, cujo *Inferno* é, obviamente, o resumo de uma catábase para as ínfimas profundezas do Hades, e cuja *Comédia* constitui em seu conjunto, uma evocação do além: a descrição, como a "Carta a Cangrande" propõe para o significado literal do poema, do "status animarum *post mortem*". Pound de fato voltará a inspirar-se em Dante, evocando o "vórtice" de seu Ulisses no canto XX e, a propósito do périplo africano do cartaginês Anone, as Colunas de Hércules no canto X.

Demos portanto um passo para trás. Entre o início do XI canto da *Odisséia* e a *Divina Comédia* coloca-se, idealmente, a profecia de Tirésias naquele mesmo canto do poema homérico[5], uma profecia tão importante que Penélope obriga Odisseu a repeti-la (canto XXIII) justamente no momento crucial em que, depois de vinte longos anos de separação e de abstinência conjugal, marido e mulher dirigem-se finalmente ao reencontrado leito radicado na oliveira. É bom lembrar a substância do vaticínio de Tirésias: depois da volta para Ítaca e a vingança contra os pretendentes, Odisseu deverá enfrentar, como ele mesmo conta a Penélope, "uma enorme prova, longa e difícil", embarcando para uma última viagem, e levando consigo, nos ombros, um remo; e deverá prosseguir seu trajeto até chegar a um país cujos habitantes não conhecem nem a comida temperada com sal, nem o mar, nem os remos, "que são para as naus as asas". Ele reconhecerá o lugar por um "sinal muito claro", porque aí outro viajante (*allos hodites*), encontrando com ele, confundirá seu remo com um ventilabro, isto é, uma larga pá de madeira usada para espalhar as sementes ao vento. Então Odisseu deverá praticar sacrifícios apropriados para aplacar definitivamente a ira de Posêidon; só então a morte chegará *ex halos* "tão serenamente que o encontrará consumido por esplendorosa velhice".

Sabemos que até mesmo na Antigüidade a expressão grega *ex halos* abriu espaço a uma série de conjecturas a propósito do fim de Odisseu, pois em sua profética ambigüidade pode ter o valor de "fora, longe do mar" ou "de dentro do mar", prefigurando assim a quieta passagem da idade extrema ou a morte na água de um velho. Agora, esse excesso de informações (não é necessário que Tirésias especifique de onde chegará a morte para Odisseu) e a qualidade "condicional" da profecia – o que um estudioso chamou seu "grau zero"[6] – abrem um enorme vazio de mistério que os leitores de épocas posteriores, sejam eles poetas ou intérpretes, tentam preencher por meio de novas histórias ou daquele que no contexto hebraico-bíblico seria chamado *midrasch*: uma leitura interpretativo-narrativa sem fim.

Eis como da *Telegonia* de Eugamão a Ditti, a Sérvio e outros até *Eustácio* no século XII de nossa era, Odisseu morre muitas e diferentes mortes *ex halos*. Ao mesmo tempo, respondendo à profecia da última, longa e misteriosa viagem, as vagabundagens de Odisseu através do mundo dilatam-se cada vez mais: há quem, como Teopompo, faz com que ele visite a Etrúria; outros, como Solino, afirmam que fundou Lisboa (Ulixabona); para Tácito, Ulisses navegou no Atlântico e deu origem a Asberg, na Alemanha. Enfim, ele se torna o viajante por excelência, um *wanderer* proverbial, cujas metas recobrem-se cada vez mais de incerteza, no limiar do desejado e temido desconhecido. Sêneca, dando por certo que a resposta a essa pergunta não tenha muita importância, pergunta se Ulisses teria chegado "além do mundo conhecido". Um douto amigo presenteia Aulo Gélio, para que o use para enfeitar as suas *Noites Áticas*, com um livro de ilimitada erudição por ele composto, no qual encontram-se *mera miracula*, uma lista de curiosidades e maravilhas entre as quais está a questão se o vagar de Ulisses teve como teatro, como afirma Aristarco, o "mar interior", ou como quer Cratete, o mar "externo".

E a sombra reaparece pontualmente. Nas laterais da entrada do pórtico dos Cnidos, no santuário de Apolo em Delfo, o célebre Polígnoto, no século V a.C., retrata duas cenas: à direita, a conquista de Tróia e a partida dos gregos; à esquerda, a nekyia. Na misteriosa *Alexandra*, o ainda mais misterioso Licofrone declara que "após ter sofrido tantas penas, Odisseu voltará para o Hades (de onde não há retorno) sem nunca ter visto um único dia tranqüilo em toda sua vida". O centro do círculo traçado por Odisseu nos vinte anos de guerra

8 A SOMBRA DE ULISSES

e de aventuras era Ítaca; agora, ao centro do círculo que descreve a segunda parte da sua vida, encontra-se o mundo dos mortos. Ao mesmo tempo o herói "circular" torna-se um Ulisses "linear", cujo *telos* definitivo é o Hades.

Tudo isto, se note, acontece num período, entre a idade helênica e o maior fulgor do império romano, em que a imagem de Odisseu-Ulisses é submetida a inúmeras interpretações alegóricas que, remontando, talvez, à suas ligações arcaicas com Atena e Apolo e fazem dela um emblema da paciência, da virtude, da sagacidade política, da eloqüência, da reflexividade, da ação, e em seguida da "curiosidade teórica", da sabedoria e da pesquisa: em suma o "modelo" ou *Vorbild* do homem – "novo" em termos homéricos, "europeu" nas considerações a posteriori, "greco-romano" na acepção clássica – consagrado ao mais alto nível, por Tibério pessoalmente, na admirável "Odisséia" escultória da caverna de Sperlonga[7].

Encontro significativo e central este, entre poesia, mito, filosofia, hermenêutica, *ethos* de uma inteira civilização e poder. Ainda mais significativo, portanto, quando se pensa que as várias tradições sobre as viagens de Odisseu às quais acenamos – germinações oblíquas e de "longa duração" das errâncias que preencheram os Livros IX-XII da *Odisséia* e às quais a profecia de Tirésias oferece terreno fértil de cultivo e um horizonte sem fim – entrelaçam-se justamente neste período em virtude da intensificação das explorações geográficas e da decorrente sistematização do conhecimento, que podemos verificar em obras como as de Estrabão, Plínio e Ptolomeu. A história e o mito, como veremos a seguir, cruzam-se nos pontos nodais das vicissitudes humanas, e colocam com força o problema de suas recíprocas relações. Mesmo não tendo uma resposta, é nosso dever de leitores daquelas vicissitudes reais e imaginárias perguntarmo-nos, por exemplo, o que terá pensado Heródoto das "atenções" de Hércules, que relata como os fenícios circunavegaram a África a mando do faraó Neco; ou Plínio, que conhece, pelo menos, a notícia da circunavegação da África feita pelo cartaginês Anone, que sabe das Canárias e relata a expedição romana no Atlante; como terá reagido ao vaticínio homérico de um lugar que não conhece o mar e os navios, um Sêneca, que relata, nas *Naturales Quaestiones,* da missão encarregada por Nero de alcançar a nascente do rio Nilo. As interrogações a esse respeito não são ociosas: significam manter vivo em nós o eco da profecia de Tirésias, e nos maravilharmos ainda de seu excesso e do vazio que ela descerra, e cobri-lo de perguntas – em suma, fazer a *experiência* da poesia na história.

As tradições pós-homéricas de que brevemente já falei não são mais orais, mas representam, pelo contrário, de maneira explícita (o caso de Aulo Gélio é, nesse caso, significativo), uma cultura escrita. Se portanto quisessemos considerá-las, como o faz Hans Blumemberg com o "acervo de mitos" "otimizado" pelo trabalho cumulativo

SOMBRAS

de narradores e público, como resultados de um processo de "seleção natural", do que ele chama o "darwinismo das palavras"[8], deveríamos imaginá-las como crescimento excessivo de uma espécie em determinado momento da história natural. As muitas versões do fim de Odisseu que a Antigüidade nos deixou apareceriam assim aos nossos olhos, hoje, como os restos, os fósseis dos inúmeros dinossauros que povoaram o mundo naquela época. Com o fim da Antigüidade, uma nova era glacial, uma espetacular estiagem, um grande terremoto (além da metáfora, os séculos mais "tenebrosos" da incipiente Idade Média), varre aqueles seres da face da terra e deixa somente vozes, medos, sombras, que serão a obsessão da época seguinte.

A profecia de Tirésias no canto XI da *Odisséia* fornece o impulso para o crescimento vindouro, mas contém também, a meu ver, o germe da seleção final. Se a olharmos de perto, veremos emergir dela algumas características surpreendentes.

Primeiro: nas palavras de Tirésias, no futuro da última viagem, Odisseu, o Ninguém do canto IX, aparece como um viandante ignoto e não reconhecido (um *hodites* cuja identidade já não tem alguma importância), e ao mesmo tempo como representante de toda uma civilização, baseada no mar e nas naus. Acontece-lhe o mesmo fenômeno que Tirésias descreveu ao falar do seu encontro com o viandante e do equívoco que dele nasce, no qual a *méconnaissance*, o não reconhecimento, funciona como "sinal muito claro" do reconhecimento. Esvaziando-o, mesmo que por apenas um instante, de seu próprio nome e de sua "história" pessoal no poema, mas mantendo e exaltando seu papel de viajante, e preenchendo-o de um valor universal, Homero abre o caminho às futuras semiotizações de Odisseu. Ele o transforma em "signo" capaz de acolher um "significado" cada vez que encontra um "significante". As épocas seguintes, como já vimos e como ainda veremos, "reconhecerão" a si mesmas naquele signo, atribuindo-lhe o significado de seu momento histórico – de seu *kairos* – e de seu sistema de valores. Odisseu tornar-se-á assim a cada vez o representante de cada uma das civilizações.

Segundo: os remos, que são símbolos da civilização homérica do mar e da última viagem de Odisseu, são chamados, por meio de uma verdadeira *kenning*, ou seja, de uma metáfora condensada em dois substantivos, "asas para os navios" – uma imagem chave, que terá, como veremos, ressonâncias decisivas para o futuro.

Terceiro, uma pergunta torna-se inevitável: estamos verdadeiramente certos de que Homero possa ter concebido um país onde um remo pode ser confundido com um ventilabro, onde a civilização da terra pode sobreviver sem a cultura do mar? A qual "coração das trevas" faz alusão o poeta? Não se trata, talvez, do "outro" que ele nos apresenta aqui, enquanto faz explodir os signos de sua própria episteme? Não estará deslocando o horizonte último de Odisseu para

10 A SOMBRA DE ULISSES

um interior tão distante que se torna inatingível prefigurando, portanto, uma viagem sem fim?

Em outras palavras, leio este texto de três maneiras complementares. De um lado, ele representa o início do mistério referente à última viagem de Odisseu e, portanto, fornece o ponto de partida para sempre novas narrações sobre o tema: neste sentido, a minha é uma aplicação da "gênesis do segredo" tão admiravelmente teorizada e descrita por Frank Kermode [9]. Por outro lado, esse mesmo texto funciona como *typos* ou *figura* de textos posteriores, age portanto como prefiguração no sentido antigo-cristão e auerbachiano do termo, de personagem ou episódio do Antigo Testamento que "anuncia" e é "realizado" ("a fim de que se cumprisse a Escritura") por outro personagem ou episódio no Novo[10]. Mas – e esta é a terceira leitura – os textos que o seguem *cumprem* texto homérico nas conjunturas cruciais, nos momentos críticos, da *história*.

Se, portanto, "os mitos estão sujeitos a mudanças sob a pressão que é exercida sobre eles pela história"[11], parece-me que a literatura também, prefigurando-as, profetiza as circunstâncias, que ela crie, em todo caso, aquele "imaginário" ao qual por sua vez condiciona as aventuras do real histórico. Neste sentido, podemos realmente falar de interseção, a cada virada no tempo, entre palavra e mundo: de passado que "lembra" o futuro, de poesia que se adapta aos acontecimentos que virão, contribuindo a dar-lhes forma e significado, transmitindo sua memória depois que se realizaram. Retomando a visão medieval e renascentista da história, tornando nossa a retórica mais profundamente vivida daqueles séculos, podemos ir além do valor meramente retórico que o historicismo atribui à poesia, e devolver a ela o lugar que lhe é devido entre os eventos. Ao mesmo tempo, torna-se possível saborear a "poesia da história", perscrutar além da distinção aristotélica entre *história* como exposição dos fatos na ótica do "particular" e *poiesis* como narração, "mais séria e mais filosófica", pois afeita ao "universal", de fatos que poderiam ocorrer e que são possíveis na lógica do verossímil e do necessário.

Retornemos, por exemplo, ao nosso *mythos* específico. Nos capítulos que seguem, o usarei da maneira que acabei de descrever. Gostaria, porém, desde já antecipar as duas principais direções nas quais me movimentarei. O "excesso" homérico será "reduzido" e a "lacuna" aberta pela *Odisséia* será preenchida por meio de duas opostas, extremas oscilações. Existem duas possíveis metas, ou 'fins', da viagem de Odisseu, ambas prefiguradas desde a Antigüidade. Uma, como vimos, é a indicada por Licofrone, segundo o qual o destino último do herói é o "outro" mundo por excelência: Hades, o reino da morte. A outra permanece, por outro lado, aberta à esperança. Vários escritores romanos, como vimos, se perguntam se Ulisses teria peregrinado dentro dos confins das terras conhecidas ou além deles. Ti

SOMBRAS

bulo, que menciona ambas as hipóteses, expressa a segunda em termos que me parecem emblemáticos: a "lenda", ele escreve, poderia ter colocado suas viagens em um *novus orbis*. Em resumo, a meta de Ulisses seria aqui *um* outro, *novo* mundo. Pois bem, nosso herói se moverá constantemente, na história e na poesia, entre os dois mundos, o outro e o novo. No plano existencial, ele irá, ultrapassando os limites ontológicos das Colunas, em direção ao destino de cada um de nós; transgressor do ser, irá tragicamente em direção ao não ser. No plano figural e histórico, no momento oportuno Ulisses seguirá viagem, junto aos navegadores modernos, para o Novo Mundo.

Será necessário, todavia, ter em mente que estes são os limites extremos do pêndulo. O "outro" e o "novo" estão muito próximos, e acabam se tocando e produzindo ambigüidades, sobreposições, contradições, cones de sombra. O outro mundo pode ser também o mundo da vida eterna além da morte: os Campos Elíseos, o Éden sempre sonhado com nostalgia. O novo mundo será uma dimensão profundamente existencial, uma América do espírito e da vida, um Paraíso que, apresentando-se como real e literalmente terrestre, suscitará um entusiasmo extraordinário, coletivo e individual, no coração dos europeus.

Tomemos então, para concluir este capítulo e preparar o próximo, o caminho existencial do nosso herói na direção do outro mundo da morte. Em seu importante *Elaboração do Mito*, Hans Blumenberg considera que a qualidade mítica de Odisseu não consiste apenas no fato de que "seu regresso à pátria é um movimento de reintegração do sentido", mas também, no modo particular em que é cumprido o *nostos*, apesar das "resistências mais incríveis, não apenas as adversidades externas, mas também, as do desvio interior e da paralisia de toda motivação". Ao tentar oferecer uma explicação para a transformação de Odisseu em Ulisses, Blumenberg sustenta que, sendo uma "figura de sofrimento que se conclui com um sucesso", Odisseu é exposto "à crítica e à revisão por parte dos platônicos, depois também por Dante e mais ainda pelos modernos desprezadores do 'final feliz' como sintoma de um eventual 'mundo intacto'"[12].

Sua reconstrução desse processo de "crítica" (que é obviamente diferente dos de prefiguração e cumprimento hipotizados aqui) baseia-se nas interpretações alegóricas do mito elaboradas pelos estóicos, e portanto sobre a "violência" que Plotino fez ao texto homérico com sua "montagem" da *Ilíada* e da *Odisséia*. Nas *Enéadas*, de fato, Circe e Calipso representam o mundo dos sentidos, no qual Odisseu "não quer permanecer" e do qual grita todo seu desejo de "fugir para a amada pátria". "Para nós – diz Plotino – a Pátria é o lugar de onde viemos". Em outras palavras, Odisseu não volta mais para Ítaca e para sua família, mas para o seu Pai eterno.

Ao indicar a direção geral que o "discurso" mitológico sobre Odisseu toma na filosofia antiga, Blumenberg segue um percurso linear, que por uma série de razões não leva em conta os parênteses poéticos e, ignora por exemplo, a profecia de Tirésias e suas conseqüências. Mas mesmo querendo considerar apenas a filosofia, na origem das alegorizações "platonizantes" encontra-se uma passagem absolutamente crucial do próprio Platão que o escritor alemão não toma, parece, em consideração. Justamente no momento em que, pela primeira vez – como nos foi muitas vezes repetido – a filosofia faz o esforço deliberado de substituir o *logos* pelo *mythos*, Odisseu aparece sob uma luz muito diferente.

No final da *República* é narrado um "conto" explicita e significativamente contraposto aos "apólogos de Alcínoo", isto é, às histórias proverbialmente fantásticas dos Livros IX-XII da *Odisséia*: o famoso canto de Er. Nestas páginas enigmáticas e complexas, nas quais, como é sabido, Platão desenha, de forma mítica, um esboço de suas idéias sobre a vida após a morte, sobre os castigos, as recompensas e a reencarnação da alma, Odisseu é o último personagem que comparece em cena, quase que fechando com chave de ouro o imenso laboratório da *República*. Apesar de a escolha estar limitada, dado que todos os outros mortos já colheram o que desejavam, sua alma deve encontrar para si uma vida para a próxima encarnação:

> Tendo-se tornado sem ambições pela lembrança dos sofrimentos passados, perambulou procurando a vida de um indivíduo alheio a qualquer aborrecimento. E com dificuldades encontrou-a jogada num canto, negligenciada pelas outras almas; e ao vê-la disse que se comportaria da mesma forma mesmo se a sorte a tivesse indicado antes; e a tomou para si muito contente.

Gostaria que me perdoassem o fato de examinar, neste momento, a história de Platão de modo substancialmente literal e literário. Nessa leitura realmente "impura", portanto, Odisseu escolhe, em um certo sentido, o tipo de vida que a alma de Aquiles, durante a *nekyia* do canto XI da *Odisséia*, declarara preferível a reinar sobre os mortos ("gostaria de ser um empregado em trabalhos do campo", havia suspirado o filho de Peleu). Pelo contexto do Livro X da *República*, por outro lado, é claro que ele faz uma escolha extrema, mas não totalmente ruim do ponto de vista filosófico (Proclo, de fato, considera-a a melhor). Oprimido pela lembrança das lutas e das peregrinações – após 25 séculos, poderíamos dizer: cansado pelos tormentos com que gerações e gerações de poetas, leitores e intérpretes o carregaram – Odisseu renuncia à ambição e ao sofrimento, em resumo, às suas características de herói, e abraça a vida de um homem "comum": não deseja ser um mito, e nem mesmo o homem "novo" proposto por Homero e exaltado pela cultura contemporânea, mas um simples *idiotes*, um particular, um indivíduo. Potencialmente, tipologicamente, já é o *everyman*, o homem qualquer, o Leopold Bloom do futuro[13]; de alguma forma, o protótipo do antimito.

SOMBRAS 13

Enfim nosso personagem tranforma-se novamente numa outra figura, e no *typos* de personagens vindouros: eis que emerge das profundezas do mito até a superfície marinha do *logos*, mas descrito com a linguagem do primeiro. Ele está suspenso agora, emblematicamente, entre a morte e a vida, entre a poesia e a prosa, entre a narração e a interpretação, entre duas culturas. O modelo poético, Homero, produziu um modelo mítico-filosófico que concorda e ao mesmo tempo se afasta do arquétipo: Platão mina as bases do velho paradigma epistêmico. Pois não podemos esquecer que esta é a única vez em toda a era antiga que Odisseu aparece como um habitante, mesmo que temporário, do "outro" mundo, um ser da morte, uma sombra. É a morte, é esta sombra, que o transforma em um desconhecido: talvez no ignoto viandante da profecia de Tirésias.

NOTAS

1. Esta, a anterior e a seguinte citação de A. Heubeck, em *Odissea*, vol. III, Milão, 1983, pp.259-264.

2. W. Otto, *Theophania,* Roma, 1983, p. 70.

3. P. H. Damon, "Dante's Ulysses and the Mythic Tradition", em W. Matthews (org.), *Medieval Secular Literature. Four Essays,* Berkeley-Los Angeles, 1965, pp. 25-45.

4. G.Chiarini, *Odisseo. Il labirinto marino,* Roma, 1991, pp.67-101.

5. D.Thompson, *Dante's Epic Journeys,* Baltimore-Londres, 1974; E. Bloch, "Odysseus Did not Die in Ithaca", em G. Steiner & R. Fagles (orgs.), *Homer,* Englewood Cliffs, N. J., 1962, pp. 81-85; R. Calasso, *Le nozze di Cadmo e Armonia,* Milão, 1988, pp.389-417.

6. J. Peradotto, "Prophecy Degree Zero: Tiresias and the End of the Odyssey", em B. Gentili e G. Paioni (org.), *Oralità: Cultura, Letteratura, Discorso,* Roma, 1985, pp.429-459

7. B. Andreae, *L'immagine di Ulisse. mito e archeologia,* Turim, 1983. Para outras referências ver P. Faure, *Ulisse il cretese,* Roma, 1985, pp. 262-313; e quanto à "curiosidade teorética", H. Blumenberg, *Der Prozess der theoretischen Neugierde,* Frankfurt, 1973, pp. 68-69 e notas.

8. H. Blumenberg, *Elaborazione del mito,* Bolonha, 1991.

9. F. Kermode, *Il segreto nella parola,* Milão, 1992.

10. E. Auerbach, "Figura", em *Studi su Dante,* Milão, 1963.

11. H. Fisch, *Un futuro ricordato,* Bolonha, 1988 p. 8. Devo muito ao livro todo de Fisch.

12. H. Blumenberg, *Elaborazione del mito,* Bolonha, 1991, p. 107; e ver o seu *Prozess der theoretischen Neugierde, op. cit.*, pp.85-89

13. W. B. Stanford, *The Ulysses Theme,* Ann Arbor, 1968[2], p. 117. O livro de Stanford, mais do que qualquer outro, esgota o tema de Ulisses na literatura ocidental, seguido por R. B. Matzig, *Odysseus. Studie zu antiken Stoffen in der modernen Literatur, besonders im Drama,* St. Gallen, 1949.

2. Naufrágio:
Interpretação e Alteridade

Minha palavra grava de tal sorte que a possas transmitir inalterada aos que, na terra, voam para a morte*

Mais de mil e quinhentos anos separam Dante de Platão e, provavelmente, mais de dois mil de Homero: pode-se excluir que o florentino tenha conhecido diretamente a *República* ou o canto XI da *Odisséia*. Entretanto, é ao mundo indicado pela profecia de Tirésias e pelo mito de Er que devemos voltar para compreender o seu Ulisses. Pretendo, portanto, ler o canto XXVI do *Inferno*, como já foi feito no passado, no âmbito de um discurso mítico de longa duração[1] e, juntar a minha primeira sombra trágica às muitas camadas que foram identificadas nele, e que o envolvem inteiramente.

Detenhamo-nos, em primeiro lugar, no episódio em seu conjunto. Temos um primeiro obscurecimento da cena no momento em que Dante e Virgílio entram na oitava vala. A extraordinária comparação que começa com as palavras "vilão que no morro repousa" apresenta, numa rápida seqüência, moscas, pernilongos e pirilampos de verão, um pôr de sol, um incipiente crepúsculo de escuridão, que serve a salientar o esplendor das chamas que cobrem e queimam os espíritos dos conselheiros fraudulentos. E a escuridão permeia a história de Ulisses (refiro-me metaforicamente, as *imagens* que dominam a narração): ao passar as Colunas de Hércules, ele e seus companheiros

---

* Tu nota; e sì come da me son porte, così queste parole segna a' vivi del viver ch'è un correre a la morte. "Purgatório canto XXXIII" Tradução de Cristiano Martins, *A Divina Comédia*, Edusp / Itatiaia, 1979 (Daqui em diante, serão utilizadas as iniciais C. M. para indicar as traduções de Cristiano Martins).

16 A SOMBRA DE ULISSES

movem "a popa para o leste", isto é, partem na alvorada, dirigindo-
se para o ocidente e virando a proa para a noite. E de fato, a partir
daquele momento a única luz que, através da memória de Ulisses,
filtra em sua narração é a luz noturna das estrelas e da lua:

> A noite os astros todos descobrindo
> ia do polo austral, e, pois, se via
> na linha d'água o nosso decaindo.
> Cinco vezes brilhante ao céu subia
> a lua, e tantas outras se apagava,
> enquanto o firme rumo a nau seguia...[i] [trad. C. M.]

O sol, que também deve ter iluminado aquela parte do mundo
assim como o nosso, parece ter desaparecido. Ulisses navega agora
"atrás do sol" isto é, segue, como quer a exegese tradicional, o caminho do sol do oriente ao ocidente, mas também, metaforicamente,
passa *atrás,* "por detrás", além do sol. O ilimitado "alto mar aberto"
pelo qual Ulisses se lançou no Mediterrâneo torna-se um oceano
imerso na noite.

E agora, para compreender para quais margens da existência viaja Ulisses, após ter desenhado o movimento metafórico da narração
para a escuridão, apresentamos aqueles dados biográficos nos quais a
figura do herói dantesco toma forma. Após mais de um ano de permanência em Gaeta, ele deixa Circe (o local de onde parte tem uma rele-
vância especial, como veremos) como se estivesse "no meio do
caminho" de sua vida: é um homem casado, com um filho e um velho
pai ainda vivo. Quando chegam às colunas, Ulisses e os seus companheiros são "velhos e lerdos". A travessia do Mediterrâneo ocidental,
da Sardenha até ambas as costas, "até a Espanha e até o Marrocos",
além de Sevilha de um lado e Ceuta do outro, o leva em poucos versos
da maturidade até a velhice. No discurso que profere para convencer
os seus companheiros a prosseguir a viagem, Ulisses sublinha este
aspecto pateticamente e com sutil ambigüidade. Através de "cem mil
perigos", eles chegaram, diz, ao "ocidente": e este será certamente o
Oeste geográfico, mas representa também, como já Cristóvão Landino
havia entendido, o declínio da vida individual. Ulisses, aliás, insiste;
com expressão que atingirá Tasso pela sua potência evocativa, definindo o momento presente uma *tão pequena vigília / é o que permanece de nossos sentidos*[ii]. O que permanece agora é uma mera vigília
dos sentidos, um último sobreviver da consciência e da vida que agora sabem que será, breve, uma "vigília" de morte. Passar do "alto

---

i. Tutte le stelle già de l'altro polo / vedea la notte, e l' nostro tanto basso, / che non
surgëa fuor del marin suolo. / Cinque volte racceso e tante casso / lo lume era di sotto da la
luna, / poi ch'i ntrati eravam ne l'alto passo ...

ii. tanto picciola vigilia / d'i nostri scuzi di'e' del rimanente

NAUFRÁGIO

mar aberto" à "foz estreita" significa chegar ao cerne da aventura humana, ao limiar supremo entre a vida e a morte. "Foz" é justamente o vocábulo que, no canto XIII do *Paraíso*, Tomás de Aquino aplica ao local, o "fim" onde a "nau" da vida humana pode, após ter percorrido "direto e veloz", *"o mar por todo o seu caminho"*, inesperadamente "perecer". "Entrar" na foz quer dizer correr o perigo terminal do naufrágio.

O Ulisses de Dante, pois, se afasta de Circe e parte para a escuridão, o extremo limite da velhice, o Oceano e as Antípodas. Não consigo acreditar por um só momento que Dante não soubesse, ou que não tivesse compreendido, o que alguns de seus "mestres" proclamavam abertamente. Recuando no tempo: no seu comentário ao Livro VI da *Eneida*, Sérvio sustenta que Homero teria "fingido" que Ulisses, após deixar Circe, navegou "uma noite" (e "noite" seria aqui particularmente sugestivo para a minha leitura) e chegou "ao ponto extremo do oceano". Nas *Fabulae*, Igino conta que Ulisses deixou Circe e viajou "para o lago Averno", "descendo aos ínferos". Nas *Geórgicas,* Virgílio escreve que somente "o lúgubre Estige" e os "profundos Manes", as almas dos mortos debaixo da terra, vêem o pólo meridional: lá, talvez, "em profundo silêncio cala sempre a noite, e em sua cortina se adensam as trevas". Enfim, a "terra da escuridão", é, desde Jó, a da "sombra da morte" da qual, sobretudo, não se pode retornar.

É claro que Dante sabe disso muito bem: tanto que no Canto I do *Purgatório*, com deliberada referência interna ao seu Ulisses, conta ter chegado, com Virgílio, "à praia deserta" "que nunca viu navegar em suas águas/ homem, que de voltar seja depois capaz"[iii].

O "alto passo" de Ulisses corresponde, é claro, ao "passo de que jamais saiu alguém com vida"[iv] que Dante vira-se para "contemplar" após ter saindo da água à praia apetecida[v] e chegado a margem, salvando-se do naufrágio no canto I do *Inferno*: em suma ele é não somente a selva obscúra do pecado, mas também o umbral da *undiscovered country, from whose bourn / No traveller returns*, daquela terra desconhecida de onde ninguém nunca volta, da qual falará, dissertando sobre ser ou não ser, Hamlet. De resto, não sem razão, foi dito que Ulisses é "o duplo original de Dante"[2], aquele Dante que na *Comédia* faz uma viagem no mundo dos mortos.

A este mundo conduzem alguns dos "modelos semiológicos" evocados a propósito da viagem de Ulisses[3], e a esse mundo leva a *kenning*, a comparação remos-asas a qual Dante herda de uma tradição que não é somente latina, mas remonta, como vimos, ao Livro XI da *Odisséia*:

---

iii. che mai non vide navicar sue acque / omo, che di tornar sia poscia esperto.

iv. passo che non lasciò già mai persona viva

v. uscito fuor del pelago a la riva

A SOMBRA DE ULISSES

"dos remos fizemos asas para o louco vôo". O "navio voador", como toda navegação humana no mar da vida, faz rota, em suma, para aquele lugar desconhecido[4].

E depois, por que insistir? A sombra da morte já está lá, manifesta e abertamente evocada desde o início do episódio. Quando Virgílio prende a chama cornuda à narração ("não se mexa", diz imperiosamente, após uma *captatio benevolentiae* muito ambígua), a injunção é clara: um dos dois espíritos deverá dizer "onde / morto, após se perder, teve jazido"[vi]. A história de Ulisses está predestinada por um iniludível *telos* narrativo que é *thanatos*: perder-se e ir, ir para a morte. Não a morte pura e simples, o mistério que mesmo a tantos personagens da *Comédia* é permitido tocar, mas percorrer, morrendo, através do limiar extremo da véspera da morte, os caminhos sem saída que conduzem à última perda.

E refazer esta viagem agora, na narração. Não é por nada que o "maior corno da chama antiga" sofre em primeiro lugar uma tragédia da linguagem, começando a ruir, murmurando, como fatigado pelo vento. O sofrimento de Ulisses consiste aqui em ter que transformar aqueles perdidos caminhos de morte em palavras, em narração; é o parto pelo qual foi obrigado, guiando a ponta das chamas aqui e lá, "como língua que falasse, a falar"[vii], a *dizer* o seu *récit de la fin*.

"The communication / Of the dead is tongued with fire beyond the language of the living", diz T. S. Eliot no quarto dos *Quartetos, Little Gidding:* aquilo que os mortos não encontravam palavras para contar, quando vivos, agora que estão mortos podem dizê-lo: eles se comunicam com línguas de fogo, além da linguagem dos vivos. Eis a situação radical, o caso extremo da poesia: onde ela diz o indizível, exprime o *Erlebnis* da morte.

Diante das Sereias homéricas, Odisseu (e nós com ele) traía e vencia o doloroso desejo de se deixar encantar pela voz da sombra. A imagem era, como sempre no mito, de dois sujeitos separados: o homem, as cantoras sobrenaturais. Em Dante, nós conseguimos, talvez, entrever dentro do sujeito o princípio da sombra, o ponto onde poesia, morte e vida se encontram, e de onde a voz, que permanece humana, mas já está além da nossa linguagem, fala com a língua de fogo. Atormentada pelo vento, por um sopro, por uma inspiração que é ao mesmo tempo o sopro da Pentecostes e aquele que as asas de Lúcifer espalham no inferno, no seu limite extremo, a poesia aparece como espírito divino e diabólico, força luminosa e destrutiva, revelação e combustão aniquiladora: chama.

---

vi. dave, per lui, perduto a morir gisti (trad. Haroldo de Campos)
vii. come fosse la lingua che parlasse, gittar voce di fiori

Voltarei a este aspecto em breve, ao examinar o fim do canto. Por hora observamos quão penoso e trágico seja, no caso de Ulisses, o nascimento da narração, para o qual Dante ironicamente remete o elogio e a condenação da língua pronunciados na Epístola atribuída a Tiago: com significativa alusão à imagem náutica, como o navio, ainda que grande e impelido por um vento impetuoso, é guiado por um minúsculo timão, assim a língua, se bem que pequena, pode glorificar empresas extraordinárias; como o fogo, mesmo mínimo, incendeia uma imensa floresta, assim a língua, que é fogo, "queima a roda da nossa vida e depois ela mesma é queimada no inferno". É inevitável, portanto, que a história se conclua no silêncio: quando o *récit de la fin* torna-se *fin du récit*, a chama (início do canto XXVII) está "ereta" e "imóvel" *para não dizer mais* – acalmada por ter falado, morta para a narração, para a tragédia e para a vida.

Os nossos problemas, porém, não acabaram: ao contrário, em um certo sentido, como problemas de interpretação, isto é, como perguntas ao texto, eles iniciam aqui. Porque a ordem imperiosa de Virgílio especifica um "onde" (onde, tendo-se perdido, foi morrer) que fica sem resposta na narração de Ulisses e, sem resposta na *Comédia* até ao canto I do *Purgatório*. Onde vai morrer Ulisses? Ele mesmo não sabe; e, com efeito, sabe pouco em geral da sua última viagem no momento em que a faz. Ulisses conhece a si mesmo; sabe que o *"ardor... de se tornar experto do mundo / seja dos vícios humanos e do valor"*[viii], derrotou nele todo vínculo familiar, todo amor humano, todo desejo de *nostos*, daquele retorno que obcecava o Odisseu homérico. No âmbito exterior, Ulisses sabe ter andado "pelo alto mar aberto" e ter navegado no Mediterrâneo para o ocidente. No sentido ético, sabe que o homem não deve "transpor os limites" colocados por Hércules.

Mas quando Ulisses alcança e transpõe a "foz estreita" de Gibraltar, as coordenadas geográficas, o conhecimento material terminam e, com isso, toda ética e toda habitual consciência de si mesmo parecem esquecidas. O vôo é agora "insano". O mundo que se estende além deste está simplesmente "atrás do sol" e "sem gente". Os vícios e os valores humanos, que Ulisses parecia ser tão desejoso de experimentar aparentemente caíram no esquecimento. Agora, nesta tão pequena "vigília" dos *sentidos,* ele quer fazer *experiência* da desabitada escuridão; quer, mesmo consciente da enfraquecida sensibilidade da velhice, tocar com a mão, experimentar, o curso vazio do sol.

Velho e tardo como está, Ulisses não pode certamente esperar voltar vivo daquele mundo. Talvez, tendo sempre sido *fandi fictor*[5], inventor de histórias e manipulador de palavras, ele pode imaginar, com a sua "pequena oração", estar enganando seus homens, aquela

---

viii. l'adore... a divenir del mondo esperto e de li vizi umani e del valore "companhia" que ele mesmo eleva a 'irmandade' ("Oh irmãos") e com a qual parece escolher um tipo de sociedade, de 'expedição científica', contraposta àquela familiar de filho, pai e esposa. Mas no limiar da própria consciência, Ulisses não pode não sentir que aquilo que o espera além das Colunas é a morte. No fundo de si mesmo, Ulisses quer viver o não-ser, deseja a vida-na-morte. A "semenza" (origem, essência) do homem, a sua adâmica origem e destino, não é de viver como "bruto", mas de viver com a consciência da morte: suprema "virtude" e, ao mesmo tempo, "conhecimento" último.

Significativamente, este andar desejoso e narrativamente ineluável em direção à morte e ao conhecimento, antes registrado com a precisão de um perspicaz explorador, se perde (e perder-se é parte essencial da trama pré fixada por Virgílio) em um vazio que vai crescendo. A rota é oeste; depois, "sempre avançando pelo lado esquerdo", sudoeste. Já se vê, com as suas estrelas, o pólo meridional, enquanto o setentrional desaparece sob o "solo marinho". Faltam os pontos de referência espacial, geográficos, que antes eram absurdamente indicados (a Sardenha, a Espanha, Marrocos). Então mede-se o tempo, que se tornou, improvisadamente preciso e urgente, após o intervalo indefinido em que, no Mediterrâneo, Ulisses viveu a segunda parte da sua vida. Agora a vigília tornou-se pequena: cinco luas, cinco meses de viagem.

Então, de todo inesperada, a surpresa. Ao longe, se projeta uma montanha, que o perito navegador vê "escura pela distância" e aponta como a mais alta que tenha jamais contemplado. Ora, este monte, que os leitores avisados da *Divina Comédia* descobrirão (provavelmente por meio das notas) ser aquele do Purgatório, representa o "grande monte pedregoso" que aparece nas fábulas de Propp apontando para o mundo dos mortos [6]. Ninguém melhor do que Ulisses deveria saber que se trata do inevitável e desejado último passo. Porém, em sua vontade de conhecer e viver a morte, ele é homem até o fim: "denn nah am Tod – escreve Rilke – sieht man den Tod nicht mehr / und starrt *hinaus*", pois quando a morte se aproxima não a vemos e fixamos o olhar para fora. E é exatamente em virtude desta máxima abertura que, por um momento, toma corpo em Ulisses a maior ilusão. Como se tivessem atingido um Cabo de verdadeira Boa Esperança, o capitão e os seus companheiros se *alegram*. Para eles este não é mais o outro mundo mas, como o próprio Ulisses diz, a *nova terra: um* outro mundo, o "novus orbis" de Tibulo. Por um instante, afinal, Ulisses se regozija pensando ter encontrado o Mundo Novo que o profetismo clássico, antigo e neo-testamentário haviam sonhado: um novo início da idade feliz, do tempo, da vida.

Entretanto, o equívoco – cuja trágica ironia se revelará inteiramente ao leitor quando ele entender que o monte é efetivamente aquele em cujo cume está situado o Paraíso Terrestre – se dissolve logo:

NAUFRÁGIO

"logo mudou nossa alegria em pranto"[ix]. A implacável precisão da morte descerra o outro mundo frente ao novo, fazendo surgir o um do outro contra qualquer expectativa, mas contudo, logicamente, segundo a lei férrea que Aristóteles, por primeiro, havia visto dominar o *mythos* trágico. No limiar do conhecimento último, no momento em que Ulisses está para descobrir para *onde* "tendo-se, perdido, foi morrer", um turbilhão desconhecido nasce da "nova terra", atinge o navio, jogando-o num redemoinho por três vezes nas águas vorticosas, eleva a popa, submerge a proa, e enfim fecha sobre ele o lacre do oceano. O "vento", que agora, no Inferno, perturba a fala dolorosa da chama, é talvez o resto do sofrimento do "turbilhão" de então que, como na história de Jeremias contra todos os reis e todos os gentios do mundo, "sai" "a summitatibus terrae" (dos montes, justamente, da Terra), e com a Sua Voz aparentemente anônima e silenciosa, mas pavorosamente irada, varre cada miserável palavra humana. "Como ele determinou"[x]. Ele, o Outro Posêidon que inesperadamente se revelou Iavé, mas permanecendo Inominável, é a causa primeira, última e única e, ao mesmo tempo, a testemunha que "quis" assistir àquele que (para retomar um outro título de Hans Blumenberg) com trágica ironia torna-se sob os nossos olhos um "naufrágio com espectador"[7].

Serei agora, talvez, repreendido por apresentar uma leitura 'romântica' (mas, eu preferiria chamá-la de existencial) do Ulisses dantesco e, por ignorar os pontos mais ou menos fixos que a crítica estabeleceu para a interpretação do episódio: por exemplo, o fato de Ulisses ser, na imaginação de Dante, o "ímpio" antagonista do "pio" Enéias (mas a Virgílio que, no mundo, escreveu "altos versos" sobre o filho de Anquises, Ulisses responde ter-se afastado de Gaeta "*antes* que assim fosse nomeada por Énéias", quase sublinhando, com a pena de Dante, a própria independente prioridade); ou que o peregrino Dante é o verdadeiro "novo Ulisses" que alcança a "costa deserta" do Purgatório, e chega a ver, do Empíreo, a "louca passagem" do seu personagem, tornando-se ele mesmo um Argonauta, um Glauco transumanado sobre cuja cabeça fecham-se águas divinas (por mais "louco" que seja, a pesada memória do vôo de Ulisses durará até o limiar da visão beatífica). Não deveria negligenciar, tampouco, a *megalopsykhia* ou "magnanimidade" de Ulisses, a sua "*curiositas*" e o seu "fol hardement"; o seu encarnar a sabedoria pagã (que fracassa porque não possui a graça cristã); o fato de que é símbolo de uma *philo-sophia* puramente humana[8].

---

ix. Noi ci allegrammo, e tosto tornò in pianto.
x. Com' altrui piacque.

A minha resposta a estas objeções é que elas, talvez, não tenham razão de existir. Queria antes de mais nada reivindicar a necessidade de uma interpretação que tenha sempre como centro do problema o homem. Cada leitor do canto XXVI do *Inferno* sente que Ulisses conta um acontecimento de exaltação e de dor, uma história incandescente. Essa história diz respeito à existência de cada um de nós entre o ser e o não ser, entre o desejo, a ilusão e o destino. A mensagem que o Ulisses dantesco lança pode se resumir nas palavras que Beatriz dirige a Dante naquele cume do Purgatório, no Paraíso Terrestre que Ulisses avistou sem saber:

> Minha palavra grava, de tal sorte
> que a possa transmitir inalterada
> aos, que, na terra, voam para a morte[xi]. [Trad. C. M.]

Em segundo lugar, como podemos – nós que, "espíritos deserdados", "vivemos no desejo sem esperança"[xii], como os habitantes do Limbo dantesco – não ler Ulisses desta forma: agora, no nosso "tempo de indigência"[9]? Nós *não* podemos apagar a sombra, porque nela se encontram o texto e a nossa crise (no sentido de *krisis*, de momento crítico e de ruptura) como se aquela sombra fosse a justa medida, a estação apropriada deste texto e desta crise: em uma palavra, o seu *kairos*. E esta minha interpretação, chegando no momento oportuno, abriria um vasto terreno a quem quisesse meditar sobre as condições da hermenêutica no tempo. Enquanto livres prisioneiros do nosso mundo material e cultural – me limitarei a sugerir aqui –, ou na qualidade de herdeiros prefigurados e sempre desejosos de um destino interpretativo (conforme argumentarei no penúltimo destes capítulos, ao falar das encarnações contemporâneas de Ulisses), nós não podemos simplesmente esconder a cabeça na areia diante da inelutável *ananke*, a necessidade do conto dantesco. A "alteridade" medieval, a diferença de condições e de mentalidades, ainda que nos separe da época de Dante, não pode não se encarnar na nossa modernidade, e resistir a este convite seria verdadeiramente vão, porque a imagem do seu Ulisses não é uma "imagem descartada"[10], mas a figuração daquilo que somos.

Também não podemos, para falar de uma alteridade complementar a esta, mas ainda maior, de algum modo deixar de enfiar a cara naquele abismo que Ulisses abre diante de nós, mencionando, dando um nome sem nome ao "alheio" e pronunciando as suas últimas palavras com obliqüidade e indeterminação realmente inquietantes.

---

xi. Tu nota; e sì come da me son porte, / così queste parole segna a' vivi / del viver ch'i è un correre a la morte. (Purgatório XXXIII, 52-54)

xii. sanza speme vivemo in disio

NAUFRÁGIO

eis que veio da terra um furacão,
e ao frágil lenho arremessou seu manto.
Por três vezes levou-o de toldão;
na quarta, a popa ergueu, e mergulhou
no fundo a proa, à suma decisão,
até que o mar enfim nos sepultou[xiii]. [Trad. C. M.]

Temos nestes versos três sujeitos gramaticais e reais que, em sua seqüência, despertam interrogações: *turbo, altrui, mare*. O primeiro e o terceiro sugerem a impessoalidade: o oceano, que era lugar e objeto "aberto" da ação de Ulisses, se transforma aqui num horizonte ativo, num sujeito ou agente natural que "encerra" o homem definitivamente, submetendo-o. A lei é do acaso, do destino. Mas o turbilhão, intertextualmente (através de Jeremias), sugere a ação divina; o "foi fechado" poderia (considerado como passivo) pressupor um Agente; e enfim, o dativo, indireto, "a um outro" (*altrui*), coloca o Inominável, como se fosse a Sombra ontológica terminal, como responsável pelo afundamento.

Então, dado que nós leitores, somos os verdadeiros espectadores do naufrágio, na nossa margem do tempo (mas também naquela do séc. IV, como veremos), não podemos não nos sentir obrigados a perguntar quais profundidades insondadas da alteridade estão sugeridas ali, um momento antes que a língua de fogo se cale para sempre; qual pode ser o significado daquela extrema resistência, revelada pela linguagem na consciência e na cultura, que Ulisses combate enquanto reconhece a própria derrota. "À suma decisão": o inciso desafia, em voz baixa, o universo de Dante, no qual Deus não é "outro" e não afunda heróis pagãos. É portanto a língua do poeta que acaba sendo queimada pelo maior corno da chama antiga.

Fazer experiência da poesia quer dizer, portanto, queimar as mãos e a alma diante do sorvedouro em que o Outro às vezes nos envolve e que alguém consegue, se bem que raramente, exprimir com língua de fogo. Com medo, nós recuamos diante desse abismo. Sabemos, porém, que o obstáculo insuperável, a insanável contradição foi vivida na própria pele por quem, como mais claramente veremos no sétimo capítulo, experimentou o canto de Ulisses, no momento de maior sofrimento para o homem, em um campo de concentração nazista. Lá mesmo, em Auschwitz, Primo Levi evocará o terceto dantesco; "algo de gigantesco", que lhe fez entrever "somente agora, na intuição de um instante, talvez o porquê do nosso destino, do nosso estar hoje aqui..."

Se, por outro lado, exercitando o nosso direito ao livre arbítrio, tivéssemos escolhido argumentar *internamente* à lógica interpretativa

---

xiii. ché de la nova terra un turbo nacque / e percosse del legno il primo canto. / Tre volte il fé girar con tutte l'acque; / a la quarta ire in giù, com' altrui piacque, / infin che'l mar fu sovra noi richiuso.

tradicional – do outro lado, por assim dizer, do "outro"– a minha leitura de Ulisses, por mais impura que seja, não excluiria as ortodoxas. Ou melhor, seria para elas complemento e as envolveria de maneira até racional, quase nitidamente filológica, permanecendo dentro dos "limites da interpretação"[11], como mero registro da sombra que se estende sobre a narração dantesca. À sua luz, a moralidade e as alegorias que mencionei e que nascem do legítimo desejo de ler o texto no âmbito de seu contexto cultural, da episteme do fim da idade média, e do "sistema" dantesco, adquiririam uma dupla densidade trágica.

A *libido sciendi*, o desejo de conhecer, transpondo todos os limites, o não-ser como se fosse o ser, de experimentar a vida-na-morte, conduz ao fim oposto. Uma incompreensão, uma *méconnaissance*, uma *agnoia* que é recalque, supressão, erro ou *hamartia* profundamente humanos, invade a psique de Ulisses diante da montanha escura. Depois, com seu naufrágio, a magnanimidade, a curiosidade, a sabedoria antiga e pagã, tudo isso cai no abismo. O Ulisses de Dante não encarna somente um outro Adão, o qual, como está dito em *Paraíso* XXVI, havia "transposto o limite". Não é somente o fruto da árvore do conhecimento que ele, para se tornar plenamente homem, para não permanecer "bruto", quer provar: ao chegar à vista do monte, Ulisses se alegra e chamando-o "nova terra" trai a ilusão repentina de estar diante da outra margem da morte, diante da vida que recomeça. Conhecer o bem e o mal e viver eternamente: por isto, para que permanecesse para sempre outro e não se tornasse como Ele, Deus expulsou Adão do Paraíso Terrestre. E alguém talvez, de longe, perceberá naquele "outros" pronunciado por Ulisses também o sentimento de ter conquistado, ou de qualquer forma exigido, a igualdade com o único "outro" digno de consideração.

Quanta ironia, portanto, no fato de que este Ulisses – a reencarnação do *dios Odysseus* que tinha sobrevivido a tantos naufrágios e enganado a morte voltando do Hades – deva ser afundado pela tempestade do único verdadeiro Deus, logo quando chega adiante da montanha em cujo cume se encontra o jardim do Éden, onde o homem tinha vivido sem "virtute" e sem "conoscenza", mas também sem morte! Qual singular sobreposição e emaranhado de mitos (desde o início do episódio: a ascensão do carro de Elias diante dos olhos de Eliseu, a pira de Eteocles e Polinice); qual desmedido anacronismo para aquele que T. S. Eliot considerava (justamente, por outro lado) um "simples *romance*", uma "bem narrada história marinharesca"![12]

Quanto mais se lê este conto mais se sentem as insuportáveis tensões que o atravessam. Compreendem-se então as razões pelas quais os seus intérpretes, os seus leitores puros, nitidamente e com acrimônia dividiram-se em duas facções fortemente adversas. Eis que somos reconduzidos, inevitavelmente, ao problema da interpretação. Resumirei aqui, brevemente, os dados principais, sem me abs-

NAUFRÁGIO

ter, naturalmente, de extrair algumas conclusões e de elaborar minhas próprias alegorias.

Ao Dante que queria narrar Ulisses, se apresentavam três tradições míticas e literárias de grande autoridade. Na *primeira*, o herói grego é um vigarista, um enganador, um inventor de histórias falsas, um orador ilusionista. Tal aparece para Virgílio na *Eneida*, para Ovídio nas *Metamorfoses*, para Estácio na *Achilleide* e para toda uma série de escritores posteriores como Ditti, Benoît de Sainte Maure, Guido delle Colonne e assim por diante. E não existe nenhuma dúvida sobre o fato de que Dante condena Ulisses ao inferno pelas suas fraudes: como esclarece Virgílio ao apresentar a chama cornuda: pela "fraude eqüina", e pelos estratagemas com os quais conseguiu, com Diomedes, arrancar Aquiles de Deidamia e roubar o Paládio. Ora, muitos intérpretes (cuja sólida filologia é inegável, mas que pecam, por vezes, pela coerência demasiadamente severa, quase integralista), dão mais um passo para a frente. Eles sustentam que o engano supremo de Ulisses é do intelecto; que ele enfrenta o "alto mar aberto" quando velho, naquela parte da nossa "*etade*" (idade) (como o outro grande espírito de fraude, Guido da Montefeltro, declara no canto sucessivo, ecoando o Dante do *Convívio*) "em que se impõe as velas amainar"[xiv]; ele que com fraudulência convence os companheiros a transpor as Colunas com sua "*orazion picciola*" (pequena oração), que até mesmo se quiséssemos ficar apenas com Aristóteles (isto é com a filosofia pagã), o verdadeiro conhecimento não é aquele dos sentidos, pois a "experiência" dos nossos sentidos constitui uma mera "vigília", um simples estado de vigília; que, conforme Agostinho, alguns filósofos-navegadores chegam ao porto da "vida beata" somente evitando o "enorme monte" do desejo excessivo de glória e conhecimento; que Ulisses comete (seja no âmbito pagão, seja naquele cristão) um pecado de *húbris*; e que em suma ele é condenado por causa daquele vôo que ele mesmo reconhece ter sido louco.

Tudo isto é verdadeiro no que diz respeito a *vida* de Ulisses, mas muito menos se considerarmos a sua danação eterna. Se Ulisses se encontra na oitava vala do oitavo círculo em razão da "arte" da fraude, Deus, por outro lado, afogou a sua existência terrena porque ele estava para alcançar aquela terra onde nenhum homem após a Queda (com exceção de Dante Alighieri) tem a permissão de entrar. Gostaria de sublinhar este ponto: outros personagens do *Inferno*, como Francesca e Ugolino, são mortos pelos seus semelhantes, um marido traído e um bispo traidor. Ulisses – e isso não me parece pouco – é o único a ser morto, sem ter nenhuma idéia do Éden ou do Purgatório, diretamente por um Deus que não conhece.

---

xiv. ciascun dovrebbe / calar le vele e raccoglier le sarte

Por outro lado, os críticos da facção oposta, passando por cima, como os remos de Ulisses, da proibição mítico-ontológica (antiga e medieval) das Colunas de Hércules, de acordo com um espírito ultra-humanista e romântico, usam uma *segunda* tradição. Nela, Ulisses representa o modelo da virtude e da sabedoria, o vencedor do vício, o nobre pesquisador do conhecimento: numa palavra, o ideal do homem "clássico", como o vimos no primeiro capítulo. Cicero, Horácio, Sêneca, mas também Fulgêncio e, na própria Idade Média, Bernardo Silvestre e Giovanni del Virgilio, contemporâneo e amigo de Dante, falam de Ulisses nesses termos. E de fato Dante (talvez mais próximo de Bernardo, o qual, ao falar de Ulisses em seu comentário sobre a *Eneida*, tem muito a dizer sobre a natureza e os diferentes fins dos homens e dos animais) lembra pontualmente ao seu herói, que assim torna-se paradigma do "pendor / de ir pelo mundo, em longo aprendizado, dos homens perquirindo o erro e o valor"[xv]. [Trad. C. M.]

> Relembrai vossa origem, vossa essência:
> criados não fostes como os animais,
> mas donos de vontade e consciência[xvi] [*idem*]

Nos próximos capítulos tentarei mostrar como as versões literárias, poéticas, destas diferentes leituras, são condicionadas pelas circunstâncias históricas que, aliás, interpretam. Por agora, queria notar, concentrando-me no texto, que se o Dante que abre o *Convívio* com a memorável frase aristotélica, "todos os homens, naturalmente desejam saber", teria concordado plenamente com o "*ardore*" (ardor, pendor) de Ulisses e se o Dante-personagem da *Comédia* se sente indubitavelmente atraído por Ulisses com um desejo intensíssimo ("vedi che del disio ver' lei mi piego" (escutá-los desejo ardentemente), diz para Virgílio); Dante personagem e poeta adverte o perigo extremo que Ulisses representa para ele, como desde o início do canto enigmaticamente prenuncia:

> Súbito olhei – e vi – quanta amargura! –
> algo que ainda me dói ao relembrá-lo;
> que ao meu engenho a rédea vá segura,
> para sempre à virtude conformá-lo;
> já que uma boa estrela o dom me estende
> de ver o bem, que possa em conservá-lo![xvii] [*idem*]

---

xv. ardore... a divenir del mondo esperto / e de li vizi umani e del valore.

xvi. Considerate la vostra semenza: / fatti non foste a viver come bruti, ma per seguir virtute e canoscenza.

xvii. Allor mi dolsi, e ora mi ridoglio / quando drizzo la mente a ciò ch´io vidi, / e più lo ´ngegno affreno ch' i' non soglio, / perché non corra che virtù nol guidi; / sí che, se stella bona o miglior cosa / m'ha dato 'I ben, ch'io stessi nol m'invidi. (Trad. C. M.)

NAUFRÁGIO

Enfim, Dante-poeta faz com que o seu herói seja afundado por Deus; Dante-juiz o condena ao Inferno e até no Paraíso o personagem-autor confirmará que o *"varco"* (passagem) de Ulisses foi "insensato".

Vamos adiante. O escritor da *Comédia* prega a seu herói uma peça digna de todos os seus enganos. Uma terceira, também densa e veneranda tradição exegética, vê em Ulisses, preso ao mastro de seu navio diante das Sereias, uma prefiguração de Cristo ("figura Christi"). Agora, no canto XXVI do *Inferno*, nem Ulisses nem Dante nem Virgílio mencionam as Sereias. Mas no XIX canto do *Purgatório*, o próprio Dante sonha com uma "mulher / com olhos vesgos, sobre os pés tortos, / e face pálida"[xviii], que o seu próprio olhar transforma numa belíssima Sereia; que começa logo a cantar em modo tal que o ouvinte não consegue desviar o olhar dela.

> "Eu sou", cantava, "a plácida sereia
> que os marinheiros paraliso e encanto,
> ao som da melodia, que os enchia.
> A Ulisses desviei, pelo meu canto,
> de seu vago curso; e a mim chegado,
> quase ninguém escapa ao meu quebranto."[xix] [Trad. C. M.]

Eis portanto recriado o brilho do alto mar, o irresistível encanto; mas desta vez a Sereia consegue desviar Ulisses de seu errabundo caminho ou, segundo outros, desviá-lo de sua rota, apesar dele estar tão desejoso de viajar, quase apaixonado pela viagem (as duas leituras, não concordando sobre a interpretação do termo *"vago"*, são sutilmente diferentes, e na segunda ecoa ao anseio de peregrinações e conhecimento que o herói manifestou no XXVI do *Inferno*). Em torno dessa passagem, mais uma vez, os exegetas combatem valorosamente. A maior parte sustenta, apoiando-se em referências a outros trechos da *Comédia* e a uma respeitável tradição iconográfica e alegórica, que a Sereia simboliza o prazer, a luxúria, a avareza, a gula, em resumo: que Sereia e Mulher Gaga representam os bens imperfeitos deste mundo e o fascínio nocivo com o qual elas sabem prender os homens indulgentes e despreparados. Outros, apoiando-se numa "moralização" da personagem amplamente demonstrada na Idade Média, chegam a identificar a Mulher-Sereia com Circe (e os seus porcos incontinentes se tornam traço distintivo do "significado"), ou até mesmo com Calipso. Enfim, uma acirrada minoria, baseando-se num trecho sugestivo do ciceroniano *De finibus bonorum et malorum* (obra que Dante cita no

---

xviii. femmina balba, ne li occhi guercia, e sovra i piè distorta, / con le man monche e di colore scialba.

xix. "Io son", cantava, io son dolce serena, / che' marinari in mezzo mar dismago; / tanto son di piacere a sentir piena! / Io volsi Ulisse del suo cammin vago / al canto mio; e qual meco s'ausa, / rado sen parte; sì tutto l' appago!

28   A SOMBRA DE ULISSES

Convívio) lê a Sereia como "cupiditas sapientiae": Homero, diz Cicero, após ter traduzido os versos do canto XII de *Odisséia*, percebeu que sua história não pareceria plausível se um homem do tamanho de Ulisses fosse retido, enredado, apenas por uma canção ("si cantiunculis tantus irretitus vir teneretur"); "é o conhecimento que as Sereias oferecem, e não é surpreendente que, para um amante da sabedoria, ele seja mais querido do que sua própria pátria, ou casa" "nem o carinho pelo filho, nem a piedade / pelo velho pai", se lembrará[xx].

Dante, todavia, é mais complexo do que seus intérpretes. Ele faz aparecer uma "mulher santa e prestimosa" para "confundir" a beleza que seu próprio subconsciente tinha projetado sobre a Mulher Gaga; atendendo ao seu chamado, Virgílio rasga as vestes da Sereia, mostrando a Dante o seu ventre, que o desperta com o fedor dele proveniente. Em resumo, o poeta muda radicalmente, até torná-la quase irreconhecível, a antiga história de Odisseu e das Sereias (será preciso, como veremos, um Kafka para transformá-la ainda mais radicalmente), fazendo com que Ulisses ceda ao extremo desejo, da carne ou da mente, ou até da poesia. Mas nos dá também uma lição de interpretação. O pesadelo da Mulher Gaga se transforma num sedutor sonho erótico quando o próprio olhar do protagonista, "e como à luz do sol radiante / se vai um corpo gélido animando"[xxi], colore "lo smarrito volto" (seu rosto assustado) *"com' amor vuol"* (como o amor quer). É o desejo do sonhador que lê a beleza na Sereia, e na mulher manca e lhe doa uma "língua" para falar e cantar. Depois, o aspecto da encantadora muda mais uma vez quando o sonho torna-se uma alegoria, isto é, quando a razão e a sabedoria emergem da consciência adormecida de Dante, revelando a verdadeira, profunda, feiura da criatura.

Se, portanto, podemos concluir que, no conjunto Inferno XXVI – Purgatório XIX, a poesia inicia com o "desejo" tendendo para o seu objeto, e se ela é capaz de queimar a língua do poeta, o desejo que sucumbe à sua sedução é aquele do leitor. Mas interpretar "rasgando as vestes" (e isto pode ser feito pelo próprio poeta), obriga a projetar aqueles desejos numa reflexão racional, num re-conhecimento.

Reconhecemos, por isso, que a tradição de Ulisses é dividida e que estas divisões se refletem claramente na narração dantesca. Dante abre o episódio pedindo a Virgílio que se situe dentro do *"foco diviso"* (fogo dividido), e depois permaneça mudo até o término da história. A sua poesia inicia com curiosidade e maravilha, mas acaba em um total, significativo *silêncio*. Igualmente importante é, porém, que lembre Ulisses em toda a *Divina Comédia*, até ao Empíreo, para colocá-lo cada vez mais firmemente *dentro* daquele modelo epistêmico medieval do qual o poema é a altíssima encarnação. Todos os contras-

---

xx. né dolcezza di figlio, né la pieta / del vecchio padre.

xxi. e come 'l sol conforta / le fredde membra che la notte aggrava

NAUFRÁGIO   29

tes que emergem da leitura do texto e do contexto, o conflito entre conhecimento pagão e sabedoria cristã, a oposição entre outro e novo mundo, a discordância entre aqueles que Kenelm Foster chamou os "dois Dantes"[13] – todas estas diferenças (que um crítico francês poderia resumir na *différence* que acompanha cada *écriture*) co-existem não como os átomos fraturados de um universo que se auto-desconstrói, mas na tensa metamorfose que o desejo de Dante atravessa entrando na sua consciência.

O mito e a narração, todavia, nunca estão completamente fora da história. O ser e o existir pertencem a cada homem, mas encontram-se com as aventuras do humano de vir a ser no tempo. Se o Ulisses antigo é, como vimos, um "signo" que a civilização clássica interpreta e enche de significado no momento de seu apogeu, projetando a viagem profetizada de Tirésias nos confins do mundo conhecido, a aventura sem tempo do Ulisses medieval é ladeada obliquamente por sombras sugestivas que provêm da realidade.

Percorramos, portanto, um último breve trecho de estrada, preparando-nos para o próximo capítulo. Entramos na história. Com a sua suprema transformação, a sua morte desejada, recalcada e inelutável, o Ulisses de Dante sinaliza evidentemente uma crise: em uma perspectiva historicista, aquela mudança da consciência que caracteriza a passagem crucial de uma era; ou, nas palavras de Blumenberg, "a dúvida incipiente da época em relação ao caráter definitivo do seu horizonte e a da sua estreiteza"[14].

Dois séculos antes de Cristóvão Colombo, em 1291 – lembrava Bruno Nardi[15] – os irmãos Vivaldi, genoveses, partiram para uma viagem, da qual nunca retornaram, além de Gibraltar, dirigindo-se "ad partes Indiae" "per mare Oceanum". Ao mesmo tempo (e aqui analogias significativas de certas imagens com o episódio dantesco foram propostas por Maria Corti)[16], as especulações dos aristotélicos radicais, dos averroístas e dos modistas são ainda mais audaciosas, transpõe os limites, sustentando por exemplo a eternidade do mundo, a não sobrevivência da alma individual, a perfeita felicidade da contemplação intelectual na terra, a auto-referencialidade da linguagem. Elas desenham, em suma, aquilo que aos olhos das autoridades constituídas (as quais em 1277, pela boca do bispo de Paris, Tempier, condenaram de fato estas e outras proposições), e de um "arrependido" como Dante, deveria aparecer como o declínio do pensamento cristão.

Pois bem, o Ulisses dantesco procura a "terra incógnita" e, tendo encontrado o outro mundo, acredita ter avistado um mundo novo. A sua aventura existencial, o seu desejo de fazer experiência da morte, termina em uma *méconnaissance* existencial e cultural. Este modelo poético insuportavelmente trágico coloca em questão visões passadas e presentes do mundo, e as considera "alteridades": rompe o

30 A SOMBRA DE ULISSES

espaço circular da *Odisséia* e o "mundo fechado" da Idade Média transformando-os num itinerário linear, mas não ascendente, e num universo potencialmente infinito que se revela um caminho sem nenhuma saída a não ser no inferno[17]. Este Ulisses extraordinariamente *subversivo* embarca, portanto, para uma última viagem que, na história da civilização ocidental, "cumpre" idealmente a profecia de Tirésias ao Odisseu homérico. Agora, no início do século XIV, ele está diante de um tríplice limiar, no qual, na consciência de Dante, a morte do mundo clássico, o fim da filosofia cristã e o advento de um novo mundo finalmente chegam a um embate.

NOTAS

1. P. H. Damon, "Dante´s Ulysses and the Mythic Tradition", cit. nota 3, cap I.

2. Ju. M. Lotman, *Testo e contesto. Semiotica dell´arte e della cultura,* Bari, 1980, pp. 81-101, cit. p. 96. E ver J. L. Borges, *Nueve Ensayos Dantescos,* Madri, 1983, pp. 113-118.

3. D. S. Avalle, *Modelli semiologici nella commedia di Dante,* Milão, 1975, pp. 33-63

4. E. Raimondi. *Metafora e storia,* Turim, 1970, pp 31-37. Ver também J. Freccero, *Dante. La poetica della conversione,* Bolonha, 1986, pp. 37-52

5. G. Padoan, *Il pio Enea, l´empio Ulisse,* Ravena, 1977, pp. 170-204.

6. E. Raimondi, *Metafora e storia, op. cit.,* com referência a V. Propp, *Radici storiche dei racconti di fate.*

7. H. Blumenberg, *Naufragio con spettatore,* Bolonha, 1985

8. As interpretações do *Inferno* XXVI são tantas que volto à bibliografia na *Enciclopedia dantesca,* vol.V, Roma, 1976, pp. 808-809 e a E. Esposito, *Bibliografia analitica degli scritti su dante* 1950-1970, Florença, 1990, vol. II, pp. 655-666. Lembro particularmente, além daqueles de Freccero e Padoan supra citados, as intervenções com as quais faço parâmetros indiretamente aqui: A. Pagliaro, *Ulisse. Ricerche semantiche sulla Divina Commedia,* Messina-Florença, 1967, pp. 371-432; F. Forti, *Magnanimitade. Studi su un tema dantesco,* Bolonha, 1977, pp. 161-206; J. A. Scott, *Dante magnanimo. Studi sulla "Commedia".* Florença, 1977, pp. 117-193; G. Mazzotta, *Dante, Poet of the Desert,* Princeton, 1979, pp. 66-106; R. Mercuri, *Semantica di Gerione,* Roma, 1983; A. A. Ianucci, *Forma ed Evento nella Commedia,* Roma, 1984, pp. 147-188; A. M. Chiavacci Leonardi, "The New Ulysses", e P. Boitani e A. Torti (curador), *Intellectuals and Writers in Fourteenth-Century Europe,* Tubingen/Cambridge, 1986, pp. 120-137; G. Carugati, *Dalla Menzogna al Silenzio,* Bolonha, 1991; vejamos agora a bela introdução e o comentário de A. M. Chiavacci Leonardi ao canto XXVI na sua edição do *Inferno,* Milão, 1991, pp. 759-795.

9. E. Heller, *Lo spirito diseredato,* Milão, 1965; M. Heidegger, "Perchè i poeti?", em *Sentieri interrotti,* Florença, 1968, pp. 247-297.

10. C. S. Lewis, *L´immagine scartata. Il modello della cultura medievale,* Gênova, 1990.

11. U. Eco, *I limiti dell´interpretazione,* Milão, 1990

12. T. S. Eliot, *Dante,* Londres, 1965, p. 25

13. K. Foster, *The Two Dantes,* Londres, 1977.

14. H. Blumenberg, *Elaborazione del mito, op. cit.,* p. 110; e *Der Prozess der theoretischen Neugierde, op. cit.* pp. 138-142.

15. B. Nardi, *Dante e la cultura medievale,* Bari, 1942, pp. 89-99.

16. M. Corti, *Dante a un nuovo crocevia,* Florença, 1981; *La felicità mentale,* Turim, 1983; "La metafore della Navigazione, del volo e della Lingua di Fuoco nell'Episodio di Ulisse ", em *Miscellanea di studi in onore di Aurelio Roncaglia,* Módena, 1989.

17. A. Koyré, *Dal mondo chiuso all´universo infinito,* Milão, 1970.

3. A Nova Terra: Tipologias, História, Intertextualidade

> *Então entra na estreita passagem, e mergulha em*
> *pélago infinito* [Jerusalém Libertada, canto XV]

Herói mítico em busca da meta mais alta da Antigüidade clássica, pagã, além dos limites ontológicos de sua própria cultura; filósofo do final da Idade Média que ultrapassa os confins do saber cristão; novo Adão: o Ulisses do Trezentos encarna na tragédia o nascimento do mundo moderno. O fato de que essa junção, este momento crucial, esteja envolta na sombra e na obscuridade da morte, parece-me extremamente significativo, e a ela retornaremos a seguir. Agora, porém, veremos a obscuridade desassombrar por um instante, intenso e breve, para deixar que a poesia jorre com o ímpeto de sua outra antiga fonte, a vida: dos sonhos e das esperanças perenes dos homens, de sua encantada maravilha.

Entrarei, portanto, na história muito mais do que tenha feito até agora, repercorrendo em primeiro lugar o caminho da interpretação do Ulisses dantesco na poesia, do Trezentos até o Quinhentos. A interpretação do relato na crítica e, a exegese, encontra, mais uma vez, os eventos históricos em seu momento crítico e, quando diante do homem europeu se abre o novo, imenso espaço real além das Colunas de Hércules, o canto que dele brota tende a apagar a sombra do não-ser, para iluminar a aventura com a luz da nostalgia pelo Paraíso perdido, e do arrebatador desejo existencial por aquele que foi reencontrado.

---

* Or entra ne lo stretto e passa il corto varco, e s'ingolfa in pelago infinito

O encontro entre interpretação, poesia e história gera, como veremos, uma seqüência tipológica na qual o Ulisses dantesco constitui a "figura" e Cristóvão Colombo o "cumprimento", no qual a realidade "cumpre" as escrituras que a profetizaram, construindo uma retórica e um mito que, de uma forma ou de outra, o mundo moderno sente como seus até quase nossos dias. Todavia nada aqui é simples e direto, porque os homens que operam na realidade efetiva são tão visionários quanto os poetas e "fazem" a história como se estivessem escrevendo um texto. Encontraremos-nos, assim, diante de duas ulteriores seqüências tipológicas, cujo fulcro é justamente Cristóvão Colombo. Numa delas ele é "anunciado" pelos Argonautas e "retomado" pelos filósofos utopistas, cientistas, e poetas. Na outra, ele está no centro de um figuralismo bíblico que interpreta o Novo Mundo, literalmente, como o Jardim do Éden, nos reconduzindo portanto à nova terra dantesca. Se, então, história e poesia tornam-se intertextos, devemos antes de mais nada saboreá-los como tais, nos entregando agora a seu sobrepor-se; degustando a poesia da história, a trama que eventos, problemas e palavras sugerem.

Iniciemos do ponto onde a narração ficou interrompida no capítulo anterior. Ao estabelecer o próprio "cânone' e ao colocar a si mesmo, indiretamente mas com firmeza, na posição do Moisés de seu Livro, e em última análise de supremo *Auctor* e Outro da *Comédia*, Dante escolhe para si um vôo diferente daquele de Ulisses, um caminho cheio de luz, não mais enlouquecido, mas sábio e sublime na visão cristã, ortodoxa e integral, das coisas, e representa a si mesmo, no canto II do *Paraíso*, como um Argonauta que "cantando ultrapassa" (cantando varca) em direção ao mar infinito do ser e de Deus. Se, como o próprio poeta adverte, esta navegação não é para todos, aquela de Ulisses, que no plano meramente humano representa o paralelo mais sedutor, não é de certo, por sua vez, desprovida de tensões trágicas para a episteme do final da Idade Média.

Uma profunda inquietude, em relação ao canto XXVI do *Inferno,* domina os primeiros exegetas, os intérpretes que deverão entrar em acordo com o cânone do Mestre. Eles oscilam entre a admiração pela virtude e o desejo de saber de Ulisses, que o assemelham a um filósofo pagão, e a condenação de sua soberba; entre a apreciação de suas qualidades oratórias e a reprovação por abandonar sua família; entre a incerteza sobre as fontes do episódio e uma sua interpretação figurativa ou alegórica. Acima de tudo, alguns deles, como o Ótimo e os dois filhos de Dante, Pietro e Jacopo, evitam cuidadosamente comentários sobre o fim crucial do episódio. E este silêncio não é apenas o primeiro sinal daquelas dúvidas, daquelas divisões que durante séculos dominarão a exegese, mas também o rastro de uma ansiedade, do grande medo suscitado pelo vibrar da língua de fogo: quase uma ignávia ideológica diante do naufrágio trágico determinado pela Alteridade suprema.

A escolha do silêncio, de fato, aparece particularmente significativa à luz daquilo que ocorre neste mesmo trecho de século, perto do final do Trezentos: pois quando Benvenuto de Imola inicia, depois de Boccaccio e com o mesmo entusiasmo dantófilo, seu *Comentum* à *Comédia*, o Ulisses dantesco torna-se um paradigma cultural *novo*, que ele mistura e sobrepõe àquele homérico enquanto este último, pouco a pouco, reaparece finalmente, de volta dos profundos recessos do tempo. Minha segunda sombra, aquela que Odisseu-Ulisses projeta sobre a cultura moderna, desponta novamente em cena.

Benvenuto conhece, além de Ditti e Darete, também o enredo (e talvez algo mais) da *Odisséia*: ele não consegue acreditar que Dante não soubesse aquilo que até mesmo as criancinhas e os ignorantes sabem, ou seja, que tanto as autoridades poéticas, como as históricas haviam contado sobre a morte de Ulisses coisas bem diferentes daquelas registradas no XXVI canto do *Inferno*. Apesar disso, Benvenuto não censura Dante, mas, pelo contrário, o admira por sua "indústria" e por sua "invenção" ("fingere *de novo*"), que têm uma finalidade precisa: a de mostrar com Ulisses o exemplo de um "vir magnanimus, animosus" (eis que a *megalopsykhia* ressurge como modelo ético novamente proponível), que não poupou nem esforço nem perigo, nem a sua própria vida para adquirir "experientia rerum", e "escolheu viver gloriosamente por pouco tempo ao invés de longamente mas ignominiosamente". Em outras palavras, Benvenuto compreende a novidade do Ulisses dantesco e a aprecia. Todavia, até ele, ao chegar ao nó do "alheio", tenta escapar do abismo, recuperando conceitos que, advindos da antigüidade, tornaram-se comuns na Idade Média, mas colocando-os em alternativa uns aos outros com uma sensibilidade diferente: "scilicet – ele glosa o famoso hemistíquio – deo, fato vel fortunae"[1]. Igualar o destino ou um acaso a Deus, quer dizer por outro lado perceber toda a impessoal indeterminação do "outro", mas ao preço de neutralizar sua qualidade perturbadora.

Os grandes da geração de Benvenuto movem-se dentro do mesmo espectro. Como a maioria dos primeiros comentaristas, por exemplo, Boccaccio sustenta no *De Casibus* que nada pode saber-se com certeza sobre o fim de Ulisses. Mas na *Amorosa Visione* (versão A) ele inspira-se claramente na versão dantesca, proclamando, com uma sofisticada montagem de *Inferno* XXVI, *Paraíso* XXVI, e *Purgatório* I, o que nosso herói quis tanto "do mundo saber": "que pelo desejo de ver ultrapassou o limite do qual ninguém jamais pôde voltar"[i] [Trad. C. M.].

A leitura da *Comédia* conduz o exegeta-poeta, que em breve será o primeiro a fazer públicas *Lecturae Dantis*, a uma fusão intra-textual de Ulisses, Adão e Dante, da qual o primeiro sai derrotado.

---

i. Ché per voler veder trapassò il segno dal qual nessun poté mai inqua reddire.

34 A SOMBRA DE ULISSES

Petrarca, o fundador do Humanismo, portanto de um novo cânone, vê a si mesmo, na primeira das *Familiares*, como um novo Ulisses, muito mais errabundo que o primeiro (e voltaremos daqui a pouco a esta significativa identificação de qualquer empresa fundadora da cultura com aquelas do herói homérico-dantesco). Mais tarde nessa mesma coleção epistolar ele elogia Ulisses, citando Apuleio, como "homem dotado de muito juízo" que alcançou "o cume do saber visitando muitas cidades e conhecendo muitos povos". O contexto, comprovando que a ligação figural funciona sempre, compõe-se mais uma vez de apelos provenientes de Homero e de Dante (e de outros): para ganhar "experientia" do mundo, para voltar um dia para casa "mais sábio", Ulisses, "reprimidos os afetos, descuidados o reino e seus entes queridos" , "preferiu envelhecer entre Scilla e Cariddi", "eis que a primeira sombra reaparece nas escuras profundezas de Averno"; e "percorreu mares e terras, sem parar antes de ter fundado no ocidente distante uma cidade com seu nome". O próprio Dante parece, por outro lado, a Petrarca na célebre e controvertida carta que ele endereça a Boccaccio, a propósito de seu relacionamento com seu precursor, um Ulisses que "o amor da esposa e dos filhos não distraiu do percurso empreendido"[2]. E, entretanto, justamente quando poderia parecer que Ulisses estava se tornando o novo modelo do "espírito nobre que almeja coisas nobres", o eco do canto XXVI do *Inferno* quebra o elogio com um advérbio reprovador. No *Trionfo della Fama* Petrarca celebra Ulisses como aquele que "quis do mundo ver *demais*".

Estas oscilações acabam logo, e a mudança torna-se radical: no século XV o Ulisses de Dante, que já penetrara profundamente no imaginário da cultura italiana, tornou-se modelo não apenas novo, mas positivo. No canto XXV do *Morgante* de Luigi Pulci, por exemplo, o demônio Astaroth conta para Malagigi as peripécias do cavalheiro Reinaldo. Entre essas, uma assume um valor particular, pois finalmente o Ulisses dantesco nela é elogiado:

Depois viu os marcos que Hércules havia posto
para que os navegantes ficassem alerta
de não ir mais além, e muitas coisas
viu em todos aqueles portos
e quanto mais o maravilhavam,
mais parecia satisfeito
e acima de tudo *louvava* Ulisses
que para ver no outro mundo ali foi.[ii]

---

ii. Poi vide i segni che Ercule già pose / acciò che i navicanti sieno accorti / di non passar più oltre, e molte cose / andò veggendo per tutti que' porti / e quanto ell'eran più maravigliose, / tanto pareva più che si conforti / e sopra tutto *commendava* Ulisse / che per veder nell'altro mondo gisse. (Morgante, canto XXV)

O *Morgante* foi iniciado em 1461 e publicado em 1484, três anos antes que Bartolomeu Dias dobrasse o Cabo da Boa Esperança, mas quando as expedições portuguesas já haviam avançado muito ao sul, ao longo da costa africana. Se Pulci pôde ainda jogar com os dois significados de "outro mundo", o próprio Astaroth refuta pouco depois o "engano lento e debil" que quer as Colunas de Hércules como limite extremo da navegação humana e assegura que seria possível alcançar "abaixo... o outro hemisfério" habitado por muitas gentes.

Para Ariosto nenhuma ambigüidade mais é possível. No *Orlando Furioso* Andronica profetiza para Astolfo (com bastante propriedade, visto que ele é o cavalheiro britânico levemente louco que – Oh louco vôo! – aterrizará sobre o "outro mundo" da Lua) as expedições dos exploradores modernos. "Das extremas regiões do poente" (de Portugal e da Espanha), novos Argonautas e novos Tifis – proclama Andronica inaugurando aquilo que será, como veremos, o modelo mítico alternativo – abrirão "o caminho desconhecido até hoje". Então ver-se-ão alguns, como Vasco da Gama, "contornar a África" e navegar além do limite entre os oceanos Atlântico e Índico, até "percorrer todos os portos e as ilhas próximas das Índias, das Arábias e da Pérsia". Outros, acompanhando o itinerário de Ulisses, "abandonar as destras e canhotas / margens que se tornaram duas por obra de Hércules", desta vez não mais de forma ambígua, "por trás do sol", mas "do sol *imitando* o caminho redondo" e encontrando "*novas* terras e *novo* mundo".

O Renascimento consagra, portanto, com um grito de vitória, a ressureição de um Ulisses intertextualmente dantesco, mas novo. Ele volta para nova vida entre as mulheres e os cavaleiros, as armas e os amores aparentemente frívolos do romance cavalheiresco, como parte integrante do entusiasmo dos poetas pelo *presente*, maravilhoso e real ao mesmo tempo, no qual eles estão vivendo. É tamanha e tão profundamente libertadora, a alegria diante da abertura do mundo e da fantasia, que dela estará ainda embevecido três séculos depois, Hölderlin, em seu esboço para *Kolomb*. Em busca de um herói, o pindárico poeta alemão escolherá os do mar e, dirigindo-se para a casa de Colombo em Gênova, verá Anson, Vasco e Eneas, junto a Godofredo de Bouillon, Reinaldo e Bougainville, delinear "uma imagem fremente de homem" no horizonte daquelas expedições que nada mais são do que "tentativas para esclarecer aquilo que distingue o globo Esférico daquele dos antigos".

Junto com a montanha escura do Purgatório, a morte, portanto, desaparece do horizonte de Ulisses. Em seu lugar, a "nova terra". Camões, compõe nos *Lusíadas* a celebração de Vasco da Gama, declarando não querer mais ouvir cantos de Ulisses e de Eneas, mesmo que do primeiro mencione, obviamente, a fundação de Lisboa e, significativamente, a "língua fraudulenta". Quevedo, que cantará Colombo em um famoso epitáfio, proclamará que nem mesmo "todas as legiões do vento" podem aprisionar Ulisses. A consagração mais solene e vibrante, enfim, em uma passagem extraordinária daquela *Jerusalém Libertada* em que o vagar de Reinaldo, por explícita declaração do escritor, remete à "Odisséia no excesso da maravilha", e no qual, se Sveno aparece como um Ulisses dantesco cristianizado, Ubaldo aparece em vestes de um Odisseu cristão e homérico. Apaixonado leitor de Dante, Tasso faz navegar Carlo e Ubaldo, conduzidos pela Fortuna à procura de Reinaldo, na rota do *Inferno* XXVI para ocidente através da "estreita passagem" de Gibraltar. Espera por eles uma vastidão de água que o homem moderno sabe ser infinita e que o poeta descreve com sublimidade inteiramente nova, cheia de surpresa, terror e prazer[3]:

> Então entra na estreita
> passagem, e mergulha em pélago infinito.
> Se o mar aqui é tão grande encerrado pelas terras,
> como será lá onde ele abraça a terra?
>
> Já não se vê entre as altas ondas
> a fértil Gade e as outras duas vizinhas.
> Fugidas estão as terras e todas as praias:
> da onda o céu, do céu a onda é o limite[iii].

Quando Ubaldo pergunta-lhe se ninguém havia antes disso cortado esse "mar que não tem fim" e se, mais adiante neste mundo onde eles agora correm, não existam habitantes, Fortuna responde que Hércules, não ousando "tentar o alto oceano" depois de todas as suas admiráveis empresas /... , "marcou as metas dentro de limites *demasiado pequenos*/ e restringiu o ardor do gênio humano";

> Mas desprezou os sinais por ele prescritos,
> desejando enxergar e saber, Ulisses. Ele passou as colunas, e através do aberto
> mar desdobrou dos remos o vôo audaz;
> mas não lhe foi de ajuda a experiência das ondas,
> porque foi engolido pelo oceano voraz,
> e jaz com seu corpo também coberto
> sua grande façanha, que agora entre vocês é silenciada[iv].

O "vôo *audaz*" "em mar aberto" já é contraponto bem significativo do canto XXVI do *Inferno*, e crítica explícita aos limites da episteme medieval (o tempo fictício da narração é naturalmente aquele da Cru-

---

iii. Or entra ne lo stretto e passa il corto / varco, e s'ingolfa in pelago infinito. / Se 'l mar qui è tanto ove il terreno il serra, / che fia colà dov'egli ha in sen la terra? / Più non si mostra ormai tra gli alti flutti / la fertil Gade e l'altre due vicine. / Fuggite son le terre e i lidi tutti: / de l'onda il ciel, del ciel l'onda è confine. (*Jerusalém Libertada*, Torquato Tasso)

iv. Ma quei segni sprezzò ch'egli prescrisse, / di veder vago e di saper, Ulisse. / Ei passò le Colonne, e per l'aperto / mare spiegò dé remi il volo audace; / ma non giovgli esser ne l'onde esperto, / perché inghiottillo l'ocean vorace, / e giacque co 'l suo corpo anco coperto / il suo gran caso, ch'or tra voi si tace. (*Idem, ibidem*)

A NOVA TERRA

37

zada, quando o "caso" último de Ulisses jaz sepultado pelo mar e pela ignorância). Mas Fortuna vai além, virá o tempo, ela acrescenta, levando-nos ao falar profético, em que as Colunas não serão mais "limites" colocados "para que o homem não os ultrapasse":

> Virá o tempo em que os marcos de Hércules se tornarão
> *fábula vil* para os industriosos navegantes,
> e os mares escondidos que agora não têm nome, e os reinos
> desconhecidos um dia entre vocês serão ilustres[v].

Eis Magalhães que circunavega o planeta não mais apenas "atrás do sol", mas imitando-o e *vencendo-o*:

> O mais ousado de todos os navios
> circundará e tornará conhecido aquilo que o mar circunda
> e medirá a terra em sua imensa dimensão,
> vitorioso adversário do sol[vi].

Entretanto, um Lígure lançar-se-á no "incógnito curso", desfraldando as "afortunadas antenas" não mais em louco vôo, mas num vôo para um "*novo* pólo", que a própria Fama a custo conseguirá acompanhar. Nada conseguirá reter a sua "alta mente", como antes a de Ulisses, nos limites / estreitos de Abila". E nenhum "ameaçador tremor do vento" deterá agora, como havia feito o "turbilhão" divino, a corrida para a América. O Ulisses dantesco é o signo, a *figura*; Cristóvão Colombo o significado, o cumprimento:

> Um homem da Liguria terá ousadia
> para se expor ao incógnito percurso por primeiro;
> e nem o ameaçador sopro do vento,
> nem o inóspito mar nem o incerto clima,
> nem o que de perigoso ou de assustador
> mais grave e surpreendente possa-se imaginar agora,
> farão com que esse homem generoso nos limites
> de Abila estreitos a alta mente aquiete.

> Você desdobrará, Colombo, para um novo pólo
> distantes as afortunadas antenas,
> Que só poderá acompanhar com os olhos o vôo
> a fama que possui mil olhos e mil penas.
> Seja que ela cante Alcides e Baco, e apenas de ti
> será suficiente que aos teus descendentes algo se acene,
> que aquele pouco dará longa memória
> de poema digníssima e de história[vii].

---

v. Tempo verrà che fian d'Ercole i segni / *favola vile* a i naviganti industri, / e i mar riposti, or senza nome, e i regni / ignoti ancor tra voi saranno illustri. (*idem*)

vi. Fia che 'l più ardito allor di tutti i legni / quanto circonda il mar circondi e lustri, / e la terra misuri, immensa mole, / vittorioso ed emulo del sole. (*idem*)

vii. Un uom de la Liguria avrà ardimento / a l'incognito corso esporsi in prima; / né 'l minaccievol fremito del vento, / né l'inospito mar, né 'l dubbio clima, / né s'altro di periglio

Potência realmente extraordinária da poesia, aquela de ver outra poesia nascer do próprio ventre, assim como ela tinha por sua vez saído do seio alheio! Com essa profecia de gerações náuticas e poéticas, em dois séculos a cultura européia parece ter conseguido cicatrizar a própria ferida, apagar de sua consciência a culpa da transgressão de Ulisses. A obscuridade parece dissolver-se, o sol está agora abertamente imitado, seguido, superado. A *realidade* do Novo Mundo afunda o pesadelo dantesco, cala a tragédia do mito, apaga a chama de Ulisses que fala do fundo do inferno.

A narração torna-se história, e a história que ela relata é de sedução. Retomando e transformando o gesto corajoso e temerário de Ulisses, seu colocar-se em alto mar aberto, a poesia entala-se, agora, num pélago infinito: sente a irresistível atração do confim entre onda e céu, ama perder-se nas águas que a tudo realmente rodeiam, naquele Oceano "incógnito" e "sem fim" que, como dirá de suas correntezas o jesuíta Daniello Bartoli no Seiscentos, "fia, alonga e persegue com pressa uma parte de si e dentro de si quase gera um rio". Para a infinidade epistemológica aberta pelo mar, a literatura responde com a criação de um novo sublime. A poesia, entretanto, não pretende perder-se e morrer naquele infinito, mas sim "circundá-lo" por sua vez com as palavras e tocar com o humano engenho, desvendando-a, a nova terra.

E este não é mais um mundo "sem gente", ao contrário, como diz Fortuna aos cavalheiros de Tasso, "desconhecidas / ilhas mil e mil reinos esconde", ricos de habitantes e extremamente férteis. Não pode de fato estar em nenhum lugar "estéril" "aquela virtude que o sol infunde". No outro mundo, a poesia não encontra a morte, mas a vida, quente, ofuscante, vigorosa.

E, como o antigo Odisseu, o novo Ulisses, Cristóvão Colombo, consegue voltar para trás. Du Bellay pode novamente proclamar: "Heureux qui, comme Ulysse, a fait un beau voyage!" Os novos transgressores, Fausto e Don Giovanni, ainda não precisam enfrentar o "alto mar aberto". Aqueles que naufragam agora, como os protagonistas da *Tempestade* shakespeariana ou, mais tarde, aquele novo mito da modernidade puritana e econômica que será Robinson Crusoé, têm diante de si um inteiro "brave new world", um nobre mundo novo a ser ocupado e construído, quase fossem novíssimas divindades, feitas à sua imagem e semelhança.

---

o di spavento / più grave e formidabile or si stima, / faran che 'l generoso entro a i divieti / d'Abila angusti l'alta mente accheti. / Tu spiegherai, Colombo, a un novo polo / lontane sí le fortunate antenne, / ch'a pena seguirà con gli occhi il volo / la fama c'ha mille occhi e mille penne. / Canti ella Alcide e Bacco, e di te solo / basti a i posteri tuoi ch'alquanto accenne, / ché quel poco darà lunga memoria / di poema dignissima e d'istoria. (*idem*)

A NOVA TERRA 39

Detenhamo-nos, entretanto, um momento sobre este verão glorioso do Renascimento. A *Jerusalém Libertada* é de 1575. Entretanto, pelo menos um exegeta da *Divina Comédia*, Bernardino Daniello, havia notado, em seu comentário ao canto XXVI do *Inferno*, que a "opinião" dos antigos, segundo a qual não se pode ir além de Gibraltar, demonstrou-se

[...] falsa & vã. [...]por causa das navegações dos modernos, os quais, graças à coragem & à ciência que obtiveram das questões marinhas, ultrapassaram muito os antigos & descobriram tamanha porção de terra antes desconhecida & muitas ilhas, que podem receber realmente o nome de novo mundo.

Prosseguindo, portanto, por essa trilha, Daniello (cuja *Espositione* saiu, póstuma, em 1568) faz uma operação bastante significativa, ligando o Ulisses dantesco à realidade presente e ao mesmo tempo, de maneira figural, a uma profecia da antigüidade clássica. Chegando de fato aos tercetos em que Dante descreve a incipiente plenitude do céu meridional e o progressivo desaparecer daquele setentrional sob *a superfície do mar*, Daniello escreve:

Por estas palavras, parece que o Poeta deseja apontar que ele acreditava que, além do estreito de Gibraltar, ainda fosse possível, navegando, penetrar em direção ao outro Pólo até novas terras & lugares descobertos pelos modernos & desconhecidos aos antigos navegadores. Tal opinião parece, ainda, ter tido Sêneca, o Trágico. Este em uma de suas Tragédias, cujo título é Medéia, diz: venient annis Secula seris quibus Oceanus Vincula rerum laxet [...], o que nós vimos & vemos todos os dias são descobertas novas terras & novos mundos[4].

Apesar de saber muito bem que no fundo daquele hemisfério elevase, segundo Dante, a montanha escura do Purgatório, Daniello lê, em resumo, o modelo literário da *Comédia* como antecipação da episteme contemporânea; propõe *interpretar* os versos dantescos como ponto de encontro, ponto central, entre *typos* antigo e "cumprimento" moderno. Sujeita, no tempo, à exegese, a poesia transforma a realidade em texto: lida no *kairos*, ela torna-se fala profetizada e profetizante.

Eis, efetivamente, que o mundo conforma-se ao mito na forma mais sedutora. A predição que Daniello faz remontar à *Medéia* de Sêneca (e que em última análise deve-se à famosa Écloga IV de Virgílio) proclama, na lição quinhentista, que

virá o tempo, nos séculos futuros, em que o Oceano soltará os vínculos das coisas e toda a imensa Terra será revelada. Tifi (o piloto dos Argonautas) descobrirá *novos mundos* (novos orbes) e não haverá nas terras nenhuma última Tule.

Então, a comparação instituída por Daniello entre os eventos previstos por Sêneca e as descobertas modernas não é apenas retórica literária. No *Libro de las Profecías,* composto entre 1501e 1502, Cristóvão Colombo arrola claramente a *sua* empresa no quadro descrito por Sê-

40 A SOMBRA DE ULISSES

neca, e mais tarde seu filho Ferdinando confirma que as palavras de *Medéia* foram efetivamente "cumpridas" por seu pai.

Nem pode faltar neste quadro tão fascinante a figura do Ulisses dantesco. Quando Américo Vespúcio, homem com cujo nome a Europa batizará "América" a nova terra, entra pela primeira vez no "grande golfo do mar Oceano" (em uma expedição que ele afirma, na carta para Piero Soderini, ter efetuado a partir do dia 10 de maio de 1497), descobre nela "muita terra firme e inúmeras ilhas, e grande parte destas habitadas". Logo lembra, então, que Dante havia chamado o Oceano "mar sem gente", e cita o "XXVI capítulo do *Inferno*, onde finge a morte de Ulyxe"[5].

Resumindo, Vespúcio considera "real", mas errônea, a geografia fictícia, mítica e existencial de Dante, e a corrige sob a ótica de suas próprias "descobertas". Todavia, está também disposto a aceitá-la no que ela corresponder às suas apurações e sobretudo a seus desejos. Assim, na carta de 18 de julho de 1500 para Lorenzo di Pierfrancesco Medici sobre a viagem feita no ano anterior, ele conta ter navegado em direção ao sul, além da foz do atual Rio Amazonas e da "linha do equinócio", até "ter um pólo e o outro no fim do nosso horizonte" e a perder de vista, depois, "a estrela polar".

A rota de Vespúcio é a mesma do Ulisses dantesco. O navegador florentino sabe disto e o deseja; e enquanto, "com desejo de ser o autor que assinalaria a estrela do firmamento do outro pólo", perde o sono todas as noites para contemplar o céu, eis que vê quatro estrelas "que desenham a forma de uma amêndoa", evocando à sua mente a passagem do canto I do *Purgatório* em que Dante, "quando finge ir deste hemisfério para o outro" descreve justamente "quatro estrelas / nunca vistas a não ser pelos primeiros seres" – aquelas, em outras palavras, que são observadas na costa deserta do monte do purgatório. Américo Vespúcio ama, portanto, ver a si mesmo como um Ulisses e um Dante, e ler as próprias viagens à luz daquelas da *Comédia*. Com desenvoltura, ele até mesmo identifica os pequenos feixes cintilantes dantesco-austrais com a constelação do Cruzeiro do Sul. Isto será feito, anos mais tarde, ao percorrer novamente o caminho de Magalhães, também por Antonio Pigafetta. Já no Quinhentos, o historiador Pero Antón Beuter, de Valência, afirma, outrossim, remetendo-se explicitamente a Dante, que, após a fundação de Lisboa, Ulisses lançou-se no Oceano iniciando a viagem que agora os espanhóis fazem em direção às Índias, conseguindo, talvez, chegar lá. Seguindo seus passos, o navegador e cronista Pedro Sarmiento de Gamboa chegou até mesmo a declarar, pouco tempo depois, que a antiga civilização da Nova Espanha havia sido fundada pelo próprio Ulisses[6].

Em breve, assim que penetram nas mentes dos marinheiros, dos poetas, e finalmente dos estudiosos, as descobertas geográficas, que inesperadamente ampliam os horizontes da vida e da imaginação do

A NOVA TERRA   41

homem europeu, são lidas *tipologicamente*. Sob esta ótica, os textos antigos concordam com a realidade nova[7]. A poesia do passado já contém o mundo moderno. A nova terra de Dante liga Sêneca e Colombo, o Purgatório e Vespúcio; preenche o vazio entre o século XVI e o tempo das Cruzadas: para todos os efeitos, na mente de pessoas como Tasso e Daniello, ela *inventa* a América. Quem opera no mundo, vive-o na profecia e na poesia: pois são elas que dão um sentido à vida.

Se esse é um caso de "darwinismo das palavras", devemos concluir que a seleção natural criou uma nova espécie, um novo Cro-Magnon: o Ulisses dantesco, com o qual, segundo a formulação de Bruno Nardi, o poeta "descobriu o descobridor"[8]. Mas o fato é que este darwinismo não é feito apenas de palavras; é, isto sim, um processo que amarra palavras e fatos e que é fundado na interpretação literária e escritural. A empresa de Colombo constitui realmente, para os europeus, o acontecimento mais significativo do Renascimento. Francisco López de Gómara sabe o que diz quando proclama, em 1552, que "a descoberta das Índias, aquilo que chamamos Novo Mundo, é, com exceção apenas da Encarnação e Morte de Nosso Senhor, o evento mais importante desde a criação do mundo". Aos poetas italianos, esta interpretação da última viagem do Ulisses dantesco aparece quase automática, tão naturalmente acertada, tão perfeitamente emblemática do encontro entre poesia e história no tempo, que ela se torna óbvia para nós, sagazes adeptos pós-figuralistas e pós-modernos da divisão entre realidade e ficção.

Ainda em 1897, por exemplo, Arturo Graf pensa em termos não diferentes daqueles de Torquato Tasso. Em *L'Ultimo Viaggio di Ulisse*, publicado nas *Danaides*, ele coloca na boca de seu herói uma pequena oração na qual não brilha mais a perspectiva de uma rota "por trás do sol" rumo ao mundo "sem gente", mas ao contrário, de uma rota que se dará "por trás do curso do sol", um outro mundo maior habitado, que surge das águas. E a chegada à montanha escura é precedida por uma narração que imita, propositalmente (até os primeiros sinais da terra: uma revoada de pássaros, um ramo ainda "vestido de suas verdes folhas") o *Diario del Primo Viaggio*, ou *Giornale di Bordo*, (*Diário da Primeira Viagem*) ou (*Jornal de Bordo*), de Cristóvão Colombo. Devemos ainda levar em conta um caso extremo, mas significativo. Em 1892, durante as celebrações do quarto centenário colombiano, Gaspare Finali, extasiado perante a vista do porto de Gênova, repentinamente concebe a idéia de que o grande Cristóvão tenha sido de fato inspirado pela história dantesca, e passa alguns anos de sua vida procurando provar a sua teoria. De uma maneira que não podemos mais deixar de definir romântico-positivista, Finali tenta fechar o círculo, estabelecer por meio de indícios textuais e contextuais uma relação de causa e efeito entre *fiction* e evento. Naturalmente, sua tentativa é um fracasso; mas representa paradoxalmente o exemplo supremo de como os poetas, e os exegetas, do Renascimento italiano nos ensinaram, ou melhor, condicionaram, a ler os fatos históricos: como reencarnações literárias do mito, como "cumprimento" da imaginação: revirando a ótica tradicional, como *significantes* das *res fictae*.

Todos sabemos, entretanto, que a América é uma invenção esquisita [9], desde o nome que recebe até o sistema de signos com o qual é imposta ao mundo pela cartografia. Os problemas de teologia, ética, direito, política e antropologia que esta invenção comporta para o Velho Continente foram, e ainda são, estudados com paixão[10]. É interminável a historiografia sobre esses argumentos, e enorme, em todas as línguas a literatura de viagens da época, e é também, quase desmedida a produção poética latina e vulgar das culturas italiana, espanhola, portuguesa, francesa e inglesa, em que alusões à descoberta das novas terras estão fundidas com os temas tradicionais e inseridas nos gêneros mais diversos. Recuso-me, num gesto assumidamente anti-historicista, a indagar estes oceanos sem fim. Ao invés disso gostaria de retomar minha narração tipológica no âmbito da cultura italiana.

Na França e na Inglaterra, por exemplo, a literatura e a realidade do Novo Mundo fundem-se uma na outra. A viagem de Pantagruel no Quarto Livro de Rabelais (1548-52) significativamente reúne em si "o antigo caminho dos Celtas para o utópico país da morte e da ressurreição, as pesquisas coloniais daqueles tempos e o itinerário de Jacques Cartier" no Canadá[11]. Para nos fazer compreender quão próxima esteja a América, o escritor sobrepõe à geografia uma topografia corpórea: "Trou de Gibraltar", "Bondes de Hercule". Montaigne nega com grande ênfase que o Novo Mundo tenha algo a ver com a Atlântida de Platão ou com os Cartagineses que, segundo o pseudo-Aristóteles, teriam atravessado o Oceano. Para ele, no Livro I dos *Essais* (1580), as Colunas de Hércules não existem: são simplesmente o "détroit de Gibraltar". A resposta de Montaigne à descoberta de "esse outro mundo", deste "infinito país", é que temos os olhos maiores do que o estômago e uma curiosidade maior do que as nossas capacidades; que certamente haverá outras descobertas, e, justamente, que os canibais não são selvagens. Perplexo diante da realidade, ele não aceita o mito, distingue entre verdadeiro e falso, raciocina sobre as *coisas*.

Na Inglaterra, em 1516, Thomas Morus compara seu viajante, Raphael Hythlodaeus, a Ulisses e Platão, e faz dele um membro da expedição de Américo Vespúcio. Mas Morus, na *Utopia*, projeta aos antípodas da Europa, descritos pelo seu personagem, não somente o mito antigo, mas também o sonho de uma sociedade perfeita: introduzindo na cultura européia o "princípio americano", transporta "uma antiga expectativa do radicalismo popular, da perspectiva temporal própria do milenarismo para a perspectiva espacial repentinamente aberta pelas descobertas"[12]. Cem anos depois, em 1625, Samuel Purchas publica seus *Pilgrimes* (que é apresentada como "História do

A NOVA TERRA

Mundo através de Viagens por Mar e por Terra"). A obra começa com um "amplo tratado" sobre a expedição da frota de Salomão a Ofir. Mas quando chega às peregrinações de Odisseu e Eneas, considera-os com certo incômodo: "estou cansado – diz – de viajar num terreno tão vago e arenoso, onde se encontram tão poucos rastros e caminhos de verdade". Não há lugar aqui para Ulisses: o que importa é a efetiva exploração do mundo por parte dos *Ingleses*, a escolha da Inglaterra de uma "existência puramente marítima"[13], a fundação histórico teológica, num novo figuralismo, do futuro império colonial.

Os escritores italianos aparentemente têm mais imaginação e ao mesmo tempo estão ferreamente condicionados pela tradição, pelo classicismo, pela literatura. Todavia, é justamente esta *retórica* deles que deu forma a nossa reação à realidade histórica: parafraseando Foucault, suas palavras deram vida às *coisas* no imaginário ocidental[14]. De fato, eles elaboraram duas tipologias, que constituem as árvores genealógicas, os verdadeiros "cânones", da cultura moderna.

A primeira está concentrada no eixo figural Ulisses dantesco – Cristóvão Colombo; de Tasso ela é transmitida a Tassoni e a Chiabrera entre o Quinhentos e o Seiscentos, em seguida a Parini no Setecentos, e finalmente, com caráter, como veremos muito diferente, a Leopardi no Oitocentos. É o ramo da trangressão vitoriosa, que culmina na ode pariniana dedicada, significativamente (1765), ao *Innesto del Vaíuolo* (*Enxerto da Varíola*), no espírito positivo do Iluminismo: Ulisses e Colombo são *typoi* do paradigma da *ciência* moderna. O "herói timoneiro", Colombo, "abate as temidas colunas de Hércules", pensando em termos do naturalismo racionalístico:

> Erra quem diz
> que a natureza tenha posto ao homem limites
> de extensões marinhas
> já que lhe deu uma mente para impor freios a elas:
> e do alto penhasco
> ensinou-o a guiar
> os grandes troncos [navios] no mar,
> e com resistente tecido deter
> os ventos de maneira a percorrer as águas[viii].

O argumento lembra o que diz não ser possível impedir ao homem de comer o fruto da árvore do conhecimento, após ter plantado a árvore e dado ao homem uma boca. Mas na imagem de Parini, Ulisses e seu descendente, Colombo, tornaram-se o Deus do Gênese: como o Seu Espírito, sua nau "corre sobre as águas". O fruto da árvore da *vida* parece ter sido finalmente colhido e digerido.

---

viii. Erra chi dice / che natura ponesse all'uom confine / di vaste acque marine, / se gli diè mente onde lor freno imporre: / e dall'alta pendice / insegnogli a guidare / i gran tronchi sul mare, / e in poderoso canape raccorre / i venti onde su l'acque ardito scorre. (G. Parini)

O segundo cânone parte daqueles que Dante teria considerado como os anti-tipos de Ulisses, Tifi ou Jasão, os Argonautas com cuja viagem ele identifica a sua própria viagem através do mar infinito do paraíso e do *Paraíso*. Colombo e seu filho, como vimos, crêem que em 12 de outubro de 1492, realizou-se, neste mundo a profecia de Sêneca sobre o novo Tifi. Mais tarde, Giordano Bruno retoma essa idéia, mas condenando violentamente descobridores e conquistadores por ter "encontrado novamente a maneira de perturbar a paz dos outros", por "propagar novas loucuras e colocar doidices inauditas onde não estão", e contrapondo àquela de Tifi e Colombo sua própria obra, que abre um universo realmente sem limites e povoado de mundos infinitos. Tommaso Campanella prolonga a série e inclui nela o mais novo e o mais autêntico Tifi-Colombo, o fundador da ciência moderna, Galileu Galilei (Monti aplicará a comparação a Montgolfier). Finalmente, o mais barroco dos poetas, Marino, insere a si mesmo no cânone, como último filho: Tifi-Colombo-Galileu-Marino.

Não se trata apenas de brasões decorativos. O furor filosófico e visionário de Bruno e Campanella é realmente ardente, o turbilhão verbal e imaginativo de Marino é realmente arrebatador e a obra de Galileu revoluciona definitivamente a visão tradicional do universo. A transgressão, em suma, faz-se regra, adquire um valor totalmente positivo. Durante séculos, em Gibraltar permanecera o aviso "Nec plus ultra". Na *Instauratio Magna* de Francis Bacon (1620), a nau de Ulisses aparece atrás das Colunas de Hércules, acompanhada pelo mote: "Muitos passarão e a ciência aumentará". A "curiosidade" derrota qualquer proibição, é o próprio princípio do saber moderno[15]. A nova terra é o velo de ouro. E a sua descoberta prefigura, torna-se pouco a pouco o ícone de tudo aquilo que o engenho humano consegue realizar de belo, justo e nobre.

Isto é confirmado, em pleno Oitocentos, por uma composição poética que vem justamente do Novo Mundo. Em *Passage to India* (Passagem para Índia), publicada por Walt Whitman em 1871, a visão que descrevi até aqui torna-se orgânica e grandiosa. Inspirado pela inauguração do Canal de Suez, pela conclusão da ferrovia transcontinental americana, e pela colocação dos cabos telegráficos transatlânticos e transpacíficos, o poeta canta a evolução humana e o desdobrar-se nela de finalidades cósmicas. O passado nada mais é para ele do que prefiguração do presente; as fábulas e os mitos que brilham remotos, que "desdenham o conhecido" e eludem o seu domínio, são os primeiros instrumentos utilizados por Deus para seu desígnio:

Um caminho para as Índias!
Oh! alma, será que não percebes desde o princípio os desígnios de Deus?
que a Terra seja percorrida e por redes ligadas,

A NOVA TERRA 45

que as raças, os vizinhos casem-se, e sejam casados,
que se atravessem os oceanos e o que é remoto se torne próximo,
e as terras sejam todas juntadas[ix].

Descendo e irradiando-se dos jardins da Ásia aparecem então Adão
e Eva, seguidos por sua numerosíssima progênie que vaga curiosa, explora o mundo inquieta, nunca feliz. O caminho para a Índia desenrola-
se "ao longo de toda a história, para baixo ao longo dos declives, / parecida
com um riacho, que ora se enterra e ora aflora a superfície, / incessante
pensamento". É percorrido por Alexandre e Tamerlão, por mercadores e
navegadores, muçulmanos, venezianos, bizantinos, árabes, portugueses. Então, eis que surge a "sombra triste" o "gigantesco", "fantástico"
fantasma que a cada olhar abre um "mundo de ouro", "envernizando-o
com fúlgidas cores": Cristóvão Colombo. Ele vem (Whitman confirma
o messianismo do Almirante) na plenitude do tempo, porque "a semente
jaz na terra esquecida, durante séculos", mas, "no momento estabeleci-
do por Deus / durante a noite faz desabrochar os brotos, as flores, / e o
mundo preenche com seu valor e sua beleza".

Quando, afinal, todos os mares terão sido sulcados, depois dos
capitães, dos engenheiros, dos cientistas, chegará o "poeta que é digno
deste nome", o "verdadeiro filho de Deus que cantará os seus cantos".
Será então revelado o segredo, e a terra, ora fragmentada e fria, será
aquecida e "justificada completamente". Mas este momento é na realidade agora: os mares "parecem já ter sido, todos, atravessados", e o
poeta-profeta-Messias é o próprio Walt Whitman, que lança sua alma,
de um lado, para trás, para o "pensamento primevo", para o "jardim
mítico da razão" e, mais além, para o "nascimento da sabedoria" e a
criação; e de outro lado, para frente, em um "passage to more than
India" (viagem para além da Índia), sobre os mares infinitos de Deus:

Vamos para muito além das Índias!
Estão tuas asas realmente eretas para tão longos vôos?
Estás realmente, alma, disposta a enveredar por viagens
como estas?
estás à vontade nestas águas?

[...]
Zarpa – direciona o teu curso para onde o mar é profundo,
explora com audácia, minha alma, eu contigo, tu comigo,
pois estamos nos dirigindo para onde nenhum marinheiro ousou jamais aventurar-se,
e arriscaremos o navio, nós mesmos, tudo[x].

ix. Passage to India! / Lo, soul, seest thou not God's purpose from the first? / The earth
to be spann'd connected by network, / The races, neighbors, to marry, and be given in marriage,
/ The oceans to be cross'd, the distant brought near, / The lands to be welded together.

x. Passage to more than India! / Are thy wings plumed indeed for such far flights? / O
soul, voyagest thou indeed on voyages like those? / Disportest thou on waters such as
those? / Sail forth – steer for the deep waters only, / Reckless O soul, exploring, I with thee,

46   A SOMBRA DE ULISSES

Os dois navios primordiais do homem, a madeira de Ulisses e a "sombra d'Argo" que Netuno admira no topo do *Paraíso* dantesco, são, enfim, a única embarcação. A poesia sulca a história e o ser.

A nova terra portanto não é apenas a América, mas acima de tudo um lugar da imaginação, desembarcadouro do homem ao destino supremo da *vida* aqui e agora. Um último surpreendente sistema tipológico, que remonta ao próprio "inventor" do Novo Mundo, no-lo mostrará.

Cristóvão Colombo é dominado por um figuralismo muito mais obsessivo do que aquele que encontramos entre os poetas[16]. Após sua terceira viagem através do Atlântico, quando, em 1498, chega ao continente sul-americano, ele começa a pensar que as Índias são um "outro mundo". Está convencido entretanto, e quer provar, aproximando as Escrituras e os padres da Igreja daquilo que viu, que este é *literalmente, verdadeiramente* o Paraíso Terrestre. E se assim não fosse, admite que pode tratar-se de "maravilha ainda maior", talvez uma "tierra infinita puesta al Austro, de la cual fasta agora no se a avido noticia" (uma terra infinita no hemisfério austral, de cuja riqueza até agora não se havia notícia)[17]; mas logo depois reitera sua inabalável convicção de estar diante do Jardim do Éden.

Um ou dois anos mais tarde, a sua mentalidade tipológica e messiânica faz com que ele proclame abertamente, na Carta a Doña Juana, que se considera como o "mensageiro do novo céu e da nova terra da qual falou Nosso Senhor pela boca de São João no Apocalipse, segundo as palavras de Isaías". Efetivamente, na famosa Carta de 1501 para Ferdinando e Isabel, Colombo declara com humildade e ao mesmo tempo com orgulho que, "no que se refere a empreitada das Índias não [lhe] foram de ajuda nem a razão, nem a matemática, nem os mapa-mundi": nela, simplesmente, "cumpriu-se o que foi dito por Isaías". As passagens bíblicas que o Almirante tem em mente são Isaías 65:17 e Apocalipse 21:1. Trata-se, em ambos os casos, da visão da nova Jerusalém:

> Pois eu crio céus novos e nova terra; e não haverá lembrança das coisas passadas, nem mais se recordarão. Mas vós folgareis e exultareis perpetuamente no que eu crio; porque eis que crio para Jerusalém alegria... E edificarão casas, e as habitarão; e plantarão vinhas, e comerão o seu fruto. (Isaías)

> E vi um novo céu, e uma nova terra. Porque já o primeiro céu e a primeira terra passaram, e o mar já não existe. E eu, João, Vi a Santa cidade, a nova Jerusalém, que de Deus descia do céu, aderençada como uma esposa ataviada para o seu marido. (Apocalipse)

Sem dúvida, o autor do Apocalipse está citando Isaías: resta o fato que as duas passagens, quer sob a ótica da tradição cristã, ou seja,

and thou with me, / For we are bound where mariner has not yet dared to go,/ And we will risk the ship, ourselves and all.

A NOVA TERRA 47

tipologicamente relacionadas uma com a outra (o Novo cumprindo o Velho Testamento), quer à luz do messianismo puramente "hebraico" de Colombo, se encontram no próprio Colombo. Cristóvão Colombo pensa portanto ter visto com seus próprios olhos, tocado com a mão, o novo céu e a nova terra avistados pelo Ulisses de Dante. A Nova Jerusalém profetizada por Isaías e pelo Apocalipse está aqui e agora.

No *Mundus novus* de 1503, Américo Vespúcio declara que "é lícito chamá-lo de Novo Mundo, porque os nossos antecessores não tiveram conhecimento dele e é coisa nova para todos aqueles que ouvem". Estes são fatos, ainda que arrebatadores, prosaicos. Colombo vive e pensa em outro plano. Ele crê que Española (Haiti) corresponda a Tarsis e Ofir, os lugares fabulosos de onde provinham as riquezas com que Salomão edificou o Templo. A partir de fevereiro de 1502, assina seus papéis não mais como habitualmente: "o Almirante", mas com o anagrama de "Cristoforo" (Cristóvão), para significar não o "que leva o Cristo", mas: "Christo ferens", aquele que leva *ao* Cristo, ao Messias. O que tem em mente agora talvez seja uma outra passagem de Isaías (60)[18]:

> Quem são estes que vêm voando como nuvens e como *pombas* às suas janelas? Certamente as ilhas me aguardarão, e primeiro os navios de Tarsis [das Índias], para trazer teus filhos de longe, a sua prata e o seu ouro com eles na santificação do nome do Senhor teu Deus ... E os Estrangeiros [os Espanhóis] edificarão os teus muros, e os seus reis te servirão.

Colombo pensa na reconstrução da casa de Jerusalém, é motivado por considerações políticas, utópicas, messiânicas. Portanto não vê a si próprio como um novo Ulisses, mas nas vestes de um profeta. Apesar, portanto, das reflexões que se poderiam e se deveriam fazer sobre as ações do Almirante (por qual motivo, por exemplo, apoderar-se em nome dos Reis Católicos de algo, as Índias, que se acredita pertencer ao Grande Khan; impor um nome a lugares que já o têm; chamar "descoberta" aquilo que, caso se trate das Índias, é uma "redescoberta"; considerar logo os Indianos como potenciais excelentes servidores; e por qual motivo insistir em ser vistos por eles como seres vindos do céu?)[19] – apesar destas reflexões, é tal visão profética, e não a noção, claramente infundada, de que navegando para ocidente seria possível encontrar um caminho mais curto para a Índia, que leva Colombo a atravessar quatro vezes o terrível Atlântico.

Este figuralismo, baseado numa interpretação totalmente literal dos textos bíblico e na leitura escritural da realidade, está na base das tipologias com que os sucessores do Almirante, e toda a civilização ocidental, olharam para o Novo Mundo. O próprio filho de Colombo, Ferdinando, afirma que o nome de seu pai significa "colomba" [pomba]: pois ele levou a graça do Espírito Santo ao Novo Mundo, por ele descoberto; mostrou para aqueles que não o conheciam, assim como fez o Espírito "em forma de pomba", quando João batizou Cristo, quem fosse o filho de Deus; levou, como a pomba da Arca de Noé, sobre as águas do oceano, o ramo de oliveira e o óleo do batismo. No Quinhentos, os Judeus interpretam o mesmo nome como uma versão das "colombe" (pombas) de Isaías e consideram-no um novo Jonas, a "colomba" (pomba) que embarcou para Tarsis. Até 1591, os Católicos, pela boca de Ulisses Aldrovandi, admitem esta leitura.

No *Libro de las Profecías*, Colombo transcreve um trecho de uma carta dos embaixadores genoveses aos reis espanhóis (1492), segundo o qual o abade calabrês Joaquim da Fiore havia predito que "a cidadela de Sion seria reconstruída por alguém vindo da Espanha". Ele próprio repete a profecia em sua *Relazione del Quarto Viaggio* (*Relato da Quarta Viagem*) (1503). Não é por acaso que o grande dominicano Bartolomé de Las Casas, o autor da *Historia de las Indias* ao qual devemos grande parte do que sabemos a respeito das empresas de Colombo, escreva que "devemos crer que o Espírito Santo, pela boca de Isaías, disse que teriam vindo da Espanha os primeiros que converteriam essa gente". Se é comum, no Quinhentos, a idéia que os Índios / Indianos* da América são aquilo que resta das dez tribos perdidas de Israel, Paul Claudel ainda pensa, em nosso século, que Colombo "portait le Christ" e chama-o "la Colombe", ou seja, o Espírito em pessoa.

Poderia parecer que, ao nos aproximarmos de alguns dos aspectos mais evidentes do mistério colombiano, nos afastamos do nosso tema, só para provar que em 1492 Cristóvão Colombo fez algo mais do que simplesmente atravessar o Oceano azul ("In Fourteen Ninety-Two / Columbus sailed the Ocean blue", sabe-se de cor). Não era essa a finalidade. Nem era minha intenção sugerir que a "descoberta" do Novo Continente, que foi completada apenas quando o "outro" recebeu o *nome* de "América"[20], foi causada por uma geografia cheia de erros, por uma exegese bíblica fantasiosa, pelos romances de cavalaria e por leituras imaginativas de textos clássicos. Minha intenção era mostrar que poesia e realidade estão historicamente ligadas uma à outra por meio da tipologia, do figuralismo, da profecia, e que elas formam uma complexa rede intertextual, que é preciso abranger e possuir, para poder abordar problemas metodológicos mais amplos.

Isto comporta, por outro lado, de maneira implícita, mas não por isso menos urgente, que se preste atenção aos modos e às razões pelos quais, em termos *jaussianos*, aquela alteridade torna-se nossa modernidade. Tentaremos explorar alguns desses caminhos agora e nos próximos capítulos. Entretanto, é claro, desde já que em nenhum

---

* *Indiani*: em italiano utiliza-se o mesmo termo para os índios americanos e para os habitantes da Índia. Daí, o duplo sentido da referência a Colombo e a sua pretensa descoberta do caminho das Índias. (N. da T.)

caso esta indagação poderá ser neutra. A cada estapa do nosso caminho, como provam os exemplos de Tibério, de Dante e dos seus filhos, de Colombo, e de Purchas, estamos diante de motivações ideológicas e políticas.

Além disso, saber que nossa leitura "impura" é obrigada a fazer uma escolha condiciona o próprio processo da pesquisa, como no princípio de indeterminação de Heisenberg. O sonho do Novo Mundo fez tremer o coração dos nossos antecessores, e os nossos, como indivíduos e como coletividade. O tipo de pergunta que, em última análise, nos devemos colocar é: de qual lado nós estamos? Com Ulisses, Isaías, os Argonautas, Tasso, Colombo? E por qual motivo? O que – psicológica, cultural, histórica e politicamente – faz preferir a nossos ancestrais, e a nós mesmos, um desses personagens? E de qual maneira esta preferência influencia a sua e a nossa interpretação do passado e de suas ligações com o presente? São estas interrogações sobre o poder e as conseqüências, não apenas culturais ou intelectuais, mas pessoais, da poesia, e sobre o seu encontro com a história, que devem nos mover.

Para compreender a urgência destas perguntas era necessário mostrar quer as semelhanças quer as diferenças entre os dois sistemas tipológicos, um essencialmente bíblico, o outro substancialmente clássico. No centro de ambos coloca-se a imagem do Paraíso Terrestre, a Nova Terra diante da qual o Ulisses de Dante naufraga, e que Colombo diz ter, literalmente, reencontrado.

A idéia é enormemente atraente, não apenas porque nela transparecem o País da Cocanha e o Eldorado materiais (que certamente não estão ausentes e se tornarão sempre mais predominantes), mas também, e sobretudo, porque ela representa o mito da felicidade e da inocência do Homem, de seu viver sem morte e ainda, nessa altura providos de conhecimento, em uma sociedade a ser edificada deixando de lado, de uma vez por todas, o pecado original. A poesia, que vem da morte, tem naturalmente falado sempre desta da outra face das suas origens e seu *telos*. Não por nada Dante, com lancinante, dupla nostalgia (da condição e do canto), faz com que Matelda diga, justamente no Paraíso Terrestre:

> Aqueles que antigamente poetaram
> a idade do ouro e seu estado feliz,
> talvez no Parnaso este lugar sonharam[xi].

Este lugar é, portanto, objeto de sonho, de sonho poético: *talvez* possível apenas no Parnaso, somente nos tempos antigos. O peregrino Dante visita-o no mundo do além, e o poeta Dante, competindo com

---

xi. Quelli ch'anticamente poetaro / l'età dell'oro e suo stato felice, / forse in Parnaso esto loco sognaro.

50 A SOMBRA DE ULISSES

seus antecessores, reevoca-o em nobres versos. Agora, finalmente, Cristóvão Colombo parece tornar o sonho realizável. Olhemos então para os dois sistemas figurais contíguos. O profeta de Colombo é Isaías; sua empresa, a de um Messias iminente e imanente; seus descendentes, todos aqueles Europeus que, ao se tornarem Americanos, fundarão não apenas novas Ítacas e Tróias, mas sobretudo as muitas Salem, New Canaan e New Salem; os que inscreverão na Declaração de Independência dos Estados Unidos, pela mão de Thomas Jefferson, o direito inalienável dos homens à "busca da felicidade"; aqueles, finalmente, que, com Whitman, exclamarão: "Ah! Genovês, o teu sonho! O teu sonho! Depois de séculos que tu dormes na tumba, a costa que descobriste *confirma* (*verifies*) o teu sonho". A tipologia colombiana leva ao "sonho americano", prevê a posse, a conquista, a transformação da realidade.

A *figura* de Tasso é um arquétipo mítico – Ulisses – e o seu profeta, intertextualmente, Dante. No mesmo instante em que a poesia encontra-se com a história em outro de seus momentos críticos, o naufrágio desaparece. Passar as Colunas, afundar em pélago infinito, chegar à Nova Terra não é mais uma transgressão que leva à morte: ao contrário, torna-se paradigma do destino mais alto do homem, aquilo que o faz buscar virtude e saber exclusivamente por meio do seu próprio engenho e no seu próprio planeta. O Ulisses dantesco é o *typos* do Descobridor puro. Este sonho, maravilhoso como o primeiro, dura, como vimos, quase até os nossos dias. Apesar disso, ele também, como tudo o que é obra do homem, contém desde o início um germe de sombra.

NOTAS

1. "Benvindo de Imola", *Comentum*, G. W. Vernon J. P. Lacaita (org.), Florença, 1887, vol. V, pp. 279-294, *op. cit.*, p. 293.

2. *Familiari* IX, 13, 24-27; XXI, 15, 8.

3. Para este parágrafo, ver E. Raimondi, *Poesia come retorica*, Florença, 1980, pp. 85-87 e 163-169; D. Della Terza. "Tasso e Dante", "Belfagor", XXV, 4, 1970, pp. 395-418.

4. *L'Espositione di Bernardino Daniello da Lucca sopra la Comedia di Dante*, R. Hollander & J. Schnapp (org.), Hanover-Londres, 1989, p. 120.

5. A. Vespucci, *Lettere di viaggio*, L. Formisano (org.), Milão, 1985, p. 38.

6. G. Gliozzi, *Adamo e il nuovo mondo*, Florença, 1977, p. 199.

7. Keplero, o preciso teorizador das tranqüilas órbitas planetárias, não exita em traduzir *Il volto della luna* de Plutarco e em manter em seu comentário que o continente transatlântico ao oeste de Ogigia (para ele, a Islândia) – continente mítico modelado na Atlântida platônica, da qual provém, no diálogo, um misterioso estrangeiro – seja a América.

8. B. Nardi, *Dante e la cultura medievale*, *op. cit.*, p. 99.

9. E. O'Gorman, *The Invention of America*, Bloomington, 1961.

10. Citarei somente o fundamental *First Images of America*, F. Chiappelli (org.), Berkeley-Los Angeles-Londres, 1976, remetido para F. Provost, *Columbus: An Annotated Guide to the Scholarship on His Life and Writings*, Providence – Detroit, 1991.

A NOVA TERRA

11. M. Bachtin, *L'opera di Rabelais e la cultura popolare,* Turim, 1979, pp. 435-440, cit. p. 497.

12. F. Marenco, "Introdução" em *Nuovo mondo, gli inglesi,* Turim, 1990, p. xvii.

13. C. Schmitt, em E. Jünger & C. Schmitt, *Il nodo di gordio,* Bolonha, 1987, pp. 159-161.

14. M. Foucault, *Le parole e le cose,* Milão, 1967.

15. H. Blumenberg, *Der Prozess der theoritischen Neugierde, op. cit.,* p. 141 e notas 220 e 221. Ver também M. Nicolson, *The Breaking of the Circle. Studies in the Effect of the "New Sciences" upon Seventeenth-Century Poetry,* Londres, 1960.

16. A. Milhou, *Colón y su Mentalidad Mesianica,* Valladolid, 1983.

17. C. Colón, *Textos y Documentos Completos,* Madri, 1989, p. 218. Todas as citações de Colombo provêm deste texto.

18. J. Gil, *Miti e utopie della scoperta. Cristoforo Colombo e il suo tempo,* Milão, 1991.

19. Para os quais pode ser visto S.Greenblatt, *Marvelous Possessions. The Wonder of the New World,* Oxford, 1991.

20. T. Todorov, *La conquista dell'America. Il problema dell'"altro",* Turim, 1984.

4. De Terra em Terra, para o Vórtice: Leitura Oblíqua, Impura, Inquieta

> *Sempre, desde então, de quando em quando,*
> *aquela agonia retorna;*
> *até que a terrível história não seja dita,*
> *o coração arde, o fogo ali habita*.*

Não é nem possível nem útil propor uma leitura "genealógica", global de textos e de eventos através do tempo. É oportuno recordar, como fizemos no capítulo anterior, que na cultura ocidental existem algumas tipologias significativas; mas deve-se também, para manter a fidelidade a pelo menos duas das seis propostas *calvinianas* para o próximo milênio – as da leveza e a da rapidez – olhar para a seqüência das obras de maneira oblíqua, de esguelha, percorrendo caminhos laterais, atentos ao "sentido da analogia", ao eco que poesias[1], narrações e história se remetem reciprocamente no tempo, e que percebemos somente quando escutamos livremente.

Expliquemo-nos: uma leitura genealógica completa de Ulisses exigiria, a esta altura, a reconstrução precisa de todos os aspectos, diretos e indiretos, do nosso personagem mítico, do século XVI ao XX, e a discussão das relações de causa e efeito entre cada um deles. Por exemplo, aquilo que liga, neste âmbito específico, Du Bellay a Ronsard, e estes a Francis Bacon e depois a Spenser, que no Livro II da *Faerie Queene* faz viajar o seu Guyon para o Jardim da Felicidade seguindo a rota do canto XII da *Odisséia*; e assim por diante.

Uma leitura dessa natureza produziria dois resultados alternativos: ou um mero catálogo, sempre e de qualquer modo incompleto,

---

* Sempre d´allora in poi, di quando in quando, / quell'agonia ritorna; / finchè l'orrida storia non sia detta, / il cuore brucia, il fuoco vi soggiorna. (S. T. Coleridge, *La ballata del vecchio marinaio*).

54   A SOMBRA DE ULISSES

porque a Biblioteca é por sua natureza, segundo a intuição de Borges, babélica e infinita; ou um Plano semelhante àquele que os protagonistas do *Pendolo di Foucault* de Umberto Eco perseguem nas pegadas evanescentes dos Templários, construindo uma História paralela, na qual tudo está entreligado, significando tudo e nada ao mesmo tempo.

Renunciamos também a uma outra leitura genealógica, ainda que parcial e colateral: a leitura dos poemas sobre Cristóvão Colombo, compostos em tantas línguas européias, e notadamente em italiano e em latim, do Quinhentos até o Oitocentos. Desde Giuliano Dati que, em 1493, reescreve em oitavas-rimas a carta de Colombo ao rei da Espanha sobre sua primeira viagem, ao abortado *Oceano* de Tassoni, a Tommaso Stigliani e Umbertino da Carrara, até Bernardo Bellini e Lorenzo Costa, a cultura italiana – para nos limitarmos a ela – está cheia de Ulisses, Colunas de Hércules e pombas. Neste caminho nos deparamos até com episódios divertidos: por exemplo, no *Cristoforo Colombo* de 1846, o genovês Lorenzo Costa faz com que o filho do Almirante, Diego, se apaixone pela belíssima indígena Azema, uma descendente dos Dória, cujos antepassados, que tinham partido com os irmãos Vivaldi (aqueles que encontramos com o Ulisses dantesco no fim do segundo capítulo), naufragaram na costa do Novo Mundo em 1292!

Pois bem, esta leitura também se choca com obstáculos formidáveis. Apesar das vantagens oferecidas por uma resenha, de certo modo, arqueológica – que, entretanto, será necessariamente incompleta – do imaginário italiano ou europeu, permaneceria o fato que estas obras se revestem de um interesse substancialmente antiquário. Não possuem nenhuma aura, não fazem ressoar dentro de nós nenhum eco, não projetam sombras que unam a sua alteridade com a nossa modernidade. A nova epistemologia inspirou somente um grande poema épico, os *Lusíadas* de Camões, que celebra a expedição de Vasco da Gama para as *verdadeiras* Índias. O Renascimento foi tão abalado pela repentina aparição das "falsas" Índias que sua musa ficou silenciosa frente ao "outro".

Depois de ter prestado atenção à retórica no capítulo anterior, mudamos novamente de rumo (com uma passagem, como veremos, intermediária) e voltamos para a poesia. Nessa altura, o leitor se percebe não somente oblíquo, mas também impuro. Ele não apenas ultrapassa com desenvoltura e leveza os cânones estabelecidos pela tradição, pulando de um ramo a outro das árvores genealógicas, mas insidia também, conscientemente, com suas imprevisíveis intuições estéticas, a confortável segurança da indagação historicista. Atravessa o espaço e o tempo com um desejo inquieto e impaciente, abandonando em parte o rigor cansativo da filologia, perscrutando intencionalmente na frente e atrás das suas costas, as sombras que percebe ao seu redor.

Uma leitura oblíqua e impura, uma "crítica imperfeita"[2], está por baixo do enredo dos capítulos anteriores e ainda mais no capítulo presente, onde ela é postulada como proposta "mínima" para nos

DE TERRA EM TERRA, PARA O VÓRTICE

aproximarmos da poesia na história. Retomemos o caminho do ponto onde paramos no fim do terceiro capítulo. Deixamos Ulisses na luz da nova terra, suspenso entre os eventos e os textos, entre cumprimento e prefiguração; ao mesmo tempo na poesia e na retórica. Partamos, agora, com *ratio* temática, precisamente da América, da intertextualidade e da história, no meio do caminho entre retórica e poesia: desta vez, porém, olhando para a sombra. E iniciemos com a narração de um poemeto latino, talvez o mais célebre e elegante do Renascimento, os *Syphilidis sive morbi Gallici libri tres* (1530) de Girolamo Fracastoro, no qual Ulisses entra só obliquamente. A obra é dedicada à terrível doença que se espalha (ou retoma vigor) na Europa entre o fim do Quatrocentos e o começo do Quinhentos e cuja origem é imputada aos índios americanos, os quais a teriam transmitido aos marinheiros de Colombo. Eis como uma mente culta – bem diferente daquela do Menocchio descrito no *O Queijo e os Vermes* de Carlo Ginzburg[3] – reage aos novos fatos.

No terceiro Livro de seu pequeno poema, Fracastoro conta, misturando recordações de todas as viagens transoceânicas do Almirante, a empresa de Colombo. Como o Ulisses de Dante, ele passa Gibraltar. Pouco depois, junto a seus homens, é considerado um novo Argonauta. Na noite de 11 de outubro, a Lua anuncia a Colombo que no dia seguinte será avistada a ilha de Ofir. Quando desembarcam, os marinheiros não encontram os Índios, mas um grandíssimo número de papagaios, dos quais fazem imediato massacre. Um dos voláteis sobreviventes profetiza, então, aos pobres Espanhóis que deverão pagar pela matança dos pássaros sagrados ao Sol, sofrendo tremendas privações por mar e por terra, combatendo contra muitos povos, perdendo os seus navios, encontrando os Ciclopes (isto é, os Canibais), e sendo enfim atingidos por uma terrível epidemia. Somente poucos deles, conclui o papagaio, voltarão para casa.

O leitor espera agora ver os homens de Colombo encontrando os indígenas – ou melhor, as indígenas – e contaminando-se com a sífilis. Mas Fracastoro é muito mais sutil. O cacique de Haiti, Guacanagari (aqui nobremente chamado, à maneira classicista, "rex"), declara ao "dux" europeu que os ancestrais do seu próprio povo, originários de Atlântida, receberam tal peste como punição "por suas ofensas aos Deuses e pela ira de Apolo". Sifilo, um pastor que quis substituir o culto do Sol pela adoração ao rei, foi o primeiro a sofrer desse mal. Enquanto o chefe indígena termina a sua história, os navios que haviam sido enviados de volta ao Velho Mundo regressam, trazendo a assombrosa notícia ("proh fata occulta Deorum", comenta o poeta) de que o contágio está se espalhando pelos céus da Europa. Nessa altura, um "boato mais grave" corre pela frota de Colombo: seus próprios homens estão com a doença. Somente uma árvore deste novo mundo, o "madeira santa" de Hyacus (o "guaiacum" ou "guáco") poderá curá-los.

56 A SOMBRA DE ULISSES

Temos portanto neste pastiche proto-feliniano um esplêndido exemplo, indireto e cheio de matizes, da ação mitológica do Quinhentos sobre e nos eventos contemporâneos. As batatas, os tomates, o milho vieram da América. Talvez a sífilis também. Mas ainda que isso não seja verdade, como argumentaria um historicismo um pouco mecanicista e sócio-psicanalítico – era inevitável, e foi um bem, que o Velho Mundo acreditasse que o Novo não doava apenas o velo de ouro: a sombra perturbadora de morte está escondida atrás da luz do Paraíso.

Na realidade, Fracastoro é um grande humanista, um médico sério, e um escritor brilhante. Ele nunca estabelece uma relação direta de causa-efeito entre a descoberta da América e a deflagração da epidemia na Europa, mas se limita a sugerir um paralelismo complexo e fatal ("proh fata occulta Deorum") entre os dois, lendo, obliquamente, o contágio dos Espanhóis como "cumprimento" da profecia do papagaio. Por um lado, portanto, ele pratica uma forma de mimese que mantém vivos todos os mistérios e o horror da sífilis, mas doura elegantemente a pílula criando um mito, dando um nome à doença, e propondo um tratamento para curá-la. Por outro lado, ele pressupõe leitores totalmente especiais (o livro era de fato dedicado a nada menos que Pietro Bembo), e os coloca numa condição difícil. Eles se encontram na impossibilidade de compreender o complicado mecanismo francastoriano da sífilis, a menos que não consigam estabelecer uma conexão entre *todos* os elementos da aglutinação e interpretá-las: a poesia pastoral, os Argonautas, Atlântida, a peste da *Ilíada* e de *Édipo Rei*, a Ofir bíblica, o Navio Santo, a global moldura virgiliana, e – para chegar ao nosso tema na forma indireta que postulamos – a identificação dos marinheiros de Colombo com aqueles companheiros de Odisseu que mataram os bois sagrados ao Sol.

Esta "invenção" oblíqua e impura é a chave da realidade, e para ter acesso à chave devemos dedicar-nos à procura das fontes e das alusões literárias, um dos mais importantes "prazeres da leitura"[4]: para compreender o mundo, precisamos da interpretação intertextual. O leitor "implícito" teorizado por Wolfgang Iser não pode deixar de ser oblíquo e impuro [5].

Aproximemo-nos novamente da poesia. Até mesmo a imaginação mais rigorosamente "mítica" sente que nem tudo o que reluz é ouro. Depois da profecia de Fortuna, os cavaleiros da *Jerusalém Libertada* que acompanhamos no terceiro capítulo, Carlos e Ubaldo, rumam para o sudoeste, como o Ulisses dantesco, e avistam "um monte obscuro". No mundo 'real', este é o pico da ilha de Tenerife, nas Canárias. Tasso compara-o a uma pirâmide e ao Etna, e identifica o arquipélago com as ilhas Felizes da "*prisca etade*" (idade antiga) que havia colocado ali os Campos Elísios. Fortuna comenta que as ilhas são "fecundas e belas e alegres", mas, acrescenta "se contam muitas inverdades sobre elas". O obscuro monte é a releitura da mon-

DE TERRA EM TERRA, PARA O VÓRTICE

tanha escura dantesca. O seu cume revela-se pouco depois, como um maravilhoso jardim que se parece com o Paraíso Terrestre e é descrito por meio de citações textuais do canto XXVIII do *Purgatório*. Além disso, é esse mesmo o lugar onde a belíssima encantadora Armida – com uma sereia (uma sua prefiguração) a seu serviço – detém Reinaldo em um dourado, lânguido cativeiro de amor.

Montanha escura, Elísio, Éden, Sereia: as mesmas imagens retornam mais uma vez. Mas este não é o Renascimento, esta não é Tenerife? Porque Tasso sente a necessidade de obscurecer algo que existe e que ele conhece? Poder-se-ia naturalmente responder que se trata de um puro e simples jogo literário. Entretanto, basta pensar no contexto histórico e na situação psicológica do poeta (a Contra-reforma, em pleno vigor nessa altura, provoca, como é sabido, dúvidas lancinantes em um homem cujo equilíbrio já era precário) para que aquela resposta apareça insatisfatória. O intérprete deverá concluir que o processo em funcionamento aqui é mais complexo.

Note-se, em primeiro lugar, como a sobreposição do passado e do presente literário (o pré-texto dantesco por trás daquele tassiano) produz um curto circuito no plano temporal, logo quando realidade e invenção se encontram. Quando Carlos, tomado pelo entusiasmo à vista das ilhas Felizes, pede a permissão de "colocar o pé na terra / e ver estes lugares desconhecidos, / ver as pessoas e como cultivam sua fé" – ou seja, de fazer agora, na época da Cruzada, aquilo que Ulisses não pôde fazer, mas que na época de Tasso, há mais de meio século, Colombo e outros fizeram – Fortuna responde:

> na verdade é digna
> de ti a pergunta, mas o que posso fazer
> se o inviolável e severo
> decreto dos céus se opõe o teu desejo?
> pois não passou o tempo determinado por Deus
> para a grande descoberta,
> e não vos é permitido do oceano profundo
> levar a verdadeira notícia ao vosso mundo.
>
> A vós pela graça de Deus e não pela arte e ciência
> da navegação é dado percorrer essas águas,
> e descer lá onde o guerreiro está preso
> e levá-lo de volta ao outro lado do mundo.
> Isso vos baste e querer mais seria
> soberba e resistência à vontade divina[i].

i. Ben degna invero / la domanda è di te, ma che poss'io, / s'egli osta inviolabile e severo / il decreto de' Cieli al bel desio? / ch'ancor vòlto non è lo spazio intero / ch'al grande scoprimento ha fisso Dio, / né lece a voi dall'ocean profondo / recar vera notizia al vostro mondo. // A voi per grazia e sovra l'arte e l'uso / de' naviganti ir per quest'acque è dato, / e scender là dove è il guerrier rinchiuso / a ridurlo del mondo e l'altro lato. / Tanto vi basti, e l'aspirar più suso / superbir fòra e calcitrar co 'I fato. (*Jerusalém Libertada*, canto XV)

A proibição divina vem, portanto, reproposta, mas de maneira estranha: para começar não é mais eterna "para que o homem não desobedeça"; mas tem um prazo (até o "grande descobrimento"), e é parcial: a Carlos e Ubaldo é concedido navegar nestes mares (mas não explorar a terra firme), agora, no tempo da Cruzada, para libertar Reinaldo. A "ficção", em outros termos, desmorona, mas com ela cai por terra também a teologia subjacente ao mito precedente (o que não é pouca coisa, tratando-se do pecado original). Enfim, criando um parêntese temporal abertamente fictício, e colocando-o no mesmo patamar do passado próximo, Tasso mina, de reflexo, o 1492 histórico.

O mesmo deslocamento ocorre no âmbito do espaço. A ilha da *Tempestade* shakespeariana, ainda que aluda, indiretamente, ao Novo Mundo, deve encontrar-se "geograficamente" em algum lugar do Mediterrâneo. Analogamente, a de Tasso *não* é a América, mesmo que a "represente", mas é o arquipélago das Canárias. Em suma, é como se o poeta fosse obrigado a deslocar a esfera do imaginário de "fora-do-mundo", do universo da fantasia e do "outro mundo", para "dentro-do-mundo", mas nas margens do Velho, no seu *limen.*

E esta condição forçada de liminaridade trai o fato que o entusiasmo diante do reencontrado "pélago infinito" e a maravilha despertada pela descoberta do novo continente, tornaram-se sedução perturbadora. Quais pavores, quais tentações podem esconder-se atrás da beleza primigênia do Novo Mundo? Estaria o paraíso, aparentemente "readquirido" na Terra, no ocidente, na realidade para sempre "perdido"? Com um sutil traço superficial – com um toque de pincel meramente intertextual – o atormentado Tasso pré-vê a belíssima escuridão, sente o "falso" por trás do "verdadeiro", faz uma *déconstruction* da América.

A poesia lê seus próprios pais de maneira oblíqua e impura. O Ulisses de Dante torna-se o Colombo de Tasso e troca portanto de valência, transformando-se em modelo positivo. Mas a aventura de Ulisses no canto XXVI do *Inferno* – a versão medieval, por sua vez impura, de um mito clássico – já constituía um modelo literário que colocava em dúvida a episteme de seu tempo. Nas mãos de Tasso, as palavras e as imagens dantescas tornam-se um torpedo lançado contra a cultura e a ciência da sua época, minam a interpretação literal da Bíblia proposta por Colombo, abrem brechas na esperança e na fé do Renascimento. A América já não é mais o Paraíso: ainda não é o lugar de um desastroso, trágico naufrágio; mas aparece como um Éden no qual a serpente pode, em qualquer momento, sair deslizando da luxuriante vegetação – sair da sombra.

A leitura poética observa e torna mais profundas as fendas já presentes no texto que ela reescreve. O Ulisses dantesco descobriu uma rachadura na pedregosa absoluteza das relações entre Ser e devir e introduzir nela sua língua de fogo. Agora, um estilhaço daquela rocha caiu. Não se pode mais atribuir valor metafísico, e ao mesmo

DE TERRA EM TERRA, PARA O VÓRTICE   59

tempo imanente, à mítica proibição divina, ao "outro" dantesco. O "outro", então, transfere-se para o globo terráqueo real, para a geografia e para a cultura: para a América e seus habitantes, para a nova terra enfim conhecida, violada e possuída[6].

Odisseu, todavia, nunca foi um colonizador, e o próprio Ulisses de épocas posteriores, apesar de ter fundado Lisboa e Asberg, não teve a função de Enéas e nem a função de "conquistador". Seu descendente não é Robinson Crusoé, mas Magalhães, o emblema de cujo navio, a "Victoria", proclama "para mim as velas são asas", retomando, com orgulho funesto a semelhança homérico-dantesca da viagem ao Hades. Chegou portanto, o momento em que não é mais possível projetar a divisão, a alteridade, para fora, em um mundo distante.

O conflito, naturalmente, sempre esteve dentro de nós: no *Seafarer* (redigido entre os séculos VIII e X da nossa era), o navegador da Inglaterra anglo-saxônica conhece o sofrimento e ânsia da viagem por mar no inverno, e o vive como "exílio", mas ao mesmo tempo ambiciona irresistivelmente percorrer "os caminhos da baleia" e ver os longínquos países estrangeiros. Quem atravessa as ondas do oceano, ele diz, é possuído por um perene *longunge* – pela irrequietude, pelo cansaço e pelo desejo.

A consciência de quão impossível seja ao homem, por sua própria natureza, reunir as margens opostas da fenda interior, faz-se radical somente quando o pélago que ele tem diante de si torna-se verdadeiramente infinito *dentro* dele. Tomemos como ilustração, pulando obliquamente entre os séculos e as culturas, um célebre trecho de Pascal no qual Ulisses nem é mencionado:

> Tal a nossa efetiva condição. Ela nos torna incapazes quer de conhecer com plena certeza, quer de ignorar de maneira absoluta. Nós remamos em um vasto mar, impelidos de um extremo ao outro, sempre incertos e flutuantes. Cada ponto final ao qual pensamos nos ancorar e nos fixar vacila e nos deixa; e, se o seguimos, escapa-nos, e foge em uma eterna fuga. Nada se detém para nós. É este o estado que nos é natural e que, todavia, é o mais contrário às nossas inclinações. Nós ardemos pelo desejo de encontrar uma parada estável e uma última base segura para edificar uma torre que se erga até o infinito: mas os nossos alicerces rangem, e a terra se abre até os abismos.

Uma leitura impura encontra neste passo sombras antigas e novas, sinais mais profundos de inquietude. De um lado, vislumbramos a seqüência "alto mar aberto" dantesco, "pélago infinito" tassiano, "milieu vaste" (vasto meio); recordamos, através da imagem do homem impelido entre um extremo e outro, a *Odisséia*, e especialmente o episódio de Scilla e Cariddi; vemos a Torre de Babel. De outro lado, notamos o acento colocado sobre a flutuante incerteza humana, sobre a elusividade de todos os "termos", sobre a fuga do objeto diante da perseguição do sujeito. Uma severa austeridade domina esta linguagem metafórica, que não é mais *mythos,* mas *logos* implacável. No seu centro ressalta a contradição fundamental do nosso conhecimento: o "estado natural" de um lado, as "nossas inclinações" de outro. O ardor do Ulisses dantesco transforma-se em ardente desejo babélico, o naufrágio torna-se catástrofe apocalíptica, o mergulho de Atlântida, a abertura dos Ínferos.

Nada se firma para nós, não existe a última base, nenhuma nova terra que possa ser alcançada, ocupada, construída. A experiência enquanto conhecimento último, dos princípios e do fim, resulta ontologicamente impossível. O homem de fato está suspenso, na massa que lhe é dada pela natureza, entre os dois abismos do infinito e do nada: um nada em relação ao infinito, um todo em relação ao nada, algo no meio entre o todo e o nada. Infinitamente distante da compreensão destes extremos, o fim das coisas e o seu princípio restam para ele invencivelmente escondidos em um segredo imperscrutável: igualmente incapaz de entender o nada de onde foi trazido e o infinito que o engole. Tudo o que ele sabe é que deverá morrer logo; mas não conhecendo absolutamente a morte inevitável, o homem está, enfim, reduzido a "uma *sombra* que não dura senão um instante sem volta"[7].

A obscuridade alarga-se dentro do homem, o próprio ser é sombra. Qualquer que seja o horizonte em que Ulisses se move agora, este Hades interior e ciente de si mesmo inevitavelmente o acompanha. Se, evitando o percurso "genealógico" traçado por W. B. Stanford[8], perseguirmos o nosso personagem de maneira oblíqua, nos depararemos com ele, pontualmente, na próxima fratura da consciência, quando o Romantismo deliberadamente revoluciona o imaginário tradicional para fundar um novo.

Talvez não seja apenas um caso que na Inglaterra o próprio manifesto do novo movimento, as *Lyrical Ballads* (1798), em que trabalham juntos Wordsworth e Coleridge, abra-se com aquela famosa composição de Coleridge intitulada *The Rime of the Ancient Mariner* (A Rima do Velho Marinheiro), contendo a primeira *nekyia* do mundo moderno. "Antigo" como Odisseu e como a chama que Virgílio interpela no canto XXVI do *Inferno*, "velho" como Ulisses, quando chega próximo das Colunas de Hércules, o Marinheiro da *Balada* retorna à pátria como o herói de Homero e naufraga como aquele de Dante. Ele detém um homem convidado para uma festa de casamento, o "segura" com seus olhos resplandescentes, e inexoravelmente liga o ouvinte ao seu conto, com o ritmo obsessivo de suas palavras, com a aventura maravilhosa e terrificante da qual foi protagonista.

O navio parte, alcança com vento favorável o Equador, é arrastado por uma furiosa tempestade para os blocos flutuantes de gelo do extremo Sul. Da neblina aparece de improviso um Albatroz, saudado por todos com alegria, "como se fosse uma alma cristã": aceita o alimento dos homens, ouve seus chamados. O gelo se quebra; o navio, acompanhado pelo grande pássaro, retoma o caminho para o norte impulsionado por um bom vento meridional. Sem nenhum motivo, o Velho Marinheiro mata o Albatroz com a besta.

Os companheiros o amaldiçoam, depois o justificam. Ainda com a brisa em popa, a embarcação entra no silencioso Oceano Pacífico, veleja para o Equador. Aqui, a bonança o detém, "navio pintado num mar pintado". O sol arde de sangue; no abismo pútrido corpos viscosos se arrastam num líquido que é como o óleo flamejante das bruxas; à noite os fogos fátuos dançam ao redor do navio. O calor queima as gargantas da tripulação. Os companheiros dependuram no pescoço do Marinheiro, "ao invés da cruz", o corpo do Albatroz.

Uma mancha toma forma no horizonte, aproximando-se velozmente: outro navio. Para poder anunciar a chegada molhando seus lábios, o Velho Marinheiro morde seu braço e chupa o sangue. O novo navio projeta-se contra a luz flamejante do sol ao crepúsculo, projetando nele a sua própria sombra de esqueleto, os seus flancos como barras, as velas "teias sem descanso". Na ponte, espectrais, um Homem e uma Mulher – Morte e Vida-na-Morte – jogam uma partida de dados, cuja aposta é o destino do Marinheiro. Vida-na-Morte vence. Enquanto os membros da tripulação morrem um a um, o Marinheiro, incapaz de rezar, sobrevive em desesperada solidão, olhando fixamente durante sete dias e sete noites os olhos imóveis dos companheiros, carregados de maldição. Na luz errante da lua, que ilumina a abafada planície estendida "como primaveril orvalho esparso", os seres viscosos de antes, porém, aparecem de improviso como serpentes marinhas fulgurantes de cores, imagens de beleza e de felicidade. Inconscientemente, o Marinheiro os abençoa. E o Albatroz cai de seu pescoço, afundando na água.

Um sono restaurador envolve o navegante; ao despertar, a chuva refresca um ser que se tornou leve, quase um espírito beato cujo corpo morrera, adormecendo. O vento sibila, o ar explode de vida. Os corpos dos companheiros se animam, voltando aos postos de manobra. Não é todavia por obra deles, nem em virtude da brisa e dos demônios da terra e do ar, que o navio a este ponto move-se, mas porque impelido por debaixo da quilha, em profundidade, por uma tropa de espíritos angelicais. Em maravilhosa harmonia, volteiam agora sobre a água vozes que misturam o eco dos pássaros ao canto dos anjos, o som dos instrumentos musicais ao zumbido leve das velas "como de um rio escondido / no frondoso mês de junho, /que às selvas adormecidas durante toda / a noite mande uma quieta melodia".

O Espírito solitário da Antártida reconduz a nau ao Equador. O Marinheiro desmaia: em transe, ouve os demônios companheiros do Espírito descrever a dura expiação que Ele infligiu ao homem por ter matado o Albatroz. No entanto, a embarcação é empurrada para frente em enorme velocidade. Quando o navio começa a desacelerar, o Marinheiro desperta e fixa novamente os olhos dos companheiros petri-

62   A SOMBRA DE ULISSES

ficados na pena e na maldição. Desta vez, porém, a condenação é mais breve: o encantamento se rompe, o mar torna-se novamente verde, uma brisa leve sopra sobre o navegante.

E eis que, "límpido como vidro", emerge no esplendor da lua o porto nativo. Os espíritos angelicais abandonam os corpos mortos flutuando como puros lumes, enquanto o silêncio afunda como música no coração do Marinheiro. Aproxima-se um barco: nele, o Piloto e seu grumete, o Eremita do bosque. Aos olhos destes, as velas da nau do Marinheiro aparecem "frágeis e corroídas" como na selva "aquelas dilaceradas carcaças de folhas / que hesitam nas margens do riacho quando é penosa a hera de neve"[ii]. Um turbilhão debaixo de água rompe o golfo, alcança a embarcação, arrasta-a num redemoinho. O Velho Marinheiro encontra-se a salvo no barco e depois, finalmente, no solo pátrio. Deseja que o Eremita o confesse; à pergunta crucial, "que espécie de homem é você?", ele é tomado por uma "agonia atroz" que o obriga a contar a sua história:

> Sempre, desde então, de quando em quando
> aquela agonia retorna
> até que a horrenda história não seja dita,
> o coração arde, o fogo ali habita.
>
> De terra em terra migro como a sombra;
> estranho poder está nas minhas palavras; logo, assim que eu veja seu vulto,
> sei o homem que me deve dar ouvidos;
> a ele faço o meu relato[iii].

O Marinheiro adverte o Convidado a rezar por amor a todas as criaturas de Deus; depois desaparece, enquanto o seu ouvinte, desanimado, dirige-se para longe da casa do esposo para despertar no dia seguinte "mais triste e mais sábio".

Correr o mar, transgredir, encontrar o maravilhoso, enfrentar o Outro, atravessar a morte, narrar a sua própria história constituem o destino de Ulisses desde o seu aparecimento na cena mítico-literária. A *Balada* de Coleridge retoma estas funções, mas adaptando-as ao seu discurso poético, sobrepondo símbolos e alegorias e misturando em singular concreção variados elementos mitológico-culturais, derivados do platonismo, do cristianismo, da filosofia romântica da Natureza. Sobretudo, o poemeto de Coleridge orienta de maneira nova o próprio centro do imaginário de Ulisses.

O Odisseu homérico mira o retorno; o Ulisses dantesco, o conhecimento e a experiência do mundo por trás do sol; Colombo, o

---

ii. quei macerati scheletri di foglie / che indugiano alle prode del ruscello / allor che greve é l'edera di neve (*A Rima do Velho Marinheiro*, parte VII).

iii. Since then, at an uncertain hour, / that agony returns: / and till my ghastly tale is told, / this heart within me burns. / I pass like night, from land to land; / I have strange power of speech; / that moment that his face I see, / to him my tale I teach. (*Idem*)

DE TERRA EM TERRA, PARA O VÓRTICE 63

descobrimento de um novo caminho para as Índias e para o Éden. A viagem do Velho Marinheiro não tem nem motivação nem meta. Como na vida de cada um de nós, como num sonho (de um sonho esta *balada* nasceu, e dele tem as cadências e a lógica), ao Marinheiro tudo *acontece*. Ele é objeto dos eventos da Natureza, dos Espíritos, de Vida-na-Morte: ele é um Odisseu congelado na imagem que dele oferecem os Livros IX-XII do poema homérico, quando os deuses e os elementos fazem-no passar pelas provas mais duras, transportando-o de terra em terra por este e pelo outro mundo, matando pouco a pouco todos os seus companheiros. Não é por acaso que os dois mitos coincidem em um momento crucial: Odisseu e o Marinheiro são reconduzidos à pátria no sono, a nau governada por outros[9].

Submetido aos agentes incompreensíveis que movem o homem e aos impulsos incontroláveis da sua própria natureza, o Marinheiro torna-se enfim também um objeto da sua história, a qual "se conta" sozinha (*is told*) a cada vez que a agonia retorna para atormentá-lo, transbordando sem freio de seu coração em chamas. Ele, em suma, age como sujeito em apenas quatro ocasiões: quando mata o Albatroz; quando morde o próprio braço e suga-lhe o sangue para anunciar o aparecimento da embarcação fantasma; quando abençoa as criaturas do abismo; e quando pede ao Eremita para confessá-lo.

O primeiro gesto é fundamental, porque dele depende, como pouco a pouco descobrimos, junto com o protagonista, todo o resto da aventura. Ora, queira-se ou não interpretar o Albatroz em sentido cristão (como fazem os próprios marinheiros, saudando-o "em nome de Deus", *as if it had been a Christian soul*), este aparece, em primeiro lugar, como a manifestação do ser. Vindo através da névoa, o pássaro de improviso "passa", "cruza" (*cross*) o céu, fazendo-se presença imanente e encarnada (aceita o alimento que nunca havia comido), perto do homem e do seu chamado. O Albatroz apresenta-se como *aquilo que é*: aquilo que é outro ou Outro, em relação ao homem, independente e diferente dele, mas disponível ao contato e à comunhão. Muda pegada do ser no espaço e no tempo humanos, ele é circundado por um halo de beleza: quando, por nove noites, pára no mastro ou nas velas, o branco revérbero lunar cintila na bruma branca.

O homem não pode suportar tanta gratuidade: e dentro dele sobe uma crueldade irresistível, congênita. Como a criança apaga para sempre o pirilampo fechando-o entre as suas mãos, assim o Velho Marinheiro, num ato de injustificada *hamartia* – erro que pode-se considerar culpado apenas sob a luz da geral falibilidade humana – aniquila o ser, crucifica a beleza com a sua besta (*cross-bow*).

A punição será portanto um *contrappasso** preciso e terrível: experimentar o horrível não-ser; permanecer imóveis e secos num

---

* na linguagem dantesca, uma espécie de pena de Taliãs. (N. da T.)

64 — A SOMBRA DE ULISSES

inferno pútrido; morrer ficando vivos. Nessa altura, significativamente, o Marinheiro faz o seu segundo gesto, mordendo seu braço. Ao primeiro surgir da vela misteriosa, pronto para a *nekyia*, ele bebe o sangue como as almas do Hades diante de Odisseu. Enfrenta o Outro, aceita e evoca a morte, adquire a palavra que só esta pode dar, é vencido por aquela Vida-na-Morte para a qual o Ulisses dantesco voava cheio de desejo: torna-se um ser cheio de não-ser, uma sombra.

Esta experiência, que o marca e o modifica para sempre como um "pesadelo que gela o sangue", lhe é indispensável. Contemplada a morte no mar, no céu, nos companheiros e, através do reflexo de seus olhos apagados, em si mesmo, o Marinheiro pode olhar de maneira diversa o mundo que o circunda. Na sombra que o navio projeta sobre a água sob os raios da lua, o existente não aparece mais horrendo, mas fulgurante de luz:

> Além da sombra espiava do navio,
> as serpentes marinhas: / moviam com rastros reluzentes de branco,
> e quando se endireitavam, aquele lume / mágico recaia em flocos cândidos.
>
> Na sombra do navio
> contemplava a veste colorida: era turquesa, verde brilhante, negra aveludada;
> nadando se contorciam; o rastro
> um jorro de fogo era, dourado[iv].

Para ser contemplado na felicidade e no esplendor das "coisas viventes", o ser deve retornar na sombra. A visão que o homem tem do belo nunca é cara a cara. O fulgor colhe-se nos rastros que ele deixa atrás de si, e permanece inefável ("nenhuma língua poderia proclamar aquela sua beldade"): pode-se somente abençoá-lo num ímpeto de amor, inconscientemente, aceitando o rastro que gratuitamente se nos oferece. O Marinheiro consegue rezar. O Albatroz morto que os companheiros haviam-lhe dependurado no pescoço, "no lugar da cruz", cai no mar.

A viagem recomeça no sono, no esquecimento, na chuva. O espírito tornou-se leve, os corpos mortos transfiguraram-se em vozes angelicais, a Natureza toda ressoa, enfim, harmoniosamente: a segunda fase da expiação pode portanto ter duração menor do que a primeira. No entanto o Marinheiro, em transe, é diretamente acusado do assassinato do Albatroz, enquanto revela-se-lhe plenamente a cadeia de amor entre o Espírito, pássaro e homem. É justamente este homem, o Marinheiro, que a rompeu (o Espírito polar "amava o pássaro que amava o homem que o varou com a sua besta"). Discernin-

---

iv. Beyond the shadow of the ship, / I watched the water-snakes: / they moved in tracks of shining white, / and when they reared, the elfish light / fell off in hoary flakes. / Within the shadow of the ship / I watched their rich attire: / blue, glossy green, and velver black, / they coiled and swam; and every track / was a flash of golden fire.(*idem*, parte IV).

do as vozes demoníacas na alma, ele adquire consciência do seu sacrilégio. O erro injustificado, a *hamartia* inconsciente e primigênia do homem, é assim assumido como culpa pessoal. É o momento em que Édipo reconhece ter, ele mesmo, matado o pai e gerado os próprios filhos com a mãe.

Reconduzido à pátria, o Marinheiro dirige-se então ao Eremita para que o confesse. É provável que ele procure uma absolvição e uma penitência cristãs. Ambas lhe são negadas. Já antes, quando o segundo encantamento havia se quebrado, o navegante, mesmo podendo novamente contemplar o mar verde e olhar ao longe, só conseguia ver um pouco daquilo que via antes. Ele procedia como Dante aterrorizado pelo diabo atrás de suas costas: "Como alguém por uma via deserta / caminha inquieto de pavorosos espantos, / ao olhar para trás, / continua e não volta mais a cabeça / porque sabe que um terrível inimigo / o persegue e não se detém"[v]. O "alto passo que não deixou jamais ninguém vivo"[vi] (ao qual a citação do Canto XXI do *Inferno* remete intertextualmente) ficava portanto, mesmo então, dominante no espírito, inimigo terrivelmente próximo. A atroz agonia que atormenta agora o Velho Marinheiro, obrigando-o a contar sua história, deixa-o, é verdade "livre" quando ele termina de contar, mas para despertar incessantemente ("a hora incerta") até que a história não seja repetida. A dor produz poesia, mas uma poesia que não salva e que é sempre igual a si mesma.

O Odisseu homérico se comove perante o aedo de Alcínoo a ponto de ter que narrar as próprias aventuras; repete-as, em seguida, a Penélope; enfim, retorna íntegro de si, do amor, da casa, do reino. O Ulisses dantesco sofre o terrível tormento do dizer até a hora em que fala: mas no fim de sua tragédia a chama, está ereta e quieta "por nada mais dizer" – livre do peso de ter de transformar o fogo em língua, se bem que condenada a arder para sempre.

Ao Velho Marinheiro foi infligido um destino que soma as duas danações. Apesar dele reconhecer que seria mais doce até do que a festa nupcial ir rezar na igreja com outros seres humanos, sua sorte é ficar fora, seja da igreja seja do banquete (isto é, segundo Mateus, 22, do Reino dos Céus), para continuar a percorrer a Terra possuindo uma língua de fogo, que deverá falar para sempre. Eternamente circulares, como os círculos do inferno, serão sua viagem sua narração[10].

Expiar, aceitar a beleza e abençoá-la, rezar, confessar – nada mais vale para quem, como todos os homens, tenha ainda que uma vez só aniquilado aquilo que é. A poesia humana só pode recontar a

v. com'uno per una deserta via / cammina inquieto d'orridi spaventi, / e una volta guardadosi alle spalle, / prosegue ma non volge più la testa / perché sa che un terribile nemico / l'incalza da vicino e non s'arresta. (idem, parte VI)

vi. alto passo che non lasciò già mai persona viva.

próprio gênese: recontar não uma sua criação, mas o seu gerar-se da intrínseca falibilidade e da inatingível redenção do homem. Ela canta a pena de um ser que se encontra sempre no umbral.

Quem é tocado pela branca, leprosa pele de Vida-na-Morte, fica suspenso em si, muito além do homem de Pascal, entre o infinito e o nada. Até mesmo no momento em que está mais perto da beleza-que-é, ele deseja um todo que não pode alcançar. Como o Velho Marinheiro na glosa, em prosa, acrescentada mais tarde por Coleridge à sua *Balada*:

> Em sua solidão e imobilidade ele se atormenta pela lua que viaja no céu, e pelas estrelas, que sempre estão lá, mas sempre se movem e seja onde for o céu azul pertence a elas e é o lugar destinado ao seu repouso, sua pátria e seu lar natural, na qual entram sem ser anunciadas como senhores seguramente esperados, contudo nasce uma alegria silenciosa à sua chegada.

Só e imóvel, o homem almeja uma impossível odisséia através do cosmos inteiro: um movimento que seja também fixidez, um ponto e um alhures que sempre lhe pertençam, uma viagem para o grande mar do ser, para o porto a ele destinado, mas também uma volta para casa, como patrão esperado. Dilacerado por este desejo de caminhar perenemente e de estar eternamente no silêncio, é obrigado, no entanto, a andar de terra em terra, como a noite, com um estranho poder de palavra, a fazer de si sombra entre as sombras, a tornar-se – como o Velho Marinheiro aparece ao Convidado – "long, and lank and brown, / as is the ribbed sea-sand", longo e seco e escuro como a areia encrespada do mar: nada mais que uma fraca, escura linha, na beira do mar, apenas perceptível, desenhada e apagada a cada respiração das ondas, sutilíssimo limiar entre o ser e o não-ser.

Este é o destino romântico de Ulisses: além do retorno, além do naufrágio no redemoinho, em direção ao destino do Hebreu Errante, ele parece embarcado na última viagem profetizada por Tirésias a Odisseu – uma viagem agora verdadeiramente sem fim. Muito atrás do sol, além do crepúsculo onde Vida-na-Morte o faz seu, ele mesmo torna-se o "outro" perturbador.

Perguntar-nos-emos, então, onde foi parar a nova terra. Sabemos que o itinerário do Velho Marinheiro está modelado na circunavegação de Magalhães e ainda mais na segunda expedição do Capitão Cook. Pois bem, na metamorfose da História quinhentista em poesia romântica, aquele Magalhães que o Tasso havia proclamado adversário e vencedor do sol, torna-se a noite que passa de terra em terra. James Cook, que viajara para mais longe do que qualquer outro, chegando até os gelos esmeraldinos do Sul, nem trinta anos antes da composição da *Balada*, havia concluído, com certeza quase total, que a "Terra Australis Incognita", o grande continente antártico teorizado pelos geógrafos, não existia, ou encontrava-se tão perto do Pólo que seria inalcançável por mar. O conto de Coleridge seria bastante diferente sem este desapareci-

DE TERRA EM TERRA, PARA O VÓRTICE 67

mento da nova terra no "outro pólo", no nada ou em distâncias inatingíveis.

A epígrafe retomada do seiscentista Burnet e acrescentada a *Balada* em 1817, declara que no universo são mais numerosas as naturezas invisíveis do que aquelas visíveis, e que o engenho humano sempre desejou conhecer tais coisas sem nunca conseguir. É bom, portanto, de tanto – a epígrafe prossegue – "contemplar na alma, como numa pintura, a imagem deste mundo melhor e maior, para que a mente, acostumada às miudezas da vida presente, não se restrinja muito e não se reduza toda em pequenos pensamentos".

Com a experiência, Cook apaga ou afasta de maneira aparentemente definitiva a hipótese científica de uma nova terra meridional, delimitando com precisão os confins do real conhecível. Coleridge usa estes confins como limiares entre o real e o imaginário, como margens interiores da poesia. As primeiras seriam impossíveis sem os outros. A ciência serve à poesia: oferece-lhe as margens onde construir o mito.

O mito do que podemos finalmente chamar o Antigo Marinheiro é, em sentido figural, a sombra que as explorações geográficas projetam num mundo "maior"; aquele que na alma humana reflete, como na paleta do pintor, o insondável mistério das coisas. Neste mundo não há necessidade de uma nova terra: tudo nele é novo, e antigo, e sempre o mesmo. Por essa razão, o mito do Antigo Marinheiro é, no sentido existencial, a sombra do viver morrendo que todos experimentamos e de onde a poesia nasce sob os nossos olhos, sempre relatando a mesma vicissitude.

Nós, leitores oblíquos e impuros, estamos agora profundamente inquietos. Como o Convidado que ouve o relato do Velho, ficamos assustados e esmorecidos. Mais sábios certamente, amanhã, mas mais tristes, nós também viramos as costas ao banquete nupcial. Tocados pela poesia, ficamos fora da companhia humana e do reino dos céus.

Como vimos, Cristóvão Colombo e muitos outros depois dele, até o americano Walt Whitman, crêem que tal reino possa cumprirse, neste planeta e no tempo do homem, justamente na Nova Terra. Voltemos então, a passos rápidos e transversos, para aquele continente de onde partimos no início deste capítulo. O estado de suspensão em que se encontra o Velho Marinheiro não dura muito tempo. Ele é insuportável ao homem, que prefere a morte ao viver para sempre morrendo. O parente mais estreito da figura de Coleridge, o espectral Holandês Voador, perpetua a transgressão de Ulisses obstinando-se na tentativa de dobrar o Cabo da Boa Esperança não obstante a proibição divina. É, portanto, condenado a errar pelos mares sem trégua, a não morrer até quando, no dia do Juízo Final, os mortos ressurgirão e ele se perderá no nada que ardentemente deseja. A versão que o segundo Romantismo elabora da vicissitude oferece-lhe, porém, uma

68 A SOMBRA DE ULISSES

alternativa: a sua agonia poderá terminar se ele encontrar uma mulher que lhe será fiel até a morte.

Na obra que Wagner compôs sobre o argumento, *Der Fliegende Holländer* (representada pela primeira vez em 1843), o Holandês é de fato salvo por Senta, que no fim do drama mergulha nas ondas por amor a ele. De repente, a embarcação fantasma afunda num redemoinho que é aquele do Ulisses dantesco e do Marinheiro de Coleridge: "Das Meer schwillt hoch auf und sinkt dann in einem Wirbel wieder zurück" – o mar se levanta e recai em seguida novamente em vórtice. A cena, todavia, é dominada agora pela luz do sol nascente na qual Senta e o Holandês, transfigurados, se erguem dos escombros do navio para ascender ao céu.

Outros redemoinhos chegam nestes anos do Novo Mundo. A própria imaginação de Edgar Allan Poe, por exemplo, parece uma espiral que precipita com ímpeto nos abismos. Em três de suas obras mais célebres, o *Manuscrito Encontrado numa Garrafa* (1833), *As Aventuras de A. Gordon Pym* (1838) e *Uma Descida no Maelström* (1841), a cena retorna obsessivamente, ligada aos lugares extremos da Terra e acompanhada pelas sombras do Holandês e do Velho Marinheiro.

O narrador do *Manuscrito* embarca como passageiro num navio, que se dirige de Java ao arquipélago de Sonda, e cuja tripulação foi varrida por uma rajada do mar em tempestade. O furacão dura cinco dias, arrastando o barco sempre mais ao sul e submergindo-o enfim numa "noite eterna". Um navio gigantesco aparece de improviso da escuridão, abate-se sobre o navio e o afunda. Arremessado sobre ele pelo choque, o protagonista descobre pouco a pouco toda a terrificante estranheza. Os homens da tripulação resvalam na ponte como espectros, sem vê-lo; as vozes baixas e tristes, a pele enrugada, os olhos carregados de ansiedade e de inquietude, são marinheiros decrépitos, recordações de crônicas estrangeiras e de tempos remotos. O passageiro decide, então, manter um diário de bordo e confiar depois o manuscrito, fechado em uma garrafa, ao mar. O navio é empurrado pelas correntes em direção aos monstruosos baluartes de gelo, "bastiões do universo", do Pólo austral: a sua corrida é claramente rumo "a alguma fascinante descoberta – algum segredo que não se deve revelar jamais a ninguém, e cuja posse significa a morte". De repente a geleira se abre, o barco inicia a girar vertiginosamente em imensos círculos concêntricos, em torno das margens de um gigantesco anfiteatro, cujos muros afundam o topo nas trevas e na distância. Os círculos ficam cada vez menores, o navio treme ao forte urro do Oceano, afunda em louca velocidade na garganta do vórtice.

Mesmo as aventuras de Gordon Pym, apesar do texto ser muitas vezes uma paráfrase de relatos de viagens realmente ocorridas, tendem inexoravelmente ao precipício final. Amotinamento, destruição do navio durante uma tempestade, encontro com um navio holandês carregado de cadáveres, fome, canibalismo, salvamento numa escu-

DE TERRA EM TERRA, PARA O VÓRTICE

na, luta com os selvagens – nada detém o louco vôo do protagonista em direção ao extremo Sul. Nas pegadas do Capitão Cook e dos exploradores que o seguiram, Pym quer absolutamente "resolver o grande problema do continente antártico". Encontra-se no fim em uma pequena canoa empurrada pela correnteza às portas do próprio Pólo Sul: além das geleiras, imerso nas trevas e circundado por águas sempre mais quentes e de cor leitosa. Uma cortina de vapores estendida sobre o inteiro horizonte meridional projeta-se na sua frente: como uma cachoeira sem limites que, silenciosa, cai de um monte, de uma "muralha" altíssima e remota, no oceano fervente, e nele abre um abismo. No instante supremo, enquanto a canoa é arrastada num abraço, ergue-se do turbilhão uma figura humana de proporções gigantescas, com a pele da cor das neves imaculadas.

No terceiro conto descemos enfim no precipício, desta vez ao Norte. O marinheiro norueguês que narra a história é sugado, no pesqueiro onde se encontra com o irmão, pelo grande Moskoe-ström: roda descendo sempre mais em volta da orla interna do enorme funil, tomado pelo desejo de explorá-lo mesmo a custo da vida. Sob a luz dourada da lua ele vislumbra nos recessos da voragem a poeira dos borrifos erguidos pelo choque das águas: sobre ele é suspenso um maravilhoso arco íris, "similar àquela ponte sutil e ondulante que para os Muçulmanos é a única passagem entre o Tempo e a Eternidade". Da neblina que vela o fundo, eleva-se um grito desumano. Agarrando-se solidamente a um barril, o marinheiro lança-se então ao mar, abandonando ao seu destino o irmão e a embarcação: após três ou quatro voltas pavorosas, essa, de cabeça, afunda a proa no caos de espuma. Ao acalmar-se do vórtice, o barril emerge à superfície. Salvo por pescadores amigos, o protagonista não é reconhecido, e a sua história não é reputada verdadeira, porque o seu aspecto, num súbito envelhecimento, está completamente mudado.

As viagens ao Hades, que Poe nos descreve nestes contos, estão inscritas uma dentro da outra como os braços de uma espiral. Existe, em primeiro lugar, o penetrar do eu nas próprias profundidades, o envolver-se da psique sobre si mesma, num constante confronto entre impulsos inconscientes e tentativas de racionalização *a posteriori*. Detalhes plausíveis, fragmentos de realidade, causas e efeitos dominam a narração: no *Manuscrito*, por exemplo, o protagonista corre para a popa quando a enorme massa da embarcação fantasma cai sobre a proa, sendo assim projetado, como por uma alavanca, sobre a enxárcia do navio estrangeiro. A coerência lógica aparentemente total do conto é, todavia, como a superfície para a qual sobe o barril do marinheiro norueguês. Agarrado a ele, está o homem que fez a experiência das espirais submarinas: as fantasias, os horrores, as transgressões; as repetições obsessivas e perturbadoras de cenas ontogenéticas e filogenéticas como o encontro desejado e removido

70 A SOMBRA DE ULISSES

com o "outro"; a pulsão de aniquilamento e de morte, as barreiras, o vazio, a pulverização do eu em espuma.

Esta catábase deliberada e inexorável da psique não consente salvação nem mesmo na análise, no conto que se desenrola sob os nossos olhos como um segundo, tortuoso caminho de anábase, de volta dos ínferos. O marinheiro, que descreve a própria descida no Maelström, encaneceu em um só dia: não o reconhecem e não acreditam na sua história, e ele não espera que o seu ouvinte (o eu escritor da história; e o leitor) lhe preste fé. Entre a experiência e o canto, abriu-se o golfo da morte. A narração provém, como aquela da língua de fogo, do além, de onde traz pegadas arcanas: inscrições em caracteres indecifráveis, como no *Gordon Pym*, precedem a versão, como sinais mudos que antecipam a escrita que será; pinceladas descuidadas e casuais, como no *Manuscrito,* desenham a palavra "Descoberta". O conto apresenta-se como mero resíduo póstumo acidentalmente sobrevivido – um manuscrito, enfim, encontrado em uma garrafa. Escrever e ler tornaram-se um viver morrendo [11].

Existe uma coisa que o marinheiro norueguês não ousa descrever: o grito que se eleva do fundo do abismo. Essa voz não deve e não pode ser repetida por língua humana, porque nela fundem-se o grito da alma que alcança as próprias vísceras e o rombo ensurdecedor do ser que se rompe contra o nada.

A viagem em direção ao precipício possui também uma dimensão metafísica. Sobre o vazio que se abre, está suspensa a ponte sutil e luminosa que une as duas margens do Tempo e da Eternidade. Embaixo dessa passagem ondulante, nas fauces do nada, deveria encontrar-se a *sub-stantia*, o próprio substrato do ser. Aqui se elevam de fato muros gigantescos; e aqui caem ilimitadas cachoeiras. Mas ambas não são na realidade nada mais que cortinas de espuma. Devemos, então, procurar o ser no próprio funil, cujas paredes aparecem maciçamente sólidas como o ébano? Estas paredes são formadas pelo movimento do turbilhão das águas, do vir a ser. A única conclusão a que este girar no vazio da interpretação poderia conduzir tem natureza bastante paradoxal: o ser existe apenas no absurdo precipício do vir a ser em direção ao nada. Só resta então contemplar a esfinge em que cada contradição é significativa e transcendida: o Atlante branco e velado, envolto em um sudário, que se ergue do fundo da Terra.

A viagem psíquica, artística e metafísica tem todas as aparências da exploração científica: se o protagonista do *Manuscrito* sente que está correndo, ao preço da vida, para a descoberta de um segredo inviolável, o marinheiro norueguês deseja, com todas as suas forças, cravar o rosto no abismo e entender seus mecanismos. Como um novo e mais exato Colombo, ele observa com precisão e prazer cada detalhe do fenômeno natural, e cita Arquimedes para explicar como um barril possa sobreviver ao maelstrom melhor do que outro objeto

DE TERRA EM TERRA, PARA O VÓRTICE 71

qualquer. Gordon Pym quer ter experiência do outro pólo, fornecer uma solução ao enigma do continente antártico, ir além de Cook e dos seus sucessores. Aquilo que encontra, à medida que se aproxima da meta é, todavia, uma inesperada nova terra habitada, da qual as geleiras desapareceram, onde o clima é ameno e onde não existe nenhuma massa continental, mas um oceano quente e leitoso, imerso na escuridão. O Pólo existe, mas é um "vazio" de aspecto exatamente oposto àquele postulado pela geografia tradicional: um pólo "negativo", um buraco no qual tudo converge e que tudo engole, segundo as teorias extravagantes do Capitão Symmes defendidas perante o Congresso dos Estados Unidos por aquele Reynolds que Pym cita abundantemente. A viagem de exploração segue itinerários históricos reais, é construída sobre os relatos verdadeiros dos navegadores modernos, celebra com pedantismo até mesmo excessivo, os triunfos do *logos* racional-experimental. Entretanto, ao chegar além das Colunas de Hércules, "bastiões do universo", cujo gelo limita a orla do mundo, o diário de bordo registra um entorpecimento do corpo e do espírito, faz seu ingresso onírico na dimensão do *mythos*. Aqui, aquela ciência na qual o Ocidente, e a América em particular, querem fundar na terra o reino dos céus, cala-se mais uma vez. À vista do monte, Ulisses afunda novamente no abismo.

Que na cultura americana do Oitocentos, exista uma verdadeira coação a repetir este tipo de cena fica demonstrado por aquele *Moby Dick* que, publicado em 1851, assinala o ápice do assim dito "Renascimento americano"[12]. Aqui também o naufrágio no redemoinho sela a vicissitude. Ao término de uma odisséia que está entre as maiores já escritas, Herman Melville faz morrer Achab e os seus homens no mesmo momento em que encontram e combatem o "outro", o "grande deus": a Baleia Branca, terrificante e sublime. Contra esta irredutível manifestação do ser se chocam a circunavegação dos mares, a procura obsessiva, a *húbris* faustiana, a caça impiedosa. Em somente três dias o Leviatã aniquila uma tripulação que, proveniente de todas as regiões da Terra, representa toda a humanidade. Achab, o velho endemoniado que a conduz, é estrangulado pela linha de seu próprio arpão fincado nos flancos do monstro, arrancado de seu barco num vôo para o nada. Enfim, o próprio navio é golpeado, e os "vórtices cartesianos" contemplados muito tempo antes do mastro principal – as imagens "científicas" com que o homem queria reduzir o cosmo a leis mecânicas[13] – revelam toda sua insensatez diante dos círculos concêntricos do universo que realmente *é*:

E então círculos concêntricos agarraram também o barco solitário e toda a tripulação e cada remo flutuante e cada haste e, fazendo girar as coisas vivas e aquelas inanimadas, tudo em torno num vórtice, arrastaram até mesmo o menor resto do "Pequod" para fora da vista.

72 A SOMBRA DE ULISSES

O navio vai a pique, um falcão aprisionado nele na bandeira de Achab: "como Satanás", o *Pequod* não quer "descer ao inferno" sem arrastar junto com ele uma "parte vivente do céu". E agora,

Pequenos pássaros voaram ora, gritando, sobre o abismo ainda aberto; uma tétrica onda branca bateu contra as orlas da encosta; depois, tudo caiu de novo, e o grande sudário do mar voltou a estender-se como se estendia cinco mil anos atrás.

Melville entendeu tão a fundo a mensagem trágica deixada para a era moderna pelo Ulisses de Dante, que sobrepôs a seu naufrágio o tempo do Dilúvio e a Queda de Satanás no *Paraíso Perdido* de Milton. Não por acaso, em *Jaqueta Branca* ele compara o primeiro navegador que dobrou o Cabo Horn a quem, como Orfeu, Ulisses e Dante, desceu ao inferno. Ismael, o narrador de *Moby Dick,* é sugado pelo vórtice rodando como um novo Issião, e dele ressurge agarrado a um caixão para ser salvo pela *Raquel* e contar para nós a história: uma *nekyia*, um outro *mythos* circular. Este mito é um Gênese que narra como o Novo Mundo assinala o próprio ingresso na História com a sombra de uma transgressão, com o sudário da morte. Logo agora, na poesia de Whitman, a América celebra a si mesma e Cristóvão Colombo. Com Melville, a mesma América paga pelo seu pecado original repetindo, como em um sacrifício ritual, o naufrágio daquele Ulisses que a havia descoberto.

NOTAS

1. I. Calvino, *Lezioni americane*, Milão, 1988. Sobre o sentido da analogia, ver R. Calasso, *I Quarantanove Gradini*, Milão, 1991, p. 491 e s.

2. A. Lombardo, *Per una critica imperfetta*, Roma, 1992.

3. C. Ginzburg, *Il formaggio e i vermi*,Turim, 1976.

4. R. Alter, *I piaceri della lettura*, Milão, 1989.

5. W. Iser, *L'Atto della Lettura*, Bolonha, 1987.

6. T. Todorov, *La conquista dell'America, op. cit.*, nota 16, cap. III.

7. B. Pascal, *Pensieri*, Milão, 1969[3], pp. 157-158.

8. W. B. Stanford, *The Ulysses Therme, op. cit.*

9. J. L. Lowes, *The Road to Xanadu*, Boston, 1930[2]; e ver G. Bompiani, Introdução a S. T. Coleridge, *La ballata del vecchio marinaio*, Milão, 1985, p. 41

10. A. Serpieri, *Retorica e immaginario,* Parma, 1986, pp. 301-331.

11. J. G. Kennedy, *Poe, Death, and the Life of Writing*, Nova Haven, 1987.

12. F. O . Matthiessen, *Rinascimento americano*, Turim, 1954.

13. H. Beaver em H. Melville, *Moby Dick*, Harmondsworth, 1972, pp. 764-765, 965.

5. In Breve Carta*: Ciência e Poesia do Conhecimento

e o meu naufrágio é doce neste mar**

No terceiro livro do Prelúdio – o poema em que William Wordsworth canta, antes do que qualquer outro escritor, o *epos* do eu – estão relatadas as experiências do protagonista durante sua residência em Cambridge como estudante. Do quarto que ocupava, Wordsworth podia contemplar de perto, nas noites de lua cheia, o átrio da capela do Trinity College onde erguia-se (e ainda hoje se encontra) a estátua de Isaac Newton. Na lembrança, ela aparece ao poeta "com seu prisma e o rosto silente": uma imagem através da qual o instrumento com o que o cientista tinha elaborado sua teoria sobre a refração da luz (o prisma que o retrato marmóreo segura na mão) parece lançar uma luminosidade misteriosa e poliédrica sobre o rosto do silêncio.

Mais de trinta anos depois desta redação do poema, Wordsworth acrescentou, inspirando-se na Elegia em memória de Newton, de autoria do setecentista James Thomson, dois versos que se tornaram celebérrimos. A estátua, com seu rosto mudo de prisma, apresenta-se agora como "The marble index of a mind for ever / Voyaging through strange seas of Thought, alone"– a imagem marmórea de uma mente solitária, para sempre em viagem sobre estranhos mares de Pensamento.

---

* Em parco mapa, "*E figurato è il mondo in breve carta*" (E o mundo é uma pintura em parco mapa). É um verso do poema *Ad Angelo Mai*, de Giacomo Leopardi. Trad. de Álvaro Antunes.

** e il naufragar mi'è dolce in questo mare. (G. Leopardi, *L'infinito*, trad. H. de Campos).

74 A SOMBRA DE ULISSES

A Odisséia do Newton de Wordsworth é solitária e perene, como aquela do Velho Marinheiro de Coleridge, mas não é circular e não se encontra num estado de suspensão e nem de danação infernal. O mármore imóvel prefigura um percurso, talvez labiríntico, através de oceanos ignorados e surpreendentes, entre aquelas ilhas verdes dos afortunados que – como dizia Thomson na Elegia – brilham no mar sem limites da eternidade; mas a linha que esse "*index*" projeta não conhece o fim. Independentemente, portanto, das polêmicas românticas sobre a ciência e em particular sobre Newton, que teria, segundo Keats, "destruído toda a poesia do arco-íris reduzindo-o às cores do prisma"[1], o que emerge nestes versos de Wordsworth pode ser considerada como um ícone poético do pensamento científico em seu progresso através do espaço e do tempo. A ciência moderna, nas palavras de Alexandre Koyré, passou do "mundo fechado" ao "universo infinito" [2]. A estátua de Newton é um retrato do passado e um símbolo presente, mas concebido para o futuro. Nesta "imago", a luz da lua (e agora, na versão correta, também das estrelas) reflete-se na mente que navegará solitária para sempre o cosmos sem fim.

Ao rosto sem voz a poesia doa a palavra, introduzindo, assim, a ciência no alto mar aberto de Ulisses, no pélago infinito de Tasso e de Colombo. O Newton de Wordsworth não precisa de *typos* mitológico; ele mesmo tornou-se, na estátua contemplada – na morte, na memória, na imaginação –, um mito. Tem a mesma sorte de Galileu, que Campanella e Marino chamaram novo Tifi. Fôscolo celebra nos *Sepulcros* (1807), seu monumento mortuário definindo o cientista como, o quem "liberou os caminhos do firmamento para o Inglês voar" (all' Anglo che tanta ala vi stese / sgombro' primo le vie del firmamento).

Bastante diferente é a odisséia da poesia que Wordsworth traça no *Prelúdio*, que narra o desenvolvimento de um "Ser transitório" e do crescimento de sua mente. Porque essa odisséia, como a *Comédia* dantesca, tem uma estrutura circular e ao mesmo tempo uma linearidade voltada inteiramente para o *telos* último da Visão suprema[3]. A narração abre-se com um passeio que, ao entardecer, conduz o protagonista ao Vale escolhido para o próprio ermitério, e termina no momento em que, estabelecendo-se definitivamente naquele Vale de Grasmere, finalmente em casa, ele relembra a seu interlocutor, Coleridge, o espírito com que o poema iniciara.

O *Prelúdio* é em suma o canto de um *nostos* ideal, de um retorno através da memória. Ele conta o fazer-se da poesia por meio de sucessivas, possantes ondas de iluminação e, como se convém a qualquer "Odisséia", através de repetidas cenas de re-conhecimento, de *anagnorisis*. A viagem, portanto, domina a narração, sendo, o relato de experiências reais (a peregrinação de Wordsworth nos campos ingleses e gauleses, pela França da Revolução, através do sublime dos Alpes, na Itália), mas assumindo também, na busca do tempo perdido, valências simbólicas, míticas e históricas: a peregrinação do cristão no mundo; a navegação odisséica "sobre o mar nu", "para outras costas"; o itinerário dantesco através do além; o retorno da Musa de Milton do inferno ao paraíso; a viagem sentimental e educativa do homem romântico (e do inglês no Continente).

O percurso culmina na ascensão do monte Snowdon. Aqui, após ter contemplado, à luz da lua, o silencioso oceano de brumas que, tudo envolve, exceto os cumes das outras montanhas, até o mar que separa o País de Gales da Irlanda, o poeta vê repentinamente abrir-se na neblina uma fenda da qual sobe o estrondo de numerosos riachos. Naquela fenda obscura e profunda, a Natureza colocou "a alma, a imaginação do todo". Eis então, durante a meditação no pico, que se revela ao novo Moisés

> A imagem perfeita de uma mente poderosa,
> uma que de infinito se nutre,
> que é exaltada por uma presença subjacente,
> o sentido de Deus, ou tudo aquilo que é vago
> ou vasto em seu próprio ser –[i]

A Natureza transcendeu, na imaginação poética. Desde o início, a poesia sentia-se "tênue brisa criativa", "profecia" que se torna "tempestade e redundante energia", mente que meditando dá princípio ao mundo como o Espírito, no *Paraíso Perdido* de Milton, que um instante antes da criação, choca – em forma de pomba – em cima do abismo.

Sua função será então perceber "algo que não foi visto antes", cantar o mundo dos homens sofredores e das coisas comuns transformando-o em um *novo mundo,* provar com alegria inefável e principalmente reconhecer e dizer "o sentimento do *ser* difuso" sobre a matéria orgânica e inorgânica; sobre tudo aquilo que, ainda que perdido além do pensamento e do conhecimento humanos e invisível aos olhos do homem, contudo vive para o coração, "sobre tudo aquilo que pula corre e grita e canta, ou bate as asas pelo ar feliz, sobre quanto passa veloz sob as ondas, dentro das ondas e no poderoso abismo das águas"[4]. Enquanto a ciência navega em mares estranhos de Pensamento, a poesia move-se em direção ao conhecimento do ser, além dos limites do pensamento e do saber humano, para um novo mundo; o poeta é o verdadeiro Ulisses romântico.

Se a finalidade da poesia é dizer, na alegria, este conhecimento, Ulisses poderá chegar à nova terra sem naufragar: o homem – ou pelo menos o poeta e seu leitor – estará sem pecado, apesar de ter saboreado o fruto da árvore edênica, e principalmente porque ainda

---

i. The perfect image of a mighty mind, / Of one that feeds upon infinity, / That is exalted by an under-presence, / The sense of God, or whatsoe'er is dim / Or vast in its own being– (W. Wordsworth, *Favorite Quots*).

continua a saboreá-lo. Vimos, nos capítulos anteriores, as duas respostas fortemente divergentes que o Novo Mundo, pela boca de Whitman e de Melville, oferece a essa esperança. Mais complexa é a situação na Europa, que justamente neste século, o Oitocentos, lança seus exploradores sobre todo o planeta e conquista pelo menos três continentes.

O Ulisses de Alfred Tennyson – o poeta símbolo da era vitoriana – é o Ulisses da mais romântica e mais imperial das nações, a Inglaterra. A composição *Ulysses* remonta a 1833, sua publicação a 1842: o mesmo período em que Wordsworth revisa o *Prelúdio*. Não há posição melhor para fazer o balanço da situação da poesia do conhecimento neste momento crucial da história: a época da fé no progresso científico, do triunfo da técnica e da indústria, da expansão imperial, da afirmação do capitalismo.

Ulysses é um monólogo dramático, cujas fontes fundamentais de inspiração são, por explícita admissão do autor, a profecia de Tirésias no livro XI da *Odisséia* e o canto XXVI do *Inferno*: as duas sombras, as duas "figuras" cujas reencarnações estamos acompanhando neste livro. Tendo voltado, já há anos, à pátria, já velho, o Ulisses de Tennyson deseja zarpar novamente para uma última grande viagem para o ocidente. O monólogo trata do período entre a abdicação e a partida.

Soberano aparentemente cansado de reinar, como um rei Lear de uma monarquia mais moderna, ele sente-se inativo e inútil. A ilha que governa é estéril; a raça que nela habita é selvagem, preocupada apenas em acumular bens, dormir e comer; as leis que ele próprio promulgar não são as mesmas para todos. É com esse inclemente diagnóstico do materialismo pequeno burguês e da arbitrariedade do poder que Ulisses inicia seu discurso. Estão presentes nele, porém, impulsos contrastantes: curiosamente, ele proclama justamente no primeiro verso que não há nenhuma utilidade, nenhum "proveito" em reger os destinos de um estado deste tipo; acrescenta logo depois que seu lar está imóvel e apagado; revela sentir cada vez mais o peso opressivo da união com Penélope, sua esposa já velha; ressente-se, particularmente, por seu próprio povo não o "conhecer". Enfim, é um Ulisses que fala a mesma linguagem econômica de seus súditos, mas que por trás dela, esconde o desgosto incontido pela tediosa normalidade familiar e administrativa, e demonstra, sobretudo, um grande amor por si mesmo, um egocentrismo sem limites.

Desaparece a "piedade pelo velho pai", esgotou-se o "amor que deveria dar alegria a Penélope", mudou até mesmo a "doçura de filho". O Ulisses de Tennyson ama Telêmaco, no meio de seu monólogo nomeia-o seu sucessor com as palavras do Pai ("This is my son, mine own Telemachus... Well-loved of me" – Este é meu filho predileto que amo muito), elogia-lhe as qualidades de discernimento e lenta prudência, proclama-o "totalmente irrepreensível". Por um lado, considera-o muito "seu", por outro, reconhece nele o distanciamento e a diferença: "ele cumpre sua obra, eu a minha". E é difícil não perceber em seus elogios a Telêmaco uma atitude ambígua, que tem uma sombra de incômodo e de superioridade. O trabalho do filho será cumprir a obra do pai: civilizar com prudência, um povo rude; submetê-lo, por etapas, docemente, ao bem e ao útil. Sua esfera de ação é a dos deveres comuns: a "decência", o sentido do que é adequado, os ofícios da delicadeza e da sensibilidade, a correta adoração dos Penates. Ulisses vê em Telêmaco o modelo da sabedoria política, da eqüidade, da administração conservadora, razoável e iluminada – o "pio Eneias" da tradição romana, o progressista moderado e atento do império britânico.

Em oposição a esse herdeiro (que não tem, de qualquer modo, como replicar), o velho enaltece a si mesmo: um herói dos tempos antigos, um indomável pesquisador do conhecimento, um Ulisses por vezes realmente "ímpio", satânico, e ao mesmo tempo incerto, contraditório, hamlético, pressagiador de morte; pronto para partir, mas não, ainda rumo ao alto mar aberto. Desde o início, depois de ter revelado que está cansado de reinar, Ulisses anuncia que não poderá deixar de viajar, porque viajar é como "beber a vida até o fim". Olha então para a vida, mas para a vida passada: grandes alegrias e grandes sofrimentos, solitários e em companhia, em terra firme (mas significativamente a palavra usada é "shore", costa, como se a única vida concebível fosse, de qualquer forma, à beira mar), e quando "as Híades chuvosas atormentavam o mar escuro com turbilhões galopantes".

O verso, que ecoa Virgílio, Horácio, Shelley, Shakespeare e Milton, constitui a solene auto-apresentação de Ulisses, assim ele deseja ser: homem de mil experiências, navegador intrépido. Ele tem consciência de ter se tornado "um nome", um mito: o mito de quem, sempre vagando "com um coração faminto", como o herói da *Odisséia,* viu e conheceu as cidades e os costumes dos homens, mas também a si mesmo, e como aquele da *Ilíada*, "bebeu a alegria da luta" com seus pares "sobre as chapadas soantes de Tróia ventosa". Ulisses reconstruiu sua própria identidade de personagem literário e de homem. No ponto de encontro entre Virgílio e Byron, entre o clássico e o romântico, ele declara-se agora "parte de tudo aquilo que encontrou" como Eneas e Childe Harold. Tendo se tornado "experiente do mundo", como o Ulisses de Dante, ele torna-se uma porção vivente daquele mundo: a vida é experiência do todo.

Transportar o Ulisses dantesco para um palco romântico significa, entretanto, carregá-lo de tensões que reproduzem e intensificam a trágica divisão do canto XXVI do *Inferno*. O desejo de participação universal que domina o Ulisses tennysoniano encontra-se em profundo contraste com a experiência, pois esta é a dantesca, mas transformada por uma avassaladora vontade romântica: isto é, em primeiro lugar por uma consciência interior, que tenta articular-se em conhecimento

78 A SOMBRA DE ULISSES

universal, daquilo que é própria experiência. E a experiência resulta "imobilizada", porque radicalmente dividida. Por um lado, ela aparece como "um arco através do qual resplandece aquele mundo não percorrido", a visão quase "per speculum in aenigmate" de um luminescente mundo sem gente, da não descoberta terra da morte da qual, como dizia Hamlet, nenhum viajante retorna. Por outro, ela apresenta-se como consciência emergente da liminaridade inatingível daquele mundo e da absoluta marginalidade do homem – como conhecimento de que o umbral "desaparece sempre e para sempre", quando o ser humano se move:

> Eu sou parte de tudo o que encontrei;
> Mas cada experiência é um arco através do qual
> Resplandece aquele mundo não percorrido cuja margem desaparece
> Para sempre e para sempre quando me movo[ii].

Estamos, portanto, diante daquela consciência trágica da civilização moderna que – como vimos, Pascal descreveu com tanta força: a ancoragem inatingível, a eterna fuga das coisas, dos objetos do conhecimento, do homem. Mas aqui não há, nem escondido, o Deus de Pascal: mas há "that eternal silence", o eterno silêncio pascaliano dos espaços infinitos, acima de tudo *aquele* silêncio, como *aquele* mundo não percorrido – o recalcado, mas sempre vívido hálito da morte iminente.

Parar é sem sentido, diz o Ulisses de Tennyson; é coisa vácua determinar um *telos* definitivo na vida, aborrecido e tolo – como sustentavam Hamlet e o Ulisses do *Troilo* shakespeariano – "enferrujar-se sem ter sido lustrado, sem ter brilhado na ação". Como se respirar fosse viver! "Vida amontoada sobre vida seria muito pouco"; e em todo caso, mesmo este Ulisses, como aquele de Dante, sabe que há "pouca vida [neles] remanescente": de "uma" vida, ele diz, "pouco resta".

Entretanto, assim como Ulisses havia contraposto à própria consciência de ser parte da experiência total, a consciência da redução da própria experiência a um remoto vislumbre de morte, agora ele sente que, ainda que lhe reste pouco tempo de vida, contudo, cada hora salva daquele eterno silêncio um "algo a mais, que carrega coisas novas". Tudo no monólogo de Ulisses é contradição, como na vida do homem: os "mas", os *but* os *yet* quebram os "porquês", os *for,* que tentam dar uma explicação causal da psique e do mundo. Tudo, em seu discurso, está suspenso e em desenvolvimento como no nosso pensamento e na nossa vida. Tudo, em sua percepção como na nossa, é vago e indistinto: um reluzir, um algo a mais, um "algo antes do fim", um anúncio de "coisas novas".

---

ii. I am a part of all that I have met; / Yet all experience is an arch wherethrough / Gleams that untravelled world, whose margin fades / For ever and for ever when I move. (A. R. Tennyson, *Ulysses*)

IN BREVE CARTA 79

Estamos, certamente em presença daquela indeterminação romântica que quer sugerir profundezas misteriosas, o eco arcano entre as coisas e a mente do homem. Tais são, por exemplo, os brilhos de pensamentos semi-extintos, "a sensação sublime / de algo que está ainda mais profundamente infundido, / cuja morada é o fogo do sol declinante", dos quais Wordsworth fala em *Tintern Abbey*. Mas essa incerteza parece completar o murmúrio fadigado da língua de fogo dantesca. O "algo a mais", o excesso que salva do eterno silêncio, é o anúncio do novo evangelho (o "bringer of new things"), cujo profeta era o Ulisses de Dante:

> e vil seria
> Por três sóis poupar-me, de mim fazer tesouro,
> Deste espírito cinzento que de desejo consome-se
> De buscar conhecimento como estrela que despenca,
> Além do limite extremo do pensamento humano[iii].

O Ulisses tennysoniano recusa no plano existencial o *ethos* mesquinhamente materialista, a mentalidade acumuladora de seus súditos. A vida, principalmente na proximidade da morte, deve ser gasta, não poupada: não queiram negar a experiência. Todavia, ao retomar o ardor do Ulisses de Dante, Tennyson opera uma série de transformações decisivas. Antes de mais nada, duplica-o, transformando-o num desejo que volta a si mesmo, que almeja a si mesmo: a primeira nova que o evangelho anuncia é a *cupido cupiendi*. Do segundo e mais importante objeto da paixão desaparece a "virtute" dantesca, permanecendo nele apenas o conhecimento. Então repentinamente, a imagem da estrela que afunda no mar: na ambígua convolução dos versos, a carga obviamente luciferina da semelhança atinge o sujeito e o objeto, e o espírito cinzento do homem o seu conhecimento, ambos identificados como estrelas cadentes, como sóis que se afundam. Enfim, o saber que Ulisses pretende buscar não possui nenhuma meta, mas estende-se além dos próprios limites do pensamento humano.

Não são certamente estes os mares sulcados pelo Newton de Wordsworth: apesar de estranhos, eles são sempre aqueles do Pensamento. E este não é o fim do poeta wordsworthiano, que queria perceber "tudo aquilo que é inatingível para o pensamento e o saber humano", mas apenas na medida em que contém o sentimento do ser.

A pergunta que deve ser feita é então: qual conhecimento será possível além do limite do pensamento que deveria alcançá-lo e na

---

iii. and vile it were / For some three suns to store and hoard myself, / And this gray spirit yearning in desire / To follow knowledge like a sinking star, / Beyond the utmost bound of human thought. (*idem, ibidem*).

80 A SOMBRA DE ULISSES

ausência de qualquer imaginação poética? Parece-me que a resposta pode ser formulada apenas em termos de "cumprimento" e de pré-figuração literário-culturais. O Ulisses de Tennyson "cumpre" aquele do Tirésias homérico e aquele do *Inferno* dantesco, mas ao fazê-lo ativa um curto-circuito entre experiência e marginalidade, entre desejo e conhecimento, entre saber e pensamento, entre profecia e retórica. Ele, que não tem escapatória, pode pré-figurar só uma saída, da qual nós nos tornamos testemunhas pessoais e impuras: o momento crucial na cultura européia em que o Zaratustra de Nietzsche anunciará que precisa descer, "pôr-se", como faz o sol à noite, quando vai atrás do mar e leva a luz ao mundo dos ínferos – em resumo, que deve buscar conhecimento como uma estrela que afunda. Eis o que prega Zaratustra à multidão quando, após ter descido da montanha onde compreendeu que Deus está morto, entra na cidade e fala no mercado:

O homem é um cabo estendido entre a besta e o super-homem –, um cabo em cima de um abismo.

Uma passagem perigosa, um perigoso estar a caminho, um perigoso olhar para trás e um perigoso arrepiar e parar.

A grandeza do homem é a de ser uma ponte e não uma finalidade: no homem pode-se amar que ele seja uma *transição* e um *ocaso*.

Eu amo aqueles que não sabem viver senão em ocaso, pois eles são uma transição...

Eu amo aqueles que não esperam encontrar uma razão atrás das estrelas para minguar e oferecer-se em sacrifício: aqueles que se sacrificam à terra, para que um dia a terra seja do super-homem.

Eu amo aquele que vive para o conhecimento e quer conhecer, para que um dia viva o super-homem. E assim ele quer o seu próprio ocaso.

Novo Ulisses, Zaratustra aponta o indicador para a viagem que nos espera e que não gostaríamos de fazer:

Eis o barco – ele vai para a outra margem, talvez para o grande nada – Mas quem quer embarcar neste "talvez"? Nenhum de vocês quer subir no barco da morte!

É exatamente este o gesto do Ulisses de Tennyson:

Eis o porto; infla as velas a escuna:
escurecem lá os grandes mares escuros[iv].

Na *pequena oração* que ele finalmente, após ter falado até agora apenas para si, dirige aos marinheiros velhos e lentos, este Ulisses demonstra-se plenamente consciente de que "a morte fecha tudo". Contudo, – eis de novo a contradição – "algo antes do fim", uma obra digna de fama, pode ainda, ele crê, ser cumprida. As luzes começam a brilhar sobre os rochedos, o longo dia desvanesce, lenta levanta-se a lua, o abismo geme, cheio de vozes. É o momento de virar a popa para

---

iv. There lies the port; the vessel puffs her sail: / There gloom the dark broad seas. (*idem*)

IN BREVE CARTA   81

o leste, de fazer dos remos asas para o louco vôo, de exortar aqueles que somente agora tornam-se amigos, os únicos "outros" que o herói reconhece, porque os considera seus apêndices: "Venham amigos, / não é tarde demais para procurar um mais novo mundo".

Esta é a meta: não a nova terra, mas um mundo *mais* novo, um país duplamente "outro". O propósito explícito de Ulisses é "navegar além do ocaso, e dos rios de todas as estrelas do ocidente, até que eu morra" (to sail beyond the sunset, and the baths / of all western star, until I die).

Atrás do sol – além do ocaso: cumprem-se as escrituras. O Ulisses de Tennyson segue aquele de Dante; encaminha-se na longa viagem profetizada por Tirésias; resolve ultrapassar aquele ocaso no qual, para Wordsworth, reside o senso sublime do ser; decide, como Zaratustra, *pôr-se*. Aquele "algo antes do fim" aproxima-se do fim: "até que eu morra". Lá naquele "entretanto", no "talvez" nietzschiano, abre-se o mundo mais novo. Aí, naquele momento pré-visto, desejado e nunca relatado, morre-se.

Mesmo agora, porém, o Ulisses tennysoniano vislumbra uma alternativa: o naufrágio e a chegada às Ilhas Felizes, onde – ele declara – será possível ver o grande Aquiles. Suprema ilusão, extremo recalque, como aquela do Ulisses dantesco que fica feliz em ver a montanha escura. Esperança também do poeta que, escrevendo *Ulysses* logo após a morte de seu amigo mais querido, Arthur Hallam, quis lhe desejar uma sobrevivência no além dos abençoados. Leitura todavia macroscopicamente "impura" para um Ulisses e para um Tennyson, que sabem muito bem que o Aquiles homérico não passa sua imortalidade nos Campos Elísios, nas Ilhas Felizes de Tasso, mas no Hades tenebroso.

A poesia não resolve os problemas da vida e da morte; ao contrário, evidencia-os, tornando seu leitor cada vez mais inquieto. É-lhe suficiente uma minúscula fenda, o *lapsus* de um instante, um dissídio intertextual, para revelar aquilo que Montale chama "o leve entortar / de uma alavanca que freia / a máquina universal". Se Tennyson queria, como escreveu, exprimir com *Ulysses* a necessidade de "ir para frente" e "enfrentar a batalha da vida" depois da perda do amigo, aquilo que descreve não é um progresso, mas uma suspensão imóvel e hamlética, que se conclui com as mesmas perguntas do herói shakespeariano e que nós nos fizemos a propósito do canto XXVI do *Inferno*; aonde, realmente, quer ir Ulisses; aonde vai o conhecimento, aonde vai a vida?

É possível, naturalmente, considerar apenas aparente a alternativa que o Ulisses de Tennyson vislumbra encontrando uma coerência "grega" num texto que a possui em pequeno grau, ver os dois finais como seqüenciais: antes a morte pela água; depois, obviamente – Hades ou Elísio que seja – o mundo dos mortos. Permanece, todavia, o fato que, no monólogo, a última viagem de Ulisses – que ele deveria ter cumprido segundo Tirésias e que Dante lhe faz contar – não tem nem começo nem fim. O Ulisses de Tennyson é um navegador, um náufrago, um imortal *em potência*, não em ato. Ele é, como faz questão que saibamos, um nome. Mas qual: Odisseu, Ulisses ou Ninguém? A sua liminaridade, sua ânsia de conhecimento sem objeto, seu ser-para-a-morte, refletem-se nessa mera potencialidade, nesse anonimato de mito que o leitor bem conhece.

Desde o início do monólogo, a viagem de Ulisses é projetada na direção da sombra de uma *arche* e de um *telos*, de um início e de um fim, de um Gênese e de um Apocalipse, que levam novamente o personagem para trás, intertextualmente, em direção ao mito antigo, homérico e dantesco. Tipologicamente, ou seja, no sentido figurativo, este herói *cumpre* agora na Inglaterra vitoriana, naquilo que foi chamado o "Doom" – o final e a sentença – do Romantismo[5], o destino de Ulisses, mas abrindo nele um espaço vazio de conteúdos e cheio de interrogações. Ele torna-se, portanto, por sua vez, um nome, um signo desprovido e ao mesmo tempo potencialmente dotado de significado: um mito aberto ao futuro.

Ulisses apresenta-se como uma balança na qual aqueles que nos versos finais do monólogo ele define o "muito que é tirado" e o "muito que ficou" têm peso igual: sendo destino do homem viver entre a privação e a permanência, entre o ontem e o amanhã, enquanto o hoje pertence à palavra e ao desejo, à retórica da profecia e da poesia.

Ulisses pode contemplar em si esse equilíbrio, pesado e sempre perigando se tornar muito leve no eterno silêncio, pois ele e seus companheiros, "tornados fracos pelo tempo e pela sina, mas fortes na vontade", são por ele mesmo percebidos como componentes individuais do ser, segundo a formulação paulina do *ho on* de Deus: "Eu sou aquele que é" no Êxodo, "sou o que sou" em Paulo, "That which we are, we are" – aquilo que somos, somos – em Tennyson.

O "ser" que esta frase pode configurar é aberto à escolha que faremos, como leitores: divino, se optarmos pelo Antigo Testamento; profético e apostólico, se escolhermos o Novo; heróico, se ouvirmos Ulisses definir a si e a seus marinheiros "uma só, igual têmpera de corações heróicos"; satânico, se prestarmos atenção ao eco que o grande Anjo Caído de Milton, repetindo o grito do anjo caído de Tasso, faz ricochetear sobre o fechamento da fraudulenta oração e ressoar no último verso da poesia: "to strive, to seek, to find, and not to yield" (lutar, procurar, achar, e não ceder).

Poderíamos, enfim, encontrar o ser no devir. É irresistível olhar as tensões do *Ulysses* com espírito propenso ao historicismo, entrevendo na composição uma classe dominante, uma burguesia que se torna perigosamente "pequena" em sua aspiração a exceder os limites

IN BREVE CARTA

dos deveres comuns, da decência, da religião tradicional, para buscar evasão de um conhecimento aventuroso além do bem comum e até mesmo do utilitarismo (mas seríamos tentados a dizer, lendo Nietzsche sob a luz sinistra lançada sobre ele pelo totalitarismo do novecentos, "além do bem e do mal".

Não será impossível perceber nessa figura, com espírito pós-hegeliano, a antítese entre o Progresso e sua própria autoconsciência culpada. Tal contraposição determinaria o curto-circuito que paralisa o herói. Seria o caso de perguntar por que Tennyson, o poeta laureado da era Vitoriana, põe em cena um Ulisses que não está feliz de governar uma população rude – itacense de nome, mas britânica sob a superfície e européia ou ocidental em perspectiva – que na realidade encheu a Terra com suas maravilhas e com suas mercadorias; que quase não conhece ulteriores Colunas de Hércules; que crê no figuralismo (por exemplo, em Ulisses que prefigura Colombo, ao qual Tennyson dedica uma poesia significativa neste contexto) apenas enquanto tal figuralismo coincide com a própria consagração, a própria satisfação, a própria realização imperial.

Enfim, pode parecer inevitável considerar Ulisses como o protótipo do macho pai-patrão que, alcançada a terceira idade, comporta-se como um Lear despótico e declina qualquer responsabilidade para com o reino e principalmente para com a esposa. "Aquilo que somos, somos" poderia então significar aquilo que, com um dar de ombros, cada um de nós entenderia com tal expressão se quisesse ser absolvido de todas as preocupações para com os outros, o mundo e o próprio ser.

O *Ulysses* de Tennyson traz consigo uma mensagem complexa, delicada e dramática, que em última análise esbarra no dilema de Hamlet: ser ou não ser. *Ulysses* não é, principalmente, como gostaria um eminente crítico contemporâneo, uma "desleitura", efetuada por um autor tomado pela "ansiedade da influência", de Keats, Shelley, Wordsworth e Milton[6]. Apesar da desleitura, ele representa, em um preciso momento histórico, no interior da episteme contemporânea que revoluciona, o trágico cumprimento da literatura do conhecimento[7] que a cultura européia elaborou de Homero a Dante, de Colombo a Tasso, de Pascal a Coleridge, de Milton a Wordsworth. Ao mesmo tempo, *Ulysses* constitui uma prefiguração da poesia e da tragédia do saber que a iminente crise do social, do político e do imaginário inscreverá na literatura européia. Tanto o cumprimento como a prefiguração são funções históricas e culturais, mas também existenciais: *de cada um de nós* dependem o evadir, ou o lutar, o procurar, o encontrar e o não ceder.

Ao Ulisses inglês, aparentemente seguro mas profundamente dividido, incerto, hamlético, contrapõe-se um anti-Ulisses italiano, que considera o ser um nada e para o qual o naufrágio parece constituir a única esperança. Já em 1820 Leopardi compõe a canção *Ad Angelo Mai*, na qual celebra os grandes italianos do passado. Depois de Dante e Petrarca, ele escolhe Cristóvão Colombo, ao qual dedica duas estrofes. Na primeira, o eco da ode de Parini sobre o *Innesto del vaiuolo* (O Enxerto de Varíola) remete claramente às estrofes de Tasso sobre Colombo e ao Ulisses dantesco:

Mas a tua era então com o mar e os astros,
filho audaz da líguria,
quando além das colunas, e das praias
que pareciam ouvir as ondas em fúria
chiar à tarde ao sol que afunda, às raias
do mar imenso entregue, o sol caído
reencostraste, e o dia
que nasce enquanto o nosso chega ao fundo;
da natura domada a mão nefasta,
terra imensa; ignorada, e destemido
premiou, e a sombria
volta[v].

Leopardi, entretanto, não pode simplesmente aceitar a glória de Colombo, por percorrer o pélago infinito e por descobrir a América. Ele acrescenta logo ao encômio renascimental-iluminístico quase vinte versos de comentário:

Ai, ai, mas conhecido o mundo
não aumenta, antes mingua, e bem mais vasta
a terra e o mar e a imensidão sonora
no menininho, e não no sábio, mora.

Nossos sonhos formosos onde andam,
de um refúgio ignorado
de seres ignorados, de um diurno
abrigo para os astros e afastado
Leito da Aurora Jovem, de um noturno
oculto sono do maior planeta?
fugiram de repente,
e o mundo é uma pintura em parco mapa;
e eis que tudo é igual, e, descobrindo,
só incha o nada. Apenas se intrometa,
o real não consente
o caro imaginar, e ele escapa
da mente para sempre; seu infindo

v. Ma tua vita era allor con gli astri e il mare, / ligure ardita prole, / quand'oltre alle colonne, ed oltre ai liti / cui strider l'onde all'attuffar del sole / parve udir su la sera, agl'infiniti / flutti commesso, ritrovasti il raggio / del Sol caduto, e il giorno / che nasce allor ch'ai nostri è giunto al fondo; / e rotto di natura ogni contrasto, / ignota immensa terra al tuo viaggio / fu gloria, e del ritorno / ai rischi.

poder primeiro, o tempo, apequenas,
e é morto o bálsamo de nossas penas[vi,*].

O grande navegador havia escrito, depois da quarta e última viagem através do Atlântico: "El mundo es poco". Replica Leopardi no *Zibaldone*: "O mundo não é uma coisa pequena, ao contrário, é vastíssimo e maximamente em relação ao homem". Às considerações geográficas do Almirante (de qualquer forma, erradas) substitui-se a meditação que vai para o coração das coisas, que contempla a variedade infinita da natureza nesta terra e os "infinitos outros mundos". Não, o mundo não é pequeno. É, ao contrário, o conhecimento que o reduz, faz com que "diminua" na consciência do homem. O novo Ulisses, Colombo, achata a Terra tornando-a uniforme, transformando-a em *breve carta*. O explorador moderno arranca o "caro imaginar" do menino e da humanidade criança, mata, com o "real", o estupendo poder primigênio da imaginação; faz desaparecer de repente, fixando-os em um ponto geográfico, os sonhos do outro mundo, da nova terra além do ocaso do sol. "Descobrindo", Colombo nada mais faz do que aumentar o nada. O mundo, repete Leopardi no *Zibaldone*, não é realmente pequeno, ao contrário, é vastíssimo.

Mas é suficiente que o homem tenha visto a medida de uma coisa, ainda que desmedida, basta que tenha alcançado o conhecimento de suas partes, ou conjeture-as segundo as regras da razão; aquela coisa, imediatamente parece-lhe muito pequena, torna-se insuficiente para ele, e ele fica desapontado. Quando Petrarca podia dizer, dos antípodas, *"e que o nosso dia voa até a gente que do outro lado TALVEZ o espera"*, aquele *talvez* bastava para nos deixar conceber aquela gente e aqueles países como coisa imensa e prazerosa para a imaginação. E quando foram encontrados, de certo não encolheram, nem aqueles países são coisa pequena, mas assim que os antípodas foram vistos no mapa-múndi, desapareceu qualquer grandeza, qualquer beleza, qualquer prestígio da idéia que deles se tinha.

A ciência "é inimiga da grandeza das idéias, apesar de ter desmedidamente ampliado as opiniões naturais". Ela pode tê-las ampliadas como "idéias claras", "mas uma pequeníssima *idéia confusa* é sempre maior do que uma grandíssima *completamente clara*". A incerteza sobre a existência de uma coisa constitui a fonte de uma grandeza que é destruída pela certeza de que a coisa realmente é.

vi. Ahi ahi, ma conosciuto il mondo / non cresce, anzi si scema, e assai più vasto / l'etra sonante e l'alma terra e il mare / al fanciullin, che non al saggio, appare. / Nostri sogni leggiadri ove son giti / dell'ignoto ricetto / d'ignoti abitatori, o del diurno / degli astri albergo, e del rimoto letto / della giovane Aurora, e del notturno / occulto sonno del maggior pianeta? / Ecco svaniro a un punto, / e figurato è il mondo in breve carta; / ecco tutto è simìle, e discoprendo, / solo il nulla s'accresce. A noi ti vieta / il vero appena è giunto, / o caro immaginar; da te s'apparta / nostra mente in eterno; allo stupendo / poter tuo primo ne sottraggon gli anni; / e il conforto perì de' nostri affanni.

* "Ad Angelo Mai", trad. Álvaro Antunes, em Marco Lucchesi (org.) *Giacomo Leopardi, Poesia e Prosa*, Rio de Janeiro, Nova Aguilar, 1996. (N. da E.)

Na verdade, o homem pode satisfazer-se apenas de uma grandeza indeterminada: portanto cabe à ignorância, "a qual é a única que pode esconder os confins das coisas", representar a fonte principal das "idéias indefinidas", enquanto à experiência cabe mostrar, necessariamente, aqueles mesmos confins.

Colombo e Vespúcio anulam o valor que o Ulisses de Dante atribuía à experiência e ao conhecimento. Vasco da Gama e James Cook calam para sempre o "talvez" poético de Petrarca sobre os antípodas. A fantasia dos primeiros homens – escreve Leopardi em *Discorso intorno alla poesia romantica* (*Discurso em Torno de Poesia Romântica*) – "vagava livremente por países imensos". "Dilatando-se o império do intelecto, ou seja, crescendo a prática e o saber", aquela fantasia foi "expulsa de suas terras antigas" e se encontra, na era atual, "amontoada e aprisionada e quase que imóvel". Desapareceram os países dos Ciclopes, dos comedores de Loto; as ilhas de Eolo, das Sereias, de Calipso e dos Feáces. Odisseu não pode mais percorrer o mar do imaginário.

Um irredutível dissídio opõe a ciência à poesia, a razão à imitação da natureza que é tarefa do poeta. A primeira, que é "certa e quase matemática e resolutamente 'analítica'", circunda, disseca, procura as causas, conhece de ponto a ponto "as forças e os mecanismos mais recônditos e as propriedades e os aspectos e as correspondências do grande composto universal"; penetra até mesmo na alma humana, para expô-la quase em ângulos e círculos (oh, a psicologia iluminista e romântica, oh a futura psicanálise!). A segunda, a poesia, responde ao impulso central do homem para o prazer e deve, portanto, imitar a natureza "virgem intacta", da qual constitui "o último quase-refúgio". Ela tem a tarefa de nos reconduzir, de acordo com nossa natural "incontrastável inclinação ao primitivo", à *arche* primigênia, ao paraíso perdido do nosso ser-com-a-natureza, àquela idade do ouro que, como declama o *Inno ai Patriarchi* (Hino aos Patriarcas), hoje reina apenas "na Califórnia, em vastas selvas", insidiadas pela civilização.

A poesia deve adaptar o homem à natureza com a imaginação, abrir diante de nós "uma fonte de deleites incríveis e celestiais", desvendando o "poder imortal" que a própria natureza, invariada e incorrompida, tem sobre as mentes humanas. Com sua arte, o poeta deve

> quase nos transportar para aqueles primeiros tempos, e aquela natureza que desapareceu dos nossos olhos, reconduzi-la diante de nós, ou mais exatamente desvendá-la, ainda presente e bela, como no princípio, e mostrá-la a nossos olhos e ouvidos, e proporcionar-nos aqueles deleites sobre-humanos dos quais perdemos quase tudo, exceto o desejo.

O conflito, contudo, é muito mais radical de que o *Discorso* não deixe transparecer. A inimiga da natureza não é propriamente a razão, mas – afirma Leopardi no *Zibaldone* – "a ciência e a cognição, ou seja a experiência que dela é mãe". Justamente *"in principio"*, naquela mesma *arche* para a qual o homem sente-se irresistivelmente atraído, jaz a semente da divisão. A história do pecado original no Gênese, e a fábula clássica de Psique provam que a corruptela e perda da felicidade do gênero humano nasceram do saber, excesso de conhecimento, e que a origem da infelicidade do homem foi "a ciência de si mesmo e do mundo, e o demasiado uso da razão".

A degradação do homem não consistiu na "ofuscação do intelecto". "Ao contrário, depois do pecado e *mediante* o pecado o homem teve o intelecto muito esclarecido, adquiriu a ciência do bem e do mal, e tornou-se efetivamente, graças a ela, *quasi unus ex nobis*", como Deus reconhece no Gênese. Pelo contrário, esta decadência dependeu da inimizade e do desequilíbrio então instaurado entre duas "qualidades" que se tornaram incompatíveis, a natureza e a razão, e na preponderância conquistada pela segunda sobre a primeira. "*O homem não foi feito para saber, a cognição da verdade é inimiga da felicidade*": a verdade revela apenas o nada[8].

Ulisses é em suma contestado integralmente como paradigma gnoseológico exaltado pela antigüidade e como modelo epistêmico moderno proposto pela mensagem poética dantesca. Sua "sabedoria", escreve Leopardi nos *Pensieri* (*Pensamentos*), gera quase *ódio*. E desta forma nos encontramos muito além do julgamento irônico de Erasmo, o grande humanista que, no *Elogio da Loucura,* retoma aquele Grilo de Plutarco o qual, companheiro de Ulisses transformado em porco, preferiu viver como bruto, grunhindo no chiqueiro, a expor-se novamente junto com seu rei a tantas aventuras, a tantas desgraças. O "pai das Fábulas", Homero, como lembra Erasmo, também concorda com Grilo: seu Ulisses, modelo de sabedoria, é freqüentemente definido "infeliz", um epíteto que não se aplica a outros heróis da *Ilíada* e da *Odisséia*. A causa de tal infelicidade reside precisamente em seu escutar os conselhos de Palas, em seguir o próprio "siso verdadeiramente excessivo": pois tal busca de saber, conclui Erasmo sardonicamente, "afastava-se como nunca do caminho da natureza".

Leopardi critica com ferocidade muito mais ferrenha e coerente, como já se viu, a experiência almejada pelo herói do *Inferno*. E se o Ulisses romântico-vitoriano de Tennyson arde pelo desejo infinito de conhecimento, Leopardi reconhece que tal desejo é inato, inerente, indivisível da natureza do homem, pois é ele mesmo conseqüência do amor-próprio ("o qual, por sua vez, é conseqüência da vida"); mas sustenta que sua existência radical no homem não prova que a faculdade humana de conhecer seja infinita: prova apenas que o amor-próprio do homem é ilimitado ou infinito "E se nós tivéssemos algumas faculdades precisamente infinitas, nossa essência confundir-se-ia com a de Deus". Ulisses é Adão que se deseja outro e se descobre Ninguém.

A sua realização histórica, Cristóvão Colombo, que infringe a lei da natureza, reencontra o "raio do Sol caído" além do ocaso, e supera os riscos do *nostos*, do retorno, revela, à humanidade que tudo é "parecido"; que o mundo está apagado em sua esmagada igualdade; plano apesar de sua alardeada esfericidade. Enquanto ele descobria a América, narra o *Angelo Mai*, crescia o Ariosto, que encheu a vida de seus cavaleiros e de suas damas, de "felizes erros", de "vaidades" e "estranhos pensamentos". Agora que nós, seus herdeiros progressistas e iluminados, banimos aquelas "belas fábulas" – "que resta então, se o verde / não traja mais o mundo? Apenas ver / Que tudo é ilusão, menos sofrer"[vii]. – resta "o certo e apenas / ver que tudo é vão além do engano". Para o próprio Tasso, ainda que enxergando a obscura montanha despontar no horizonte sobre o oceano infinito, exaltava Ulisses e Colombo, este mundo parece sem gente: "sombra real e firme / pareceu-te o nada, e o mundo / um lugar desabitado".

E eis então Colombo, em navegação para a nova terra. As *Operette Morali* (*Opúsculos Morais*) no-lo mostrarão em uma conversa com Pietro Gutierrez, em uma noite encantada. Diante do amigo, o genovês reconhece com franqueza que pode ter-se enganado, que talvez fosse vã a conjectura de que seriam encontradas outras terras além do Oceano. Ela nascia – ele diz – de uma "especulação" baseada em fundamentações tais que, caso se demonstrassem falsas, conduziriam inevitavelmente à conclusão de que o intelecto humano não pode formular nenhum "julgamento" digno de fé a partir das hipóteses e dos prognósticos deduzidos pelos "signos" e antecipando o conhecimento por via analógica e indutiva. Resumindo, seria ciência apenas o ver "presentemente" e o tocar com a mão nas coisas.

Por outro lado, "a prática distancia-se muito, na maioria das vezes, da especulação". Não é possível presumir que uma parte do mundo pareça com a outra; se o hemisfério do oriente é ocupado parte pela terra e parte pela água, disso não podemos deduzir que a mesma coisa acontece no hemisfério do ocidente. Este poderia, ao contrário, ser inteiramente recoberto por um mar único e imenso, ou por elementos diferentes da água e da terra. Poderia ser inabitado ou inabitável; ou habitado, talvez por outros "animais com intelecto", ou por homens "com corpos maiores", mais inteligentes e mais civilizados que nós. A natureza é tão poderosa, e seus efeitos tão "variados e múltiplos", que não se pode argumentar logicamente do conhecido para o desconhecido. "Eis que enxergamos com nossos próprios olhos", exclama Colombo estupefacto, sem poder acreditar no fenômeno, "que a agulha declina de muito da estrela na direção de poente: coisa novíssima e até agora inusitada para todos os navegadores".

---

vii. *or che resta? or poi che il verde / É spogliato alle cose? Il certo e solo / veder che tutto é vano altro che il duolo.*

Diante do Almirante, como diante de uma criança, da humanidade primitiva, do poeta, se abrem as infinitas maravilhas possíveis do universo desconhecido. Sobre o abismo, muito além daquela "Naiveté der Wissenschaft" de que fala o *Kolomb* de Hölderlin, fica, ao contrário, suspenso o discurso, o próprio *logos* da ciência: "muitas conclusões extraídas de ótimos discursos não resistem diante da experiência".

Por que então continuar na navegação, pergunta Gutierrez, por que colocar em risco a vida própria e alheia "sobre o fundamento de uma simples opinião especulativa"? Colombo responde, pensando na viagem solitária e insegura para o desconhecido que é a vida, impaciente diante da monotonia que ameaça anular o homem:

> Se no momento presente tu e eu, e todos os nossos companheiros, não estivéssemos sobre esses navios no meio desse mar, nesta solidão incógnita, em estado incerto e arriscado quanto se queira; em qual outra condição de vida nos encontraríamos então? No que nos ocuparíamos? De que maneira passaríamos esses dias? Talvez mais agradavelmente? Ou não estaríamos, ao contrário, em alguma maior angústia ou sofreguidão, ou seja cheios de monotonia?

Pode até ser que a atual navegação não renda nenhum fruto: mas ao menos ela livra o homem do enfado por algum tempo, torna a vida preciosa, faz com que se tornem valiosas muitas coisas que, de outra forma, não tomaríamos em consideração. A América foi descoberta graças ao *taedium vitae*, ao *ennui*, ao sentido desesperado do nada.

Os antigos escrevem – diz Colombo no *Diálogo* – que os amantes infelizes jogavam-se no mar do penhasco de Leucádia, e se conseguissem sobreviver, ficavam livres da paixão amorosa pela graça de Apolo. Pois então, "cada navegação é quase um salto do penhasco de Leucade". Os navegadores estão sempre em perigo de morte, mas justamente por isso valorizam a vida mais que os outros. Distantes da terra, eles não têm maior desejo do que ver dela um "cantinho". Disso fazem fé aqueles que participam da presente expedição: incertos da viagem, acordam e adormecem pensando na terra; "e se uma só vez nos será revelado de *longe o cume de um monte* ou de uma floresta, ou coisa parecida, nossa *felicidade* será imensa".

E eis que Colombo revela que a sonda toca o fundo há dias; as nuvens estão mudadas, o ar mais doce, o vento incerto e variável. Aparecem bandos de pássaros; um caniço boiando na água recém cortado, um raminho de árvore com as "bagas vermelhas e frescas". A parábola fecha-se com o anúncio dos sinais da terra, misteriosas e prodigiosas epifanias da vida que renasce. Apesar das suas dúvidas, o Almirante percebe em si uma "expectativa grande e boa".

Rejeitado o discurso científico, Ulisses torna-se uma criança diante da qual aquilo que a razão não pode de nenhum modo provar revela-se, ainda que remotamente possível. Somente depois do final do *logos* revelam-se ao homem a maravilha e o encanto de seu ser pri-

90 A SOMBRA DE ULISSES

migênio. Retorna a sonhada alegria do Ulisses de Dante diante do monte distante, e aparecem como por milagre, incertas para o intelecto, mas visíveis no céu e no mar – na natureza – as esperanças de Cristóvão Colombo: a aura e as cores do paraíso, perdido no Velho Mundo e reencontrado no Novo.

Para que isso ocorra, é preciso reconhecer que *qualquer navegação é quase um salto do penhasco de Leucádia*, que o pulo apaixonado e desesperado para a morte é necessário à vida para que ela seja, até mesmo na dor, algo a mais do que monotonia, daquele tédio que dá ao homem o próprio sentido do "sólido" nada, do qual tudo provêm e para o qual tudo retorna. Eis um futuro realmente inesperado do Ulisses dantesco: um Colombo que, deixando para trás o Newton de Wordsworth, silogiza como Hamlet questionando e contestando o valor do raciocínio; um Ulisses que ultrapassa as colunas de Hércules à procura do mundo sem gente, pulando do penhasco de Leucádia para curar a vida.

Rumo a esse mar, a poesia de Leopardi já havia velejado, vingando-se da ciência e contando de um naufrágio que se situa no pólo oposto daquele que fecha o canto XXVI do *Inferno*. Falo, naturalmente, de *O Infinito* (*L'infinito*). Desse "idílio" gostaria de oferecer apenas uma breve leitura, que o situe entre as maiores "figuras oblíquas" de Ulisses jamais criadas pela poesia.

Ei-nos no cume da colina solitária (mas nos *Argomenti di Idilli* fala-se de "beira, plaga, praia"), com o olhar "fixo", como diria Dante, no vazio. A presença do silvado, nova estreita foz de Gibraltar, impede a vista de grande parte do último horizonte". A sebe é portanto o equivalente da "pouca vida em nós remanescente"; representa o umbral além do qual estende-se o mundo atrás do sol. Além desta barreira tênue e enganadora desenha-se a linha final. Enquanto "última", ela nos desperta – como explica o *Zibaldone* – um sentimento de dor e de melancolia, e ao mesmo tempo excita uma sensação de prazer, "prazerosa na própria dor", por causa da infinitude da idéia que a palavra "último" contém. Começamos a perceber a terrível e dividida *Sehnsucht* (nostalgia, anseio) que nos trazem a vigília e o ocidente, extremos horizontes da vida pensante. "A razão destes sentimentos", diremos com Leopardi, "é aquele *infinito* que compreende em si mesmo a idéia de uma coisa *terminada*, isto é, além da qual não há mais *nada*; de uma coisa terminada *para sempre*, e que não voltará *jamais*". A razão do contraste que experimentamos, da contradição que dor e prazer geram em nós, reside na nossa sensação de estar morrendo para a vida, em ver seu fim e desejá-lo enquanto prólogo ao nada.

O frágil umbral estimula de fato a imaginação: "sentando e olhando", partimos da "beira" de que falam os *Argomenti* (Argumentos) e entramos com a fantasia nos pélagos intermináveis, nos silêncios eternos do país inexplorado, na profundíssima tranqüilidade da morte. Estamos, em pensamento, além dos limites que não deveríamos transpor, no passo de que jamais saiu alguém com vida. Aí, no espaço sem fim que o indefinido desenha na mente, "não há mais *nada*", e diante desse vazio nossa alma se perde, o coração falha arrepiando de temor.

Quando o vento zumbe entre os arbustos, o "aqui" e o "ali" projetam-se para nós no tempo: ao infinito silêncio da morte responde a voz da vida. Mas justamente neste eco entre os dois surge a memória da eternidade: o infinito nada do tempo, além do limiar entre o presente vivo e palpitante e as "mortas estações" do passado, entre o nosso hoje e a história morta e enterrada de cada um de nós e da humanidade toda – entre o "ser" de Odisseu e o "não ser", ou o "ser do ter sido" das almas no Hades tenebroso.

Neste alto mar aberto o nosso "pensamento" afoga, é "doce" fazer naufrágio nele: não como Ulisses, mas como Glauco, o pescador de Ovídio e de Dante que, tendo provado a erva milagrosa, imediatamente sente o desejo de abandonar a terra e mergulhar nas ondas, onde as divindades marinhas tornam-no seu "companheiro", deus entre os numes da água. Agora já demos o pulo do penhasco de Leucádia, no "talvez" de Zaratustra. Encontramo-nos como nos descreveria Ariel na *Tempestade* de Shakespeare:

> Tudo nele destinado a desaparecer
> sofre agora pelo mar uma mudança
> e se transforma em algo de rico e estranho[viii].

Mas devemos nos perguntar quem nos tenha instigado e porque esse naufrágio é doce. Então, quem nos deu o impulso foi o poeta, que do cume do monte solitário, na margem do pélago, evoca o "princípio", a natureza virgem e intacta, com apenas cinco palavras: "sebe", "horizonte", "vento", "plantas", "mar". É a poesia que "imagina" o infinito por trás desta imóvel ("*sentando*") aventura de um instante, que tem como finalidade o sempre e o nunca. Na contemplação, no espanto atônito da maravilha ("mirando"), ela cria a "plaga" e o "silêncio infinito das coisas", o "aqui" e o "ali", o *arkhé* e o *telos: fictio* da humana fantasia, dá vida às sombras, evoca o ser, o nada, e a morte que os une.

O vento que zumbe entre as folhas não é aquele que enfraquece a chama de Ulisses na dor das palavras, nem o turbilhão implacável do Altrui (Deus) que lacra o mar sobre o conto do homem. É o "impetuoso vento", o "tumultuoso fragor" (eis, de novo, os *Argomenti*) que vem da natureza primigênia e da imaginação que se identifica nela: o vento que sopra do silêncio sobre-humano, pro-

---

viii. Nothing of him that doth fade, / But doth suffer a sea-change / Into something rich and strange.

92 A SOMBRA DE ULISSES

vocando arrepios e, encontrando-se com o "som" do mundo, torna-se *esta voz*.

"E como aquele a quem já o sopro pára, / saindo da água à praia apetecida, volta-se, fita o pélago, e repara[ix]" [Trad. C. M.], assim nós, os leitores, náufragos sobreviventes do penhasco de Leucádia, seguramos nas mãos o *Infinito* com gratidão e doçura, pois

o próprio conhecer a irreparável vaidade e falsidade de qualquer beleza e de qualquer grandeza é um tipo de beleza e grandeza que enche a alma, quando este conhecimento é encontrado nas obras de gênio. E o próprio espetáculo da nulidade é uma coisa, nestas obras, que parece ampliar a alma do leitor, enaltecendo-a, satisfazendo-a de si mesma e do próprio desespero.

A *dulcedo naufragii* nunca fez parte do horizonte de Ulisses. Todavia, à medida que a poesia avança no século XIX, este prazer do naufrágio torna-se a resposta cada vez mais freqüente para um modelo epistêmico que pretende encontrar todas as soluções para os problemas do homem no progresso da técnica, num "sistema" filosófico que tudo compreende (por exemplo, em Hegel, no positivismo, no materialismo), na utopia político-social "científica". A *Viagem nas Regiões Equinociais do Novo Continente* de Alexander Von Humboldt, o monumental relato de uma peregrinação que funda a moderna geografia física por meio de uma indagação minuciosa dos fenômenos e de sua distribuição no espaço, remonta a 1807, e o seu popular *Exame Crítico da História da Geografia do Novo Continente* é de 1834. No espaço de tempo que transcorre entre as duas obras, coloca-se toda a poesia de Ulisses de que falamos neste capítulo, de Wordsworth a Tennyson, de Hölderlin a Leopardi.

Em 1839 é publicado a *Viagem de um Naturalista ao Redor do Mundo* de Charles Darwin, um livro que, moldado naquele de Humboldt, constitui a base experimental para a elaboração da *Origem das Espécies* (1859), na qual Darwin apresenta de forma completa aquela teoria evolucionista que subverte mais uma vez a episteme moderna. O aspecto mais fascinante da *Viagem* consiste na presença simultânea de duas "vozes" perfeitamente fundidas: a poético-romântica com a qual, fazendo eco a Coleridge, Wordsworth, Shelley e Byron, o narrador registra os próprios sentimentos diante dos espetáculos naturais mais sublimes[9]; e a científica , com a qual o naturalista enumera, cataloga, compara, analisa os fenômenos naturais.

Quando finalmente volta à Inglaterra, depois de cinco anos de odisséia a bordo do Beagle, Darwin faz um balanço de sua experiência. De um lado os aspectos negativos, do outro os positivos: a ausência de amigos e dos lugares familiares, a antecipação feliz do regresso, a

ix. E come quei che non lena affannata, / uscrito fuor del pelago a la riva, / di volge a l'aqua perigliosa e guata...

IN BREVE CARTA   93

falta de espaço, de solidão e de descanso, a sensação de cansaço criada pela pressa contínua, a privação das comodidades; mas, também, um substancial melhoramento das condições das viagens de navio da época moderna; enjôo, causado pelo mar, e prazer da navegação. As "celebradas glórias do oceano infinito" nada mais são do que a visão de uma "monótona imensidão, um deserto de água". É bom saborear espetáculos deliciosos, como uma noite de luar com o céu límpido e o escuro mar cintilante, ou a fúria de temporais desenfreados: mas é muito mais "bonito" contemplar as tempestades da costa (como espectadores, como diria Blumenberg)[10].

Enfim, a maior fonte de prazer: a atônita maravilha diante da paisagem, diante do sublime das florestas primordiais do Brasil, em que predominam as forças da vida, ou daquelas da Terra do Fogo, em que prevalecem "a morte e a dissolução", as planícies intermináveis, inabitadas e desconhecidas da Patagônia que, se quisermos acreditar, como os antigos, que a terra é plana e rodeada por água ou por desertos inflamados, seriam considerados "com profunda aflição, como o extremo confim do humano conhecimento". E depois o espanto ao encontrar pela primeira vez o "outro", o "bárbaro" selvagem que, contudo, talvez nos apresenta a imagem de nossos próprios progenitores, e cuja diferença do homem "civilizado" é impossível descrever. Ao mesmo tempo, o "prazer da caça", a paixão instintiva pela vida ao ar livre, pelo "retorno selvagem aos primitivos hábitos humanos"; o quente sentimento de felicidade que se experimenta ao respirar pela primeira vez em um país estrangeiro, ao caminhar num chão nunca antes pisado pelos nossos semelhantes. Enfim, as alegrias de Odisseu, de Ulisses, de Colombo.

Existem, entretanto, fontes de prazer igualmente profundas, "e estas são de natureza *racional*". Como admitia, diante de Pedro Gutierrez, o Colombo de Leopardi, o viajante tende inevitavelmente, "a preencher os largos vazios do saber com hipóteses pouco cuidadosas e superficiais", mas, para o cientista

O mapa do mundo cessa de estar vazio, torna-se um quadro cheio das mais variadas e animadas figuras. Cada detalhe assume suas dimensões; os continentes não são considerados como ilhas e as ilhas como simples pontos, que, na verdade, são maiores que muitos reinos da Europa. África ou América setentrional e meridional são nomes que soam bem e que se pronunciam facilmente, mas não é por ter velejado durante semanas ao longo de breves trechos de suas praias, que poderemos nos convencer completamente de quão vastos espaços de nosso imenso mundo estes nomes indicam.

Darwin compartilha – e vive em sua experiência – a nostalgia de Leopardi pela incontaminada *arche* da natureza, mas se afasta da humanidade criança, da barbárie selvagem pela qual pode-se demonstrar *pietas,* mas da qual deve-se reconhecer a radical alteridade, a menos que não se remonte aos primórdios de todo o gênero humano.

94 A SOMBRA DE ULISSES

Sobretudo, ele entusiasma-se por aquilo que Leopardi detesta, isto é, a redução do mundo "in breve carta": para Darwin, não há na "carta do mundo" uma plana uniformidade que esconde o inexorável crescer do nada, mas uma plenitude variada e viva, na qual cada detalhe captado pelo observador confere uma dimensão apropriada àqueles nomes que o "talvez" de Petrarca e Leopardi deixava para a imaginação. Por causa das descobertas geográficas, para Leopardi os sonhos dos antípodas desapareciam tornando-se simples pontos: após ter navegado por semanas ao longo de *pequenos* trechos de seus litorais. Para o naturalista inglês, a "experiência", tão odiada por Leopardi – a "verdade", que o italiano considera revelação do nada – confere grandeza às coisas: medindo-as, circunscrevendo-as, dando-lhes margens "reais", pode-se apreciar sua imensidão.

Nenhum episódio melhor do que este descreve o trágico conflito entre poesia e ciência que domina o Oitocentos. Ele é confirmado por Baudelaire, que na penúltima composição de *As Flores do Mal* (*Fleurs du Mal,* 1857), "Le Voyage", volta a Odisseu-Ulisses, partindo justamente da imagem do mapa geográfico:

> Para o jovem que por mapas e estampas
> É fascinado, o universo é igual a seu desejo ilimitado.
> O mundo como é grande à luz das lâmpadas!
> E como é, ao contrário, pequeno aos olhos da lembrança![x]

Assim inicia "Le Voyage", relembrando o menino de Leopardi e o desejo infinito de Tennyson, mas virando de ponta cabeça, por assim dizer, o atlas. O mundo é vasto antes da experiência, quando o desejo ilimitado projeta-se sobre ele na "clarté" da imaginação. Depois da viagem, na lembrança, aquele mesmo mundo aparece infinitamente pequeno.

No meio, desenrola-se a odisséia do homem moderno, trágico e burlesco "cumprimento" da homérica e da dantesca. Há quem parta cheio de rancor, para fugir ao horror da própria terra como o Ulisses de Tennyson, e quem, para evitar Circes tirânicas, inebria-se de luz, de espaço, de céus chamejantes. Os verdadeiros viajantes, certamente, são apenas aqueles que "partem por partir", que com o coração leve como um balão, "nunca se afastam de seu destino" e, sem saber por que, dizem "Allons!". Eles possuem desejos que têm a forma de nuvens, imensas volúpias mutáveis e desconhecidas das quais o espírito humano nunca soube o nome. Mas eis os Ulisses de hoje, cheios de "Curiosidade" como o Ulisses dantesco. Estes "velhos vagabundos"

---

x. Pour l'enfant, amoureux de cartes et d'estampes, / L'univers est égal à son vaste appétit. / Ah! que le monde est grand à la clarté des lampes! / Aux yeux du souvenir que le monde est petit!

se embarcam no "mar das Trevas"; passam diante das vozes "*charmantes et funèbres*" das Sereias, que convidam ao Loto perfumado de uma tarde sem fim, vêem o esplendor das cidades no sol que se põe, visitam palácios encantados; conhecem costumes "que inebriam os olhos"; por todo lugar reencontram "o espetáculo monótono do eterno pecado": a mulher que ama a si mesma, o homem duro, lascivo, "o regato no meio do esgoto" – a Humanidade fofoqueira, ébria de seu próprio gênio, louca agora como sempre foi, "que a Deus em sua louca / agonia grita: 'Oh! meu par, oh! patrão, / eu te amaldiçôo!'".

Os Judeus errantes, os novos apóstolos, fazem vela para escapar deste "infame reciário". Por outro lado, Cristóvão Colombo, hoje, nada mais é que um marinheiro beberrão que inventa as Américas. Cada ilha que avista é "um Eldorado anunciado pelo Destino" que revela-se depois, na claridade da manhã, nada mais que um penedo, uma miragem "que torna o abismo mais amargo". Os paraísos cintilantes que ele sonha de nariz para cima tornam-se países quiméricos que somente a "orgia" da imaginação poderia arquitetar. Só isso sobrou do grande "descubrimento": uma invenção sem consistência e sem poesia, um mero nada, inspirado pelo álcool.

Quais nobres narrações podemos então ler nos olhos profundos como o mar, destes "étonnants voyageurs"? Só uma "ciência amarga":

O mundo, pequeno, monótono, hoje como ontem
E como amanhã e sempre, nos mostra a nossa imagem:
um oásis de horror num deserto de tédio[xi]!

O mundo é novamente minúsculo e todo "parecido", espelho de nosso oásis de horror num deserto de monotonia. Por trás do desejo incomensurável que impele este Ulisses a levar o próprio infinito no finito dos oceanos, esconde-se uma repugnância aterrorizada, um *horror* do presente e do futuro. Como um fantasma, o Tempo lhe aparece, em fuga contínua. Na voz doce das Sereias ele adivinha aquilo que Circe havia profetizado para Odisseu: a morte. Ao seu canto, os nossos amigos mais queridos, "os nossos Pilades", nos abrem os braços de lá embaixo; a mulher amada, Electra, nos convida a nadar em sua direção, para que nosso coração "se refresque" naquele mar gelado.

Fulminante, em sua feroz ironia, Baudelaire evoca abertamente aquela sombra suprema que perseguimos desde o início deste livro. A Morte torna-se o capitão da última viagem, daquela viagem que pode nos conduzir para longe da monotonia e do nada. Ulisses, agora, invoca Caronte:

---

xi. Le monde, monotone et petit, aujourd'hui, / Hier, demain, toujours, nous fait voir notre image: / Une oasis d'horreur dans un désert d'ennui!

Oh! Morte, velho capitão, já é tempo! Levantemos a âncora!
Esta terra nos entedia, oh! Morte! Para cima, icem as velas![xii]

O Ulisses de Dante, reduzido a espírito envolto pela chama, dava uma língua ao seu ardor "de conhecer o mundo". O fogo arde agora o próprio cérebro de seu descendente luciferino. Ele quer de fato "plonger au fond du gouffre" – mergulhar no abismo – pois apenas no extremo alto passo, naquele último turbilhão, faz-se a experiência do Inferno ou do Paraíso. Nem mais importa qual dos dois, contanto que se desça no Ignoto para encontrar em seu fundo, por fim, o "novo": "Au fond de l'Inconnu pour trouver du *nouveau*!" O anônimo Ulisses de Baudelaire lê em seu protótipo dantesco o desejo de viver-no-morrer e cumpre de forma consciente seu destino[11]. Mas a morte não é mais mera sombra. A ela está dedicada toda a última seção das *Flores do Mal*; esta Criatura imensa "da qual nos preenche em soluços um infernal desejo" é a verdadeira Musa do poeta. Longe de encontrar-se por trás do sol, além do poente, ela está suspensa no alto, em "A Morte dos Artistas" (La mort des artistes), "como um *novo sol*" que planará, fazendo desabrochar as flores da poesia.

Flores que apodrecem por causa do mal que nos rói; quanto estão distantes, estas, das selvagens giestas do deserto de Leopardi! E quanto, sobretudo, astralmente remotas da elegância das samambaias e das acácias de que Darwin vê coberto o terreno, no meio da selva escura, áspera e forte, do Brasil. Ele registra com cuidado delicado o abaixar-se dos sensíveis pecíolos que produzem um largo rastro visível quando se anda por cima deles. E acrescenta, colocando este detalhe no espetáculo grandioso da floresta:

> É fácil especificar cada um dos objetos de admiração naquele grande cenário, mas é impossível dar uma idéia adequada da profundidade da sensação de maravilha, de espanto e de devoção que preenchem e elevam a mente.

Nosso Ulisses encarna neste momento, na metade do século XIX, a divergência que gradualmente instaura-se entre a poesia e a ciência – aquela poesia e aquela ciência que, como modelo da "literatura do conhecimento"[12], ele sempre trouxe *juntas* em si. Essa divergência exprime-se agora em uma diferença substancial de retórica, nas várias línguas que o discurso científico e o poético escolhem cada qual para si, com sempre crescente e recíproca hostilidade. O Newton de Wordsworth pode ainda percorrer estranhos mares do pensamento. O Colombo de Leopardi deve destruir o *logos,* para evocar o *mythos* do penhasco de Leucádia. O Ulisses de Baudelaire escolhe a linguagem infernal para desconstruir sua viagem.

---

xii. O Mort, vieux capitaine, il est temps! levons l'ancre! / Ce pays nous ennuie, ô Mort! Appareillons!

IN BREVE CARTA

A estas duas línguas – que prefiguram com clareza as "duas culturas" de que falou C. P. Snow[13] – correspondem dois desejos cada vez mais opostos. A ciência oitocentista deseja circunscrever e dividir, para melhor "possuir" os objetos, o mundo, o conhecimento. A poesia romântica anseia ampliar e reunir porque, privada – "*dispossessed*" – das coisas, ainda que capaz de palavras e de saber, almeja imitar, recriar a voz do universo.

Ambas, assim como a filosofia, nascem – diria Aristóteles – da maravilha, porque os homens, "a princípio" e sempre, espantam-se com os fenômenos naturais e amam o *mythos*. Ambas, assim como a filosofia, perseguem a verdade. Entretanto, a ciência indaga o existente, o aparente, o *fenômeno*, do qual quer descobrir e ao qual deseja impor as "leis". A poesia tenta representar na liberdade da mimese e da fantasia, aquilo que é sentido e pensado pelo homem, o *noumeno*. Enfim, a poesia procura colher a sombra *daquilo que é*, o ser ou o não ser: portanto, ela se aproxima e se afasta continuamente do limite que separa e une a vida e a morte, o infinito e o nada. Somente no século sucessivo – o nosso – "o novo espírito científico"[14] voltará a se preocupar, em sua própria língua, com esses limiares.

NOTAS

1. M. H. Abrams, *Lo specchio e la lampada*, Bolonha, 1976, p. 473.

2. A. Koyré, *Dal mondo chiuso all'universo infinito, op. cit.*; e P. Zellini, *Breve storia dell'infinito*, Milão, 1990.

3. M. H. Abrams, *Natural Supernaturalism:Tradition and Revolution in Romantic Literature*, Nova Iorque, 1971, II, i; V, ii, G. Hartmann, "A Poet's Progress: Wordsworth and the Via Naturaliter Negativa", em *Modern Philology*, 69 (1962), pp. 214-224.

4. W. Wordsworth, *Il Preludio*, M. Bacigalupo (org.), II, vv, 420-428, Milão, 1990. Cfr. G. Hartmann, *Wordsworth's Poetry 1787-1814*, Cambridge, Mass. Londres, 1971² .

5. H. F. Tucker, *Tennyson and the Doom of Romanticism*, Cambridge/Londres, 1988, ao qual devo muito.

6. H. Bloom, *Una mappa della dislettura*, Milão, 1988, pp.158-161; *Poetry and Repression*, Nova Haven-Londres, 1976, pp. 157-60; e em geral *L'angoscia dell'influenza*, Milão, 1983.

7. J. J. McGann, *Towards a Literature of Knowledge*, Oxford, 1989.

8. Cfr. E. Severino, *Il nulla e la poesia. Alla fine dell'età della tecnica: Leopardi*, Milão, 1990.

9. F. Marenco, "Introdução a Ch. Darwin", *Viaggio di un naturalista intorno al mondo*, Turim, 1989, pp. XIV-XV.

10. H. Blumenberg, *Naufragio con spettatore*, Bolonha, 1985.

11. L. Pertile, "Baudelaire, Dante e il mito di Ulisse", em *Rivista di letteratura moderne e comparate*, 36 (1983), pp. 109-122.

12. J. J. McGann, *Towards a Literature of Knowledge, op. cit.*

13. C. P. Snow, *Le due culture*, Milão, 1964; e v. V. Gentili & P. Boitani (orgs.), *L'età vittoriana: l'immagine dell'uomo fra letteratura e scienza*, Roma,1982.

14. G. Bachelard, *Il nuovo spirito scientifico*, Bari, 1951; J. D. Barrow, *The World within the World*, Oxford, 1988.

6. A Última Viagem e o Fim das Viagens: Funções da Ironia

O mito é o nada que é o todo*.

Se do já iminente limiar do século XXI nos voltamos para trás para contemplar o "alto passo" dos cem anos transcorridos, veremos Ulisses navegar pelos mares de todo o planeta com impressionante freqüência. Permanecendo dentro dos limites da literatura ocidental, e sem precisar pesquisar especialmente, a lista das versões "puras" e "diretas" do nosso herói correria o risco de se tornar um catálogo como aquele, cantado com imenso brio pelo Leporello de Mozart, das belas amadas por Don Juan. Resumindo, na Itália bastam os nomes de Pascoli, D'Annunzio, Gozzano, Saba, Savinio, Quasimodo, Primo Levi, Moravia, Luigi Dallapiccola; na Grécia, Kaváfs, Seféris e Kazantzakis; em Portugal, Pessoa; na França, Giraudoux, Gide, Giono, Valéry, René Char. Na língua espanhola será indicativo para todos Jorge Luis Borges. Em inglês (da Grã-Bretanha, Irlanda e América do Norte), de Conrad, Joyce, Pound e Eliot a Robert Graves, Wallace Stevens, Robert Lowell, Thom Gunn, Eiléan Ní Chuilleanáin, e aos escritores do ex-império britânico, que levam Ulisses para a África e Austrália, no Caribe e nas Índias descobertas por Colombo[1]. E mais: na Alemanha, onde Ulisses foi quase completamente ausente da grande tradição dos séculos passados, contam-se pelo menos onze reescrituras do nosso mito entre *O arco de Odisseu,* de Gerhart Hauptmann (1914) e o *Testamento de Odisseu,* de Walter Jens (1957). Eyvind Johnson fala de Ulisses da Suécia, Kafka de Praga, Ossip

* Fernando Pessoa, *Mensagem.*

Mandelstam e Josif Brodskij da Rússia, Benjamin Fundoianu da Romênia e da França. Elias Canetti – nascido na Bulgária de família hebraica de língua espanhola e tendo vivido na Áustria, Inglaterra e Suíça e escrevendo em alemão – confessa que, desde a idade de dez anos, Ulisses representa para ele o primeiro modelo, "completo e compósito", do qual aprendeu mais do que qualquer outro ser humano. Diante da "metamorfose" – da qual Ulisses, sempre tentando "diminuir-se", é herói, e que constitui o ideal supremo de que cada poeta deve ser guardião, e da "incoercível curiosidade" que Ulisses mostra diante das Sereias – Canetti reconhece sentir uma dependência interior "profunda e absolutamente completa". A sua obra mais célebre, *Auto da fé* (na qual o Grego ocupa um capítulo) nada mais é – declara o escritor – senão um testemunho do enorme poder que Ulisses exerceu sobre ele.

A presença vital do nosso Ulisses nas letras novecentescas é, em suma, proporcional à freqüência com a qual os escritores e os críticos modernos proclamaram a morte da literatura e o fim do mito. Ou melhor, parece que o "espírito deserdado"[2] do nosso século volta continuamente ao mito antigo, para procurar os fundamentos da história e da poesia, quase agarrando-se a ele como a pedra de toque entre o todo e o nada.

Em *Mensagem*, um pequeno poema ocultista publicado em 1934, o maior escritor português do Novecentos, Fernando Pessoa[3], usa Ulisses na abertura de um conto complexo que celebra a história de seu país – de Viriato a Henrique, o Navegador, de Bartolomeu Diaz a Vasco da Gama, de Colombo a Magalhães – e ao mesmo tempo zomba do tradicionalismo mitológico de sua nação (e da Europa inteira). Ulisses, é bom lembrar, é o legendário fundador de Lisboa (Ulixabona). Em mensagem, ele representa, para Pessoa, aquele nada que é tudo: o seu jamais ter existido é o ser verdadeiro princípio de criação. É o mito que, como vimos em todo este livro, fecunda a realidade. A vida, que está "em-baixo", ao contrário – morre, como canta, com amargura e sarcasmo, o poeta:

> O mito é o nada que é tudo.
> O mesmo sol que abre os céus
> E o mito brilhante e mudo –
> O corpo morto de Deus,
> Vivo e desnudo.
>
> Este, que aqui aportou,
> Foi por não ser existindo.
> Sem existir nos bastou.
> Por não ter vindo foi vindo
> E nos criou.

A ÚLTIMA VIAGEM E O FIM DAS VIAGENS 101

Assim a lenda se escorre
A entrar na realidade,
E a fecundá-la decorre.
Em baixo, a vida, metade
De nada, morre.

Neste espírito, com um misto de encanto e de ironia, será oportuno ler as aventuras novecentescas de Ulisses, que formam o tema dos últimos três capítulos do nosso livro. Mesmo neste caso, seria impossível e inútil acompanhar todas as evoluções do herói, e a nossa escolha dos textos obedecerá, mais uma vez, aos critérios da leitura oblíqua, impura e inquieta expostos anteriormente.

Dividiremos o material em três partes, de modo a oferecer mais de uma possível conclusão ao nosso conto. Neste capítulo discutiremos a última viagem de Ulisses como modelo de oscilação entre o todo e o nada, deslocando-nos no decorrer do conto em direção àquelas versões paródicas que prefiguram o fim das viagens. No seguinte, procuraremos de novo o ponto de contato entre a história e a literatura. No último, discutiremos três dos êxitos com os quais Ulisses nos conduz à nossa época: a Palavra, o Enigma e o Silêncio.

Para Pessoa, Ulisses é um *arkhē* da realidade na ficção, um início no mito e na poesia, que expressa veladamente a esperança no iminente renascimento da vida e da cultura. Semelhante ao seu Ulisses é o Odisseu dos poetas gregos, que reencontram no herói homérico as raízes da própria história pessoal e nacional. Em *Ítaca* (1911), Kaváfis celebra a ilha, pobre e nua como símbolo da própria vida que resplandece no fim de uma longa viagem – uma viagem que o homem deve cumprir sem pressa, aprendendo dos sábios que encontrará no caminho e enriquecendo pouco a pouco nos empórios fenícios ou entre os perfumes inebriantes das cidades egípcias. Em *Sobre um Verso Estrangeiro* (1932) Seféris canta, com a voz de DuBellay, "Feliz quem fez a viagem de Odisseu". O herói apresenta-se diante dele como um fantasma gigantesco, que "murmura entre a barba embranquecida palavras / da nossa língua, como já falavam / três mil anos atrás". Ele é um pai que ensina ao filho como construir um cavalo de madeira para conquistar a sua Tróia; que conta "a árdua angústia de sentir as velas da nau / inchadas pela memória e a alma tornar-se timão", que doa com as suas mãos sapientes "o mar sem ondas, azul / no coração do inverno" – Odisseu, no princípio, mestre da verdade e da vida. Na longa *Odisséia* de Nikos Kazantzakis (1938) o nosso herói, que partiu mais uma vez de Ítaca, experimenta o Todo: constrói uma cidade utópica no deserto, torna-se adepto de conhecimentos esotéricos, vira eremita em busca do ser, morre num iceberg na Antártida[4].

Na Itália, o paradigma homérico é intrinsecamente ligado àquele dantesco. Os poetas italianos procuram o início no fim. O que conta, para eles, é a última viagem de Ulisses, a viagem profetizada por

102 A SOMBRA DE ULISSES

Tirésias na *Odisséia* e idealmente realizada, por um lado, no *Inferno* e, por outro, por Colombo, em 1492. Já vimos, por exemplo, que, em 1897, Arturo Graf escreveu a *Última Viagem de Ulisses,* onde o naufrágio é projetado na costa americana, e a sombra trágica sublima-se numa perspectiva heróica. Para Pascoli, este tema e a própria figura de Odisseu (a quem ele dedica bem cinco composições poéticas) tornam-se obsessivos.

Significativamente, o poeta da Romagna oscila entre os dois pólos tipológicos da última viagem, o dantesco e o de Colombo. No *Hino dos Imigrantes Italianos a Dante*, composto em 1911 por ocasião de inauguração, em Nova Iorque, de um monumento a Dante, Pascoli retoma a interpretação renascimental do Canto XXVI do *Inferno* e o lê em chave romântico-heróica. O poeta florentino é agora o protótipo do imigrante: a pátria cruel o exilou, obrigando-o a fazer-se ao mar como uma "nau sem vela". A expressão, cunhada pelo próprio Dante no *Convivio*, aciona a mola da celebração. Dante, diz Pascoli, desceu ao inferno para interrogar Ulisses *"il molto errante"* (que muito vagueou), e nos contou a mensagem a fim de que toda a humanidade a ouvisse:

> Homens, não acreditem no ocidente:
> aquilo que para vocês é noite será aurora para outros.
> Sigam-me no mundo sem pessoas:
> será proveitoso o dizer, embora mortos: lá estive![i]

Sentado, insone, na beira do Oceano, Dante anuncia a profecia: "Não há colunas!". A profecia será ouvida e cumprida por Cristóvão Colombo. Era Dante quem governava a *Santa Maria* "quando no limiar / do novo Mundo, ela esperava a aurora": é ele, portanto, o verdadeiro "timoneiro eterno da Itália". A poesia encontra-se mesmo com a história! A sua retórica assume valor catártico, transformando a tragédia nacional da emigração (que a *pietas* de Pascoli não apaga totalmente) em *epos* nacionalista. Ulisses-Dante-Colombo: eis a seqüência figural que reencontra as antigas raízes do presente, o início no fim.

Dessa forma, a última viagem de Ulisses entra nas últimas décadas do Oitocentos e nos primeiros anos do Novecentos, no cânone da escola italiana, onde diversas gerações de professores a transmitem aos alunos como modelo do destino heróico da estirpe. Logo, ele se prestará à celebração em mármore (na fachada do Palazzo della Civiltà del Lavoro ou "Colosseo quadrato" de Roma EUR)* do povo de santos, poetas, navegadores e transmigradores e o figuralismo do

---

i. Uomini, non credete all'occidente: / ciò ch'è a voi sera è prima aurora altrui. / Seguite me nel mondo senza gente; / dire, anche morti, gioverà: Vi fui!

* Palácio da Civilização do Trabalho ou "Coliseu quadrado" (N. da E.).

A ÚLTIMA VIAGEM E O FIM DAS VIAGENS 103

Renascimento encontrará o seu *telos* – ironia da sorte – na exaltação mussoliniana e coletiva do fascismo.

Pascoli possui todavia uma sensibilidade demasiado fina para não perceber, junto às efervescências da Itália desejosa de afirmar-se, também as inquietações de um mundo que se sente perto do fim. Já em 1904, nos *Poemas conviviais* ele publica uma composição em vinte e quatro partes (tantas quanto os cantos da *Odisséia*), que narra a fatídica *Última Viagem*. Agora, no fim da longa errância de Odisseu, não há a América, mas novamente, como no *Inferno*, a morte. De Ítaca, velho, mas cansado, como o Ulisses de Tennyson, da lareira doméstica, o herói inquieto parte com o aedo Femio, o mendigo Iro e seus antigos companheiros, para uma viagem que percorre de novo as etapas de seu itinerário fabuloso. Na ilha Eea não há, porém, nenhuma Circe, porque a tempestade do desejo se aplaca na velhice; e, aqui, perto do palácio da maga, morre Femio, deixando a sua cítara dependurada nos ramos de uma árvore. Na ilha das cabras, os Ciclopes desapareceram e foram substituídos por uma estirpe de pastores bondosos e hospitaleiros que conhecem Polifemo apenas pelas lendas contadas pelos pais: Odisseu não pode reencontrar a glória pronunciando finalmente o seu verdadeiro nome diante do gigante, e Iro fica, como aprendiz, junto às tranqüilas casas dos novos colonos.

Mas o herói ainda quer saborear a única coisa boa que resta ao homem – "saber as coisas" – e faz vela em busca das Sereias, à procura da verdade. O navio passa diante do Hades (em vão os mortos saciados de vida convidam os velhos ao repouso eterno), às ilhas do Loto, do Sol e de Éolo, entre os Penhascos Errantes, entre Scilla e Cariddi. E eis enfim na bonança a planície florida das Sereias, circundadas por um monte de ossos. Não mais amarrado ao mastro do navio, livre finalmente das proibições de Circe, Odisseu gostaria de parar, chama as Sereias, pede-lhes que lhe contem quem ele foi e quem é agora. Imóveis, elas olham fixamente para a frente sem cantar, sem pronunciar palavra. Ele implora mais uma vez:

> Vocês duas, falem!
> Mas digam uma verdade
> uma só, entre todas as coisas,
> Antes que eu morra, o por que d'eu ter vivido![ii]

Por toda resposta, as frontes das Sereias se erguem altas sobre o mar, enquanto o navio naufraga entre os dois rochedos. O cadáver nu de Odisseu é levado pela corrente para a ilha deserta Ogigia, "que margeia no umbigo do mar eterno". Calipso, a Ocultadora, ulula às

---

ii. Ma voi due, parlate! / Ma dite un vero, un solo a me, tra il tutto, / prima ch'io muoia, a ciò ch'io sia vissuto!

104 A SOMBRA DE ULISSES

ondas estéreis, sem ser ouvida por ninguém, seu lamento pelo homem que não aceitara dela a imortalidade.

> Não ser nunca! não ser nunca! mais nada!
> mas menos morte, que não ser mais![iii]

Pela primeira vez depois de Platão vemos Odisseu morto. Mas na *República*, ele estava a ponto de reencarnar-se: aqui, é somente um corpo. Vida, amor, aventura, glória, conhecimento – tudo acabou. Inexoravelmente, a *picciola vigilia* da velhice* conduz, como em Tennyson, à morte. Além dela, o silêncio é rompido apenas pelo único grito que ficou, de quem desesperadamente rejeita o ser e cobiça o não ser.

Contra este nada, nada pode a poesia: como a harpa do Salmista, a cítara do aedo é tristemente pendurada nos ramos, e o seu som remoto e vão confunde-se com o tintinar das suas cordas ao vento. Antecipando em treze anos as de Kafka (que encontraremos no último capítulo), as Sereias permanecem obstinadamente mudas: estão mortas para sempre as vozes enfeitiçantes do belo, do saber, da própria morte. Na fratura da consciência entre Oitocentos e Novecentos, Ulisses encontra-se entre "cortiças, algas, astérias", "os inúteis escombros" – como daqui a pouco as denominará Montale – depositados pelo abismo nas margens desertas e silenciosas no umbigo do mar, no centro do mundo. O mito não é, como para Pessoa, o nada que é o todo. O Odisseu de Pascoli proclama, ao contrário, "o que não é tudo, é nada", e anela uma verdade que dê sentido à vida. Nesse desejo de totalidade absoluta se aninha o germe do aniquilamento sem remissão. O homem do nosso ontem quer possuir o universo inteiro: ao findar a última viagem, segura nas mãos um punhado de areia.

O Odisseu de Pascoli é uma resposta àquele de D'Annunzio. Com efeito, em *Maia* – a primeira das *Laudi* (*Laudas*), publicada em 1903 – o herói grego declara querer o todo:

> É somente uma palmeira que eu quero
> de ti, o virgem Nike:
> o Universo! Não outra.
>
> Somente aquela poderia receber
> de ti Odisseu
> que a si chama a morte no ato[iv].

---

iii. Non esser mai! non esser mai! più nulla, / Ma meno morte, che non esser più!

* Alusão ao versos 114-115-116 do canto XXVI do *Inferno*: "questa tanto picciola vigilia / d' i nostri sensi ch' e' del rimanente / non vogliate negar l' esperïenza" (à pouca vida em vós remanescente / não recuseis a esplêndida experiência) [Trad. C. M. – N. da E.]

iv. Sol una è la palma ch'io voglio / da te, o vergine Nike: / l'Universo! Non altra. // Sol quella ricever potrebbe / da te Odisseo / che a sé prega la morte nell'atto.

A ÚLTIMA VIAGEM E O FIM DAS VIAGENS

Para D'Annunzio, Odisseu constitui o modelo supremo do homem que ele mesmo quer ser. Na invocação às Plêiades e aos Desígnios Fatais, que abre as *Laudi* o poeta anuncia querer fazer uma fogueira com o timão e com o emblema do navio naufragado na última tempestade. Àqueles que perguntarão qual deus se esconde no fogo, ele responderá: "Não um deus, mas o filho de Laerte", que, visto na chama dantesca, vale mais de Cristo, o Galileu. A palavra de Cristo é de fato "fraca", enquanto o primeiro "excita os fortes".

Ulisses – o Ulisses de Dante – navega para terras desconhecidas, espírito insone, e os redemoinhos do seu coração são mordidos por aquelas "virtute" que é sua única âncora. Do "sangue latino" surgiu a única palavra "digna do Rei pelasgo": Dante completou Homero, dando ao seu herói "asas maiores". Além das Escrituras cristãs, Ulisses se apresenta desde o início como o profeta moderno, a Musa inspiradora, a própria Sereia da poesia:

> Rei do Mediterrâneo, falante
> na ponta maior da chama antiga,
> fale-me neste fogo flamejante!
> [...]
> o tu que com teu coração com tua carena
> costumaste desafiar todos os perigos
> atrás da tua alma Sereia
>
> enfim o mar sobre ti se fecho!ᵛ

A última viagem do herói dantesco será então um paradigma poético e existencial. Relidos à luz de Nietzsche, o canto XXVI do *Inferno* e a *Odisséia* desenham o caminho do novo homem para a "Hellade santa" "como exilado volta / ao berço dos pais / no leve navio."ᵛⁱ

Com efeito, é à procura da Vida além da vida que o eu do poema aponta, tendo já desejado, amado, ambicionado, tentado, sonhado tudo. A "experiência" do Ulisses dantesco e daquele tennysoniano chegou ao ponto extremo: "Ah, porque não é infinito / como o desejo, o poder / humano?" canta com irresistível encanto *Laus Vitae*, no início do *Maia*. Mais uma vez, o princípio da poesia e da vida é a "maravilha sempre eterna", a "sereia do mundo" – a Diversidade das criaturas que confere à alma a força vital de dez mil espíritos. Todos os catres, todos os despertares, cada parte vivente da natureza, cada mulher possuída, todos os confortos gozados e as melancolias sofridas são recordadas e sublimadas na noite de verão em que o coração titânico e irrequieto torna-se uma força concorde, que luta

---

v. Re del Mediterraneo, parlante / Nel maggior corno della fiamma antica, / Parlami in questo rogo fiammeggiante! / [...] / o tu che col tuo cor la tua carena / contra i perigli spignere fosti uso / dietro l'anima tua fatta Sirena, // infin che il Mar fu sopra te richiuso!

vi. come esule torna / alla cuna dei padri / su la nave leggera

com a mais alta sombra, toca a Galáxia, agita o sono da Aurora, desperta todas as cordas.

Tendo transcendido o humano, o poeta possui, agora, o mundo e invoca as Atlântidas (Maia, Electra, Alcyone e as outras irmãs), recebendo o presente de Dionísio – a videira que é Vida inebriante – e aquele de Afrodite, o seu corpo seminu que é alegria infinita. Na noite de verão, a carne cumpre então o humano "ato fugaz" "sob a espécie do Eterno", e o próprio viver aparece figurado no violento mito, "signo sacro pelas vias da Terra".

Esta é a nova *arche*, em cuja margem tem início a última viagem. Símbolo do novo Ulisses não é mais o remo, mas o próprio antigo Odisseu resplandecente no fogo dantesco: é ele, o primeiro, o Herói que o poeta encontra logo no começo da sua navegação para a Grécia, para o "simulacro / que torna visíveis ao homem / as leis da Força / perfeita". Sob os brancos penhascos de Leucádia – os mesmos dos quais se jogavam no mar os amantes desesperados, prefigurando, segundo o Colombo de Leopardi, o destino de toda navegação – Ulisses ergue-se da nau, segurando na mão a escota. Com a nau e com o arco ele prossegue ainda "sua necessária, penosa luta / contra o Mar implacável". Em vão, o poeta e seus companheiros interpelam o "Rei da tempestade", pedindo-lhe para levá-los consigo. Quando o narrador implora para ser posto à prova com o arco, Odisseu olha para ele "menos desdenhosamente" e o fere na fronte com o fulgor de seus olhos; depois, retoma sua navegação sem fim. O poeta está sozinho para sempre e não crê mais em nenhuma virtude senão naquela, inexorável, de um coração possante, a sua. Os seus pensamentos tornaram-se "faíscas do Ato".

O outro (Deus) dantesco desapareceu de uma vez por todas. O super-homem, "o Ulísside" moderno, pode dispensar-se dos homens e de Deus e deixar para trás Penélope e Telêmaco para jogar-se

> Contra as tempestades, contra o destino,
> contra os deuses eternos,
> contra todas as Forças
> que têm e não têm pupila,
> que têm e não têm palavra[vii].

Entre os seus companheiros encontraremos decerto um outro descendente de Ulisses – o explorador Guido Boggiani, experiente de "novas estrelas num céu encurvado", desejoso de terras incógnitas no Continente austral, destinado a cair "sob a clava do selvagem salteador" – mas a mensagem que o protagonista recebe o leva a prosseguir sozinho em seu caminho, sozinho na "última altura" que

---

vii. Contra i nembi, contra i fati, / contra gli iddii sempiterni, / contra tutte le Forze / che hanno e non hanno pupilla, / che hanno e non hanno parola.

A ÚLTIMA VIAGEM E O FIM DAS VIAGENS   107

é ao mesmo tempo um "alto passo" e junto à montanha escura. No instante de máxima fraqueza, ele reverá Odisseu – símbolo do ensinamento supremo – nas águas de Leucádia:

> Ouça o vento. Vamos! Solte! Alargue!
> retome o timão e a escota;
> porque é preciso navegar,
> viver não é preciso[viii].

O mito é o todo: "figura" da própria Vida que nele se cumpre, purificando-se por meio das dores humanas, demasiado humanas, da existência e da história – as guerras, as doenças, o inferno da cidade, a fome, as revoltas do povo, a morte, descritos por D'Annunzio na segunda parte de *Maia*. Entre Homero e Dante, a poesia torna-se "novo canto" do louco vôo para esta plenitude radiosa e sempre desciosa de retomar o espaço. Além do "talvez" e do nada, Ulisses e o seu poeta possuem o rosto de Zaratustra.

Toda incerteza parece superada. Uma energia indomável, uma infinita cobiça de abraçar e possuir todo o real, dominam este Odisseu do início do Novecentos. No momento em que a civilização ocidental sente-se onipotente, – não obstante os sinais de crise, que D'Annunzio registra com dor fulcente no poema – a poesia lê o herói da sombra como Titã da luz. Se o uivo niilista da Calipso de Pascoli é o lamento de uma época inteira sobre o próprio fim, a "seleção das palavras"[5] produziu, no triunfo danunziano da retórica e da vida, o agudo do tenor, daquela mesma era.

Por quanto tempo será possível segurar a voz nesta nota? Nem mesmo quatro anos. Em 1907, Guido Gozzano já está compondo *A Hipótese* que, terminada no ano seguinte, deveria constituir nas intenções do poeta o prelúdio ao "idílio" *A Senhorita Felicidade*. Com *A Hipótese,* uma leve sombra volta a envolver Ulisses – a da "Senhora vestida de nada", a morte. E de fato com ela inicia e termina o pequeno poema:

> Às vezes, eu penso que vida, que vida seria a minha,
> se a Senhora vestida de nada já não estivesse a caminho...[ix]

Imaginemos – nos sugere o escritor – um homem que, na ausência desta iminente Senhora, tenha se casado com uma filha da burguesia, uma senhorita jovem, simples e tranqüila, cheirando a cânfora alfazema e sabão, que vive com o pai numa antiga vila da região do

---

viii. Odi il vento. Su! Sciogli! Allarga! / Riprendi il timone e la scotta; / ché necessario è navigare, / vivere non è necessario.

ix. Io penso talvolta che vita, che vita sarebbe la mia, / se già la Signora vestita di nulla non fosse per via ...

Canavese, trazendo o cândido nome da beatitude terrena, Felicita-Felicidade. Imaginemos esse homem, alter ego do poeta, naquele que lhe poderia parecer um distante e róseo futuro, no verão de 1940. Maduro e encanecido, tranqüilo, esquecido dos sonhos, das ânsias e do orgulho juvenis, este homem viveria pacífico com a consorte na sua casa de campo no Canavese. Os filhos, já adultos, mandariam notícias da cidade distante: uma gravidez no sexto mês, êxitos no trabalho. O destino seria cumprido, mas a vida seria – "simplicidade muito confortável" – ainda prazerosa. À noite, o Prefeito e os outros poderosos da cidade jogariam cartas, e a eles se juntaria também o Pároco. Com o passar dos anos, o nosso septuagenário voltaria a fazer parte da agremiação "juventude clerical".

> pois a razão suspensa por um longo tempo no negro Infinito
> não encontra partido melhor do que voltar para a Igreja[x].

Os amigos que sobreviveram visitariam o velho companheiro: calvos, grisalhos ou tingidos, mas também sempre bem vindos numa casa modesta e festeira. Certamente eles encontrariam uma pessoa mudada, na qual "quem sabe quantos seriam mortos em mim mesmo". No fundo porém, isso teria pouca importância, porque ainda ficaria a beleza da antiga sala de jantar, com o seu perfume de maçã azeda e de cera, com as nuvens de fumaça de charuto. Com Foscolo, Petrarca e Guido de Montefeltro dantesco, de improviso o canto XXVI do *Inferno* dá uma piscadela entre os versos:

> Que importa! Morta grande parte de nós, abaixadas as velas,
> recolheremos as costureiras em volta à mesa fiel.
>
> Pois, cumprida a fábula humana, a Vida concilia
> a breve vigília dos nossos sentidos à mesa[xi].

No verão, com o céu sereno, se jantaria ao ar livre, no jardim, entre o trilo dos grilos, os últimos vôos das andorinhas e os primeiros voejos dos morcegos. Falar-se-ia de coisas simples como o tempo, enquanto a dona da casa iria muitas vezes à cozinha para vigiar a sorte de um doce em perigo ("São tão distraídas as cozinheiras...") e o camponês traria frutos apenas colhidos. E a uva moscatel, as ameixas frescas, os pêssegos amarelos e corados, as maçãs com sabor de rosa ("não é poeta quem não é guloso de frutos!", proclama Gozzano parodiando

---

x. poi che la ragione sospesa a lungo sul nero Infinito / non trova migliore partito che ritornare alla Chiesa.

xi. Che importa! Perita gran parte di noi, calate le vele, / raccoglieremmo le sarte intorno alla mensa fedele. // Però che compita la favola umana, la Vita concilia / la breve tanto vigilia dei nostri sensi alla tavola.

A ÚLTIMA VIAGEM E O FIM DAS VIAGENS

D'Annunzio) emanariam um aroma capaz de ressuscitar o tempo perdido.

Passar-se-ia a conversar sobre os amigos falecidos, as garotas bonitas do tempo passado, o destino e o amor. A conversa cairia depois sobre a literatura, sobre versos do século anterior, sobre a inevitável caducidade da moda poética e o silêncio dos heróis mais queridos:

> Bem! Como parece longínquo aquele tempo e o Coro de Febo
> com toda decoração pagã, com o Rei-de-Tempestades Odisseu ...[xii]

A senhora, dotada de cabeça pensante apesar da sua inocência, perguntaria, curiosa, o que será que fez aquele Rei de Tempestades de D'Annunzio, o "herói navegador" de *A Última Viagem* de Pascoli, evocado em *A Senhorita Felicidade*. Seria então recitada, entre um riso confuso, "para uso da consorte ignorante", a "fábula" antiga – "com o acordo de Homero e de Dante".

Inicia assim o novo canto de Ulisses, no qual o ritmo aparentemente simplório dos versos e o infantilismo das rimas constituem parte integrante da mensagem poética. O Rei de Tempestades era um tal

> que deu com sua vida simples
> um belo e deplorável exemplo
> de infidelidade conjugal[xiii].

Tendo vivido durante anos a bordo de um iate, ele tocou com alegres companhias as praias mais freqüentadas pelas famosas cocotes. Velho, voltou para casa e foi perdoado pela esposa fiel; ao invés de transcorrer em paz, "como vivemos aqui", os últimos dias serenos, ele decidiu enfrentar mais uma vez o mar e partiu à procura de fortuna na América (como os aventureiros do passado, como os emigrantes italianos da época). Com um só golpe são afundados no escárnio o sonho americano, a tipologia Ulisses-Colombo e a cobiça de saber que dominaram a cultura ocidental durante séculos. "América" rima com "quimérica"; "semenza" [origem] (que, para o Ulisses dantesco, colocava a origem e o fim do homem no conhecimento) com "senza" [sem]; "cari" [caros] com "danari" [dinheiro]:

> Mas nem o carinho pelo filho,
> nem lágrimas, nem a piedade
> pelo pai, nem o devido amor
> pela sua doce metade

---

xii. Mah! Come sembra lontano quel tempo e il coro febeo / con tutto l'arredo pagano, col Re-di-Tempeste Odisseo ...

xiii. che diede col vivere scempio / um bel deplorevole esempio / d'infedeltà maritale.

apagaram dentro dele o ardor
da esperança quimérica
e voltou com os velhos companheiros
procurando fortuna na América...
– Não se pode viver sem
dinheiro, muito dinheiro ...
Considerai, meus caros
companheiros, vossa essência! –[xiv]

A fatídica última viagem iniciou. O andamento fabuloso desmancha, mas ao mesmo tempo mantém a antiga *Sehnsucht* do relato. O arrepio suscitado pela navegação para o outro mundo, na escuridão, volta da vertente oposta – não do mistério e da tensão que o espaço ignoto construía contra o tempo medido pelas estrelas e pela lua, mas da imprecisão que zomba de qualquer coordenada. A "foz estreita" de Hércules, o ocidente, o mundo sem gente por detrás do sol desapareceram. Mas permanecem, o louco vôo, as estrelas do pólo austral, o alto mar, a alta montanha: emoldurados em rima pela repetição encantatória e fabulosa do "viajar", eles nos conduzem para a sombra trágica com a inexorável força cômica que nasce do nosso conhecimento do texto dantesco:

Viaja viaja viaja
viaja no louco vôo,
viam já cintilar
as estrelas do outro pólo ...
viaja viaja viaja
viaja pelo alto mar:
viram diante de si despontar
uma alta montanha selvagem ...[xv]

Os leitores não terão nenhuma surpresa no enredo de Gozzano, no qual tudo acontecerá de maneira previsível. Eles serão ao contrário surpreendidos por partes isoladas da seqüência. Quando a montanha escura de Dante, o obscuro monte de Tasso, a última altura de D'Annunzio se transformam numa "alta montanha selvagem", os leitores oblíquos e impuros recordarão a selva que abre a *Divina Comédia* e pensarão no "selvagem" por excelência da nossa cultura, na "wilderness" do Novo Mundo – em suma, nas "vastas califórnias selvas" de Leopardi. Gozzano zombará dos seus leitores então com a sua negação, que elimina a América do horizonte plurissecular de

---

xiv. Ma nè dolcezza di figlio, / né lagrime, né la pietà / del padre, né il debito amore / per la sua dolce metà / gli spensero dentro l'ardore / della speranza chimerica / e volse coi tardi compagni / cercando fortuna in America... / – Non si può vivere senza / danari, molti danari... / Considerate, miei cari / compagni, la vostra semenza! –

xv. Viaggia viaggia viaggia / viaggia nel folle volo, / vedevano già scintillare / le stelle dell'altro polo.... / viaggia viaggia viaggia / viaggia per l'alto mare: / si videro innanzi levare / un'alta montagna selvaggia...

A ÚLTIMA VIAGEM E O FIM DAS VIAGENS   111

Ulisses e recupera o trágico fim dantesco do herói, aprontando mais uma brincadeira, ultradantesca – não a Califórnia, mas o Purgatório, não um porto, mas o mar; não o Purgatório, mas o Inferno:

> Não era aquele porto ilusório
> a Califórnia ou o Peru,
> mas o monte do Purgatório
> que levou a nau para o fundo.
> E o mar sopra a proa
> encerrou-se para a eternidade
> E Ulisses precipitou no Inferno
> onde está até agora ... [xvi]

E a sombra reaparece pontualmente, envolvendo a "hipótese" com leve véu do nada, que veste a vida transformando-a em morte, com o "se" que, além das confortáveis ilusões burguesas da velhice serena, perturba os nossos sonhos:

> Eu penso às vezes que vida, que vida seria a minha,
> se já a Senhora vestida de nada não estivesse a caminho .
> Eu penso às vezes ...[xvii]

Um precário equilíbrio foi alcançado no breve espaço que ocupa a narração. A fábula coloca-se entre o mito homérico-dantesco-dannunziano e a paródia, entre a senhora Felicidade e a Senhora vestida de nada – entre o todo e o nada. Suspensa entre eles como um fio de teia de aranha, a poesia evoca o momento estupefato da existência. "Mas então existo! Estranho! / vive entre o Todo e o Nada / esta coisa vivente / dita guidogozzano!", murmura o poeta n'*O Caminho do Refúgio*.

A primeira função da ironia será suscitar esta leve maravilha cômica[6]. A fábula de Ulisses possui um ar impalpável e difuso de simplicidade: recitada em benefício da consorte ignorante, finge ter um leitor igualmente insipiente, mas baseia-se justamente em seu conhecimento intertextual. Ridicularizando o mito e colocando a literatura em seu lugar entre as coisas obsoletas[7], ela confunde o público cheio de reminiscências poéticas, entontece-o por um momento, torna-o estupefato e estúpido – humanamente saudável – no "riso confuso".

Mais um passo no caminho desta purificante idiotice, é dado por Alberto Savinio com seu *Capitão Ulisses* (que remonta a 1925, mas foi publicado em 1934 e encenado em 1938). A maquiagem é aqui abertamente pirandeliana, e o herói mítico sofre uma cura radical,

---

xvi. Non era quel porto illusorio / la Califórnia o il Perù, / ma il monte del Purgatorio / che trasse la nave all'in giù. / E il mare sovra la prora / si fu rinchiuso in eterno. / E Ulisse piombò nell'Inferno / dove ci resta tuttora ...

xvii. Io penso talvolta che vita, che vita sarebbe la mia, / se già la Signora vestita di nulla non fosse per via. / Io penso talvolta...

112 A SOMBRA DE ULISSES

passando "através do teatro". Na longa 'Justificativa' introdutória – significativamente intitulada "A Verdade sobre a Última Viagem" – Savinio explica as causas e os efeitos da metamorfose por ele imposta a Odisseu. "Que uma enorme vontade de *acabar* atormentasse o espírito de Ulisses, eu o suspeitava há tempo", ele nos diz. A confissão da própria personagem confirma esta impressão, enquanto o seu lamento atormenta obsessivamente as noites do escritor: à procura do autor, Ulisses sente-se, de fato, "condenado a uma noite infinita".

Se os heróis de Homero eram "algo entre o *Comendador* e o *Cavaleiro da Legião de Honra*", era necessário tirar do Navegador a máscara e a fantasia carnavalesca. Voltando ao seu tamanho natural, o grande infeliz, o incompreendido, o astuto, o inteligente puro, o homem de pensamento é apresentado como intrinsecamente "fútil". Não mais o "coração de bronze", nem uma grande inteligência: Ulisses é homem de "bom humor radical", dedicado com tenacidade àquela "metafísica da idiotice" pela qual resolve alcunhar Calipso "Dea Clisopompo" (que mais simplesmente significa *Mulher Clister*) e Penélope, "urinol". Ele, de fato, conheceu não somente a Grécia dos Atridas, mas também aquela moderna de Venizelos, na qual o povo sarcástico associa em uma mesma palavra "a mais doméstica das alfaias e a mais doméstica das mulheres". Aflito pela monotonia terrena, não se podia submetê-lo àquela "monotonia celestial sem remédio" que o acometeria se o autor fizesse dele um cristão.

Era necessário, portanto, transformá-lo em um homem, devolver-lhe um rosto normal, mas conservando seus traços míticos, fazer com que aprendesse a viver. Eis então, que ele comparece, no "drama", nas vestes de um Capitão que parece ter saído de um romance de Júlio Verne; eis que abandona a danunziana "femme fatale", Circe, e depois cansa-se dos incessantes cuidados maternos de Calipso, a eterna Maman Colibrì, a "incerta" Deusa do Esconderijo com a carne da cor do iogurte, "a preguiçosa Frau do amor". A corte dos Feaces, a viagem dormindo no navio, o retorno a Ítaca, a chacina dos Pretendentes, o encontro com Penélope – a *Odisséia* inteira é "teatralizada" e aprofundada psicologicamente e filosoficamente, numa atmosfera cada vez mais atordoante e num crescendo de alucinada loucura, de horror e de esgotamento em que Ulisses perde toda ilusão e toda esperança, recusando-se até a reconhecer a sua mulher, já velha.

Incitado por Minerva, "solteirona esfomeada", a cumprir o seu extremo destino, ele embarca para sua última viagem. Logo depois, porém, volta e veste-se com roupas burguesas. Com casaco, chapéu na cabeça e bengala na mão, ainda com dor no coração, mas finalmente livre, aplacado e com o espírito altivo, Ulisses toma o Espectador pelo braço, desce à platéia e afasta-se para o fundo da sala. Cai

A ÚLTIMA VIAGEM E O FIM DAS VIAGENS 113

assim definitivamente – como preanuncia a Justificativa – a mentira cultural suprema, aquela da última viagem:

Parado em frente a um mar de piche, a um navio igualmente negro e sempre pronto a zarpar: aquele navio no qual Ulisses não queria embarcar mais, porque sabia que assim que iniciasse, a *última viagem* converteria-se em *penúltima*. Era necessário dar um porto a este navegador sem porto, um fim à sua viagem, uma morte à sua vida. A sorte de Ulisses ficou em suspenso. A fama um dia o consagrou *homem da última viagem*... Tinha acreditado durante longo tempo na sinceridade da *última viagem*. Prostrado por aquele contínuo girar como louco, foi obrigado a se convencer de que a última viagem era como os cabelos de Eleonora, que quando não tem mais, ainda tem. "E quase não bastasse" me confiou uma vez Ulisses "este truque da *última viagem* quiseram embelezá-lo, adoçá-lo. Chamaram-no louco vôo!" Fervia de raiva. "Que ingenuidade, que falta de respeito! No entanto, Dante, eu imaginava que fosse uma pessoa séria...." Calou-se um momento e depois acrescentou: "Por isso mesmo. Os homens *sérios* foram os meus piores inimigos".

"É verdade", comenta sarcasticamente o autor do ensaio introdutório: "um destino imbecil", uma sorte obstinada invariavelmente impeliu Ulisses para as regiões *sérias* da vida". Ainda vivo, ele se tornou um fantasma suspenso num estado de "entorpecimento entre a vida e a morte".

Não foi esta, até agora, a nossa história? Logo naquela "vigília"* a sombra da qual temos falado, se alongou. Salutarmente, Savinio nos diz agora que o destino sério de Ulisses é imbecil. E acrescenta que, tendo aprendido a viver e tendo recusado a última aventura, ele poderá, quando tiver vontade, até morrer. É das cinzas do reducionismo irônico que o homem pode voltar à vida e à literatura. Para ressuscitarmos necessitamos reconhecer o cômico na tradição mítica, sem destruir sua poesia e salvaguardando com cuidado o seu aspecto verdadeiramente humano. Praticar a "metafísica da estupidez" é um exercício essencial à sobrevivência num mundo de obsessivos trágicos exageros: o riso, indispensável à maravilha e aos novos inícios. "A *História* – escreve semi-aristotelicamente Savinio – diz a coisa como é, o Teatro, como deveria ser". Não existe meio melhor do que esse para desatar os "nós da vida de modo igualmente rápido, asséptico, indolor". A ironia é a catarse do real, o único ponto de equilíbrio entre o todo e o nada[8].

Este movimento em direção ao riso não se restringe à cultura italiana. Em *Hugh Selwyn Mauberley* (1920) Ezra Pound – que, como vimos no início deste livro, abrirá em breve os *Cantos* com a viagem de Odisseu ao Hades – celebra ironicamente "l'election de son sepulchre" à maneira de Ronsard. O artista "novo", que em vão tentou "ressuscitar a arte morta da poesia" e manter o velho "sublime", entende ter nascido num país "meio selvagem" (a América) e com-

* Versos 114 a 116 do Canto XXVI do Inferno (N. da E.)

114 A SOMBRA DE ULISSES

preende que a idade moderna pede à poesia não "o alabastro da rima" mas uma "imagem do seu próprio trejeito acelerado". Na Odisséia, que percorre como homem e como poeta, Mauberley se vê retido durante um ano por mares em tempestades; declara que a sua verdadeira Penélope é Flaubert, e que ele foi pescar entre ilhas obstinadas observando a elegância dos cabelos de Circe "e não os motes gravados nas meridianas". A sua viagem termina numa Ogigia do Pacífico, nas "esparsas Ilhas Molucas" onde reina o Loto – onde no remo, antigo signo de Ulisses, se lê a seguinte inscrição irônica[9]:

Eu fui
e não existo mais;
aqui veio à deriva
um hedonista[xviii].

Seria possível ler em chave irônica também o *Ulisses* de Joyce, no qual – proveniente daquele além-túmulo platônico, onde procurava a forma da própria reencarnação na vida de um homem comum – se desenvolve a Odisséia do judeu irlandês Leopold Bloom. Ulisses, que vive tudo no Medi-terrâneo da sua inconsciente consciência e na Ogigia dublinesca dos sentidos e do intelecto, percorre decerto uma viagem através do cosmos inteiro, mas dentro da sua própria imaginação e dos detalhes, aparentemente insignificantes, ou até sórdidos, da vida de todos os dias. No fim de *Ulisses,* Bloom se encontra, traído, mas não abandonado, no materno, telúrico leito conjugal, ao lado do corpo planetário da mulher e na apaixonada memória dela: no ponto onde se conjugam os rododendros daquela Howth Head que fecha a baía de Dublin com os roseirais, os jasmins, os gerânios, os cactus de Gibraltrar – sem portanto poder ultrapassar as fatídicas Colunas de Hércules na última viagem[10].

É paradoxal e satírico também o romance de Jean Giono (publicado em 1938), que apresenta Ulisses nas vestes de um marinheiro covarde de fáceis costumes, que durante dez anos vaga pelos portos da Grécia e suas mulheres. O "herói" gostaria agora de voltar para casa, mas teme que Penélope (a qual tomou como amante Antínoo) repreenda a sua longa e injustificada ausência. Uma noite, enquanto atravessa o Peloponeso dirigindo-se para Ítaca, Ulisses inventa e narra, a um público atento, as histórias fantásticas de aventuras que nunca viveu. Um aedo presente ao espetáculo transforma estes contos numa saga, que logo se torna famosa e chega ao ouvido de Penélope. A esposa "fiel" manda embora o seu amante e acolhe o grande mentiroso em casa como se fosse um herói. Das "falsas histórias" em que o Odisseu homérico era mestre nasce agora a própria *Odisséia* (o título do romance é, *Naissance de l'Odyssée* (*O Nascimento da Odisséia*).

xviiii. I was / And I no more exist; / Here drifted / An hedonist.

A ÚLTIMA VIAGEM E O FIM DAS VIAGENS 115

Encontramos uma *arche* narrativa parecida com esta, ainda em 1957, quando Walter Jens publica o seu *Das Testament des Odysseus (O Testamento de Odisseu)*, a autobiografia que o velho navegador escreve para o neto uma vez de volta a Ítaca, onde vive anônimo observando a vida da sua família, que se transformou (Penélope casou-se novamente) e do reino, que não é mais seu. Aquelas histórias que ele havia inventado para distrair Príamo nas longas noites de inverno no fim da guerra de Tróia– confessa Odisseu – tornaram-se, pelas mãos de um escravo ou do arquiatra régio, a lenda das suas próprias aventuras.

Através da ironia temática e estrutural – a ironia como princípio narrativo daquilo que T. S. Eliot chamava o moderno "método mítico"[11] – Ulisses, libertando-se da última viagem dantesca, quer agora livrar-se de Homero. O mecanismo funcionará ainda em *Ulisses e Circe,* do americano Robert Lowell (publicado na coletânea poética *Day by Day*, 1977), em que "tudo é desagradável" para o herói "em sua empobrecida existência de mito" – seja a vida junto a Circe, seja o *nostos* para uma Penélope ainda atraente, seja a guerra vencida fraudulentamente, seja a viagem à procura do "mundo sem gente, além do sol" e o naufrágio "no oceano sem mapa". Do mesmo modo, na lírica *Odisseu a Telêmaco* (1972), o russo Iosif Brodski finge que Ulisses escreve ao filho – anos depois daquela guerra que ele não lembra mais quem ganhou – de uma ilha suja, cheia de arbustos, edifícios,"grandes porcos que grunhem", e habitada por uma "raínha qualquer". O caminho de volta mostrou-se muito longo, Posêidon deve ter "alongado e alargado o espaço". Um esquecimento indiferente a tudo se apoderou de Odisseu.

Pouco a pouco, a ironia revela-se existencial e ontológica. O sinal mais explícito e eloqüente deste processo é oferecido por Paul Valéry nos *Cadernos*:

> Ulisses – –
> Os encantamentos, os obstáculos, as magias adversas, os perigos, tudo lhe pareceu, em suma, sob a forma da tolice do universo e dos deuses.
> O incidente, a desventura jogada nos pés – – Superar, superar – Nenhum objetivo.
> – Reencontro esta manhã um tema que foi meu: *aquele da estupidez dos deuses.*
> – – – E no fundo da miséria e do próprio inferno , um *rir*...Acumuladas uma após a outra, as catástrofes no fim fazem rir – perdem toda a sua seriedade. A sensibilidade corrompe-se e vira de cabeça para baixo.
> E depois tudo isso já foi feito cem mil vezes – basta – basta – não abusem das minhas *faculdades.*

O encanto da aventura, o maravilhoso, e o monstruoso do mito parecem – como diria Savinio – imbecis. Aquele contínuo acontecer de infortúnios, aquele Acaso não casual, mas jogado casualmente do alto, aquela obrigação de suportar e vencer sem nenhum fim – a *Odisséia* não é metafísica da tolice, mas estupidez da metafísica, bobagem ontológica e divina. A essência da história de Ulisses – o Ulisses de Homero nas suas angustiosas desventuras, o de Dante no inferno, o de todos aqueles que o cantaram – é profundamente cômica, porque diante da repetição das desgraças, o sentido do trágico desaba sobre si mesmo e cai numa risada sem sombras, que pode subverter tudo: a "sensibilidade" se inverte. O *spoudaion* – o sério – torna-se *geloion*, risível. O *déjà vu* não é mais nem mesmo agradável (como é, segundo os *Problemas* pseudoaristotélicos, nos quais ouvir música já conhecida é considerado um duplo deleite, porque comporta o reconhecimento), e, por outro lado, não causa estranhamento, nem é perturbante (como seria em Freud). Ele nada mais é do que um abuso intelectual e poético. Valéry rejeita a nossa sombra.

A medida está cheia, o homem e o escritor do Novecentos, que a Ulisses retornam continuamente, estão saciados dele e de sua errância infinita. Mas este incômodo não é somente literário, nem exclusivamente metafísico. A cômica morte da poesia do Eterno Retorno e da Última Viagem nos parece como o pressentimento de um complexo fenômeno social e histórico, que estamos ainda vivendo: a multiplicação estúpida e o inevitável fim das viagens. Em 1955 (há, enfim, meio século atrás!), publicando *Tristes Trópicos*, Claude Lévi-Strauss denunciava ambos os aspectos desse fenômeno em páginas memoráveis intituladas "Fim das Viagens". De um lado, temos aquilo que nós chamamos o 'turismo de massa' (em 1950!):

> O fim de uma civilização, o início de uma outra, o nosso mundo que de improviso descobria ter se tornado demasiado pequeno para os homens que o habitam, todas estas verdades tornaram-se mais evidentes, não tanto pelos números, as estatísticas ou as revoluções, mas pela resposta tida ao telefone, algumas semanas atrás, enquanto acariciava a idéia – quinze anos após aquelas primeiras viagens – de reencontrar a minha juventude visitando novamente o Brasil: em todo caso, me disseram, deveria ter reservado o lugar quatro meses antes!

De outro, ligados às viagens de muitos, temos os dejetos que a civilização ocidental espalha de si no mundo inteiro, tornando-o não mais "parco mapa" (breve carta), mas lixeira, igual em todo lugar. A maravilha então desaparece, ou vem disfarçada nos contos de viagem já convencionais em que "exploradores" sempre mais numerosos têm sempre menos novidades para descobrir e narrar:

> Viagens, cofres mágicos cheios de promessas fantásticas, não oferecereis mais os vossos tesouros intactos. Uma civilização proliferante e sobreexcitada perturba para sempre o silêncio dos mares. O perfume dos trópicos e o frescor dos seres estão contaminados por uma fermentação cujo fedor suspeito mortifica os nossos desejos e nos condena a colher recordações já quase corrompidas.
>
> Hoje que as Ilhas Polinésias, sufocadas pelo concreto, são transformadas em porta-aviões pesadamente ancorados no fundo dos Mares do Sul, que a Ásia inteira toma o aspecto de uma região adoentada e as *bidonvilles* roem a África, que a aviação comercial e militar viola a intacta floresta americana ou a melanesiana, antes mesmo de poder destruir sua virgindade, como poderá a pretensa evasão das viagens fazer algo diferente do que manifestar

A ÚLTIMA VIAGEM E O FIM DAS VIAGENS   117

as formas mais infelizes na nossa existência histórica?... A primeira coisa que nos mostrais, oh viagens, é a nossa imundície jogada na cara da humanidade.

O fim das viagens, prefigurado pela ironia poética sobre o mito de Ulisses, coincide com uma única "desoladora certeza" – a de que o outro está sumindo e "vinte mil anos de história se perderam". Contudo, se quisermos reeencontrar o frescor da nossa perdida maravilha no horror da nossa civilização, será justamente para a história que deveremos nos encaminhar.

NOTAS

1. Penso em poetas e obras as quais Wilson Harris, *Eternity to Season;* Edward Brathwaite, *The Arrivants. A New World Trilogy;* Derek Walcott, *Omeros*; David Dabydeen, *Coolie Odyssey*. Como a problemática destes textos requereria a abertura de um discurso muito diferente, não é possível discutir sobre eles aqui. É significativo o fato de que o mito não conheça fim.

2. E. Heller, *Lo spirito diseredato*, Milão, 1965.

3. S. Rodrigues Lopes, Apresentação de *Mensagem de Fernando Pessoa,* Lisboa, 1986, pp. 22-38.

4. W. B. Stanford, *The Ulysses Theme, op. cit.*, pp. 222-240.

5. H. Blumenberg, *Elaborazione del mito, op. cit.*

6. Vide N. Borsellino, "Il Comico", e G. Gorni & S. Longhi, "La Parodia", em A. Asor Rosa (dir.), *Letteratura italiana,* 5, Turim, 1986, pp. 419-487.

7. E. Sanguineti, *Guido Gozzano,* Turim, 1966.

8. G. Guglielmi, "L'Ironia", em A. Asor Rosa (dir.), *Letteratura italiana,* 5, *op. cit.*, pp.489-512; G. Highet, *The Anatomy of Satire,* Princeton, 1962.

9. F. Jesi, *Letteratura e mito*, Turim, 1968, pp.187-213.

10. R. Ellmann, *The Consciousness of Joyce,* Londres, 1977; H. Blumenberg, *Elaborazione del Mito, op. cit.*, pp. 111-118. Deixo de lado, de propósito, Joyce (e Kazantzakis) porque a sua versão de Ulisses não cabe no meu tema da viagem ao Hades. O sexto episódio de *Ulisse*, que reproduz aquela viagem, é um funeral. Ao leitor que não concorde com a minha escolha aconselho meditar sobre o seguinte passo da penúltima sessão do *Ulisses* ("Ithaca"), onde Bloom, finalmente de volta para casa e logo depois identificado com Simbá, sonha uma cósmica, perpétua errância digna do Velho Marinheiro, coroado porém, por um *nostos* à maneira do conde de Montecristo: "Não reapareceria o que partiu, de qualquer forma, nunca, em nenhum lugar? Sempre ele erraria, auto-impelido, até o extremo limite da sua órbita cometária, além das estrelas fixas e dos sóis variáveis e dos planetas telescópicos, abandonados e vagabundos do céu, até o extremo confim do espaço, passando de terra em terra, entre povos, e eventos. Em algum lugar imperceptivelmente, ele sentiria, e de certa maneira, relutante, solicitado pelo sol, obedeceria às instâncias do retorno. Logo, desaparecendo da constelação da Coroa Boreal, às vezes reapareceria regenerado sobre o delta da constelação de Cassiopéia e após incalculáveis éons de peregrinação retornaria, vingador estrangeiro, reparador de ofensas aos malfeitores, obscuro cruzado, dormente desperto, com recursos financeiros (supostos) superiores aos de Rothschild ou do rei da prata". De qualquer maneira, como esclarecem as duas perguntas e respostas seguintes, o retorno seria "irracional" e já a partida, nessa altura, "indesejável".

11. T. S. Eliot, "Ulysses, Order and Myth", em S. Givens (org.), *James Joyce: Two Decades of Criticism*, Nova Iorque, 1963[2].

7. O Espelho do Mar: Uma Esperança para a Literatura na História

E navios vão e vêm na margem
e permanecem nesta forma uma ou duas semanas.

Existe um momento emblemático para a entrada de Ulisses no cenário do Novecentos europeu. É aquele em que Joseph Conrad – um polonês nascido na Ucrânia, que viveu na Rússia, foi educado em Cracóvia, emigrou para a França e embarcou pela primeira vez num navio francês, tendo passado depois para a marinha mercantil e assumido a cidadania britânica – publica em inglês (língua que escolheu como sua e na qual já se afirmou como um dos maiores escritores do século XX) um livro de memórias e idéias dedicado à experiência central da sua vida e à Musa primária da sua narrativa: o mar.

Este livro, que reune esboços em sua maioria escritos anteriormente para jornais e revistas, sai em 1906 (portanto muito antes do *Ulisse* de Joyce e das composições sobre o tema de Ulisses de Ezra Pound) com o título de *O Espelho do Mar*. Nele, como declara na Nota preposta ao volume em 1919, Conrad tenta "revelar em toda a sua nudez, com a franqueza de uma confissão final, os termos da [própria] relação com o mar. Iniciada misteriosamente, como todas as grandes paixões que os Deuses indecifráveis inspiram nos mortais, ela continuou, irracional e invencível, sobrevivendo à prova da desilusão, desafiando o desencanto que se esconde em cada jornada de uma vida difícil; continuou, cheia dos prazeres e das penas do amor, afrontando-os com exultação, com os olhos abertos, sem amargura e sem queixas, da primeira até a última hora".

A apaixonada relação, tão eloqüentemente descrita por Conrad, é muito complexa, e o espelho ao qual o título alude, possui múlti-

120 A SOMBRA DE ULISSES

plas facetas. Se elas, e da polissemia que prefiguram, podemos aproximar-nos mediante as duas epígrafes apostas à obra. Ambas provêm do trecentista Chaucer, o pai da literatura inglesa: uma de sua tradução da *Consolação da Filosofia* de Boécio; a outra dos *Contos de Canterbury* e mais precisamente do *Conto do Allodiere*. Na primeira, Boécio interroga a filosofia acerca de um "milagre" ou "maravilha" que o perturba profundamente: "For this miracle or this wonder troubleth me right gretly". Na segunda, um dos protagonistas do *Conto do Allodiere* se pergunta se um clérigo especialista em magia natural não possa, com uma "ilusão", apagar da visão os negros recifes da Bretanha e fazer com que os navios apareçam no horizonte durante algum tempo.

> E navios vão e vêm na margem
> e permanecem nesta forma uma ou duas semanas[i].

A maravilha de Boécio nos conduz de volta à fonte daquele amor pela verdadeira sabedoria e pelo mito – isto é, da filosofia e da poesia – do qual fala Aristóteles no início da *Metafísica* e ao qual se acenou na Introdução deste livro. Na *Consolação* tal perturbado assombro refere-se às causas escondidas dos fenômenos naturais, às leis misteriosas do universo, à capacidade do conhecimento humano, à divina providência, ao destino, ao acaso, ao livre arbítrio. Em outras palavras, por meio da citação de Boécio, o mar reflete para Conrad os problemas fundamentais que o homem é sempre obrigado a enfrentar: ele é a imagem viva de um espelho metafísico (ambas as palavras inglesas *mirror* e *miracle* derivam do latim *miraculum*) no qual se adensam interrogações gnoseológicas e éticas.

A "aparência" do *Conto do Allodiere* nos mostra o outro vulto do espelho, aquele ilusório. No "brink" – o horizonte, a extremidade, a borda, a margem – do mar, os navios parecem ir e vir, ficando suspensos nesta "forma" por alguns dias: todas as coisas humanas oscilam continuamente entre o afastamento e a aproximação, entre a presença e a ausência; se encontra sempre, numa mera forma enganadora (no entanto, ao olho humano, com tremenda força de convicção), no último umbral entre visibilidade e desaparecimento. Por um lado, o livro se apresenta não só como uma referência à tradição, ao *mainstream* canônico da literatura criativa inglesa aberto por Chaucer com os seus *Contos*; mas também como lembrança de que este cânone foi fundado sobre uma *tradução* (a que Chaucer fez de Boécio), que é uma reescritura de

---

i. And shippes by the brinke comen and gon, / And in swich forme enduren a wowke or two.

O ESPELHO DO MAR   121

um texto no qual poesia e filosofia se encontram, e ao mesmo tempo é uma transcrição cultural: espelho, em suma, de uma visão do mundo e de uma língua, em uma outra cultura e em uma outra linguagem.

A escrita que constitui este livro – *O Espelho do Mar* – é por outro lado *speculum* da dupla tragédia humana, da natureza insoluvelmente problemática do mundo e do ser, da transitoriedade e marginalidade da existência. *Maravilha e orla*: o início da literatura inglesa empresta ao europeu Conrad as duas beiras do assombro poético-filosófico e da margem ontológico-existencial entre as quais ele pode imaginar a própria viagem na vida e na narrativa.

Não será surpreendente descobrir que a navegação de Conrad com seus "barquinhos de papel", lançados no "mar terrível que se estende dentro do círculo de uma Sombra Eterna"[1], imita deliberadamente o itinerário histórico, cultural e poético de Ulisses: o que constitui, nas fases finais do *Espelho,* o símbolo da humanidade, o representante do eu autobiográfico, e o *typos* do escritor. Com a evocação de partidas e chegadas, a descrição de esperanças e dificuldades, a indicação minuciosa da técnica necessária ao homem do mar, a discussão dos ventos que com os seus turbilhões dominam o oceano e fazem-no parecer imemoravelmente antigo, as primeiras sessões do livro conduzem à "iniciação". Aqui revela-se ao protagonista, com o eco do Salmo, a última e mais espantosa *maravilha*, o "prodígio do abismo": a sua "insondável crueldade".

Então, numa seqüência que espelha a sucessão das civilizações humanas e ao mesmo tempo a experiência pessoal e artística, chega-se à "nursery of the craft": o ninho da arte, a sua fonte primária de alimento. "Feliz quem, como Ulisses, fez uma viagem aventurosa", exclama Conrad na abertura do capítulo, repetindo o célebre verso de Du Bellay. Este é sem dúvida o Odisseu homérico, o herói centrípeto do *nostos*, que aparentemente terminou as suas viagens e as contempla serenamente da segurança da pátria reconquistada. Todavia, o grito de exultação morre logo nos lábios do escritor, e a nostalgia do retorno de Du Bellay transforma-se imediatamente no seu oposto, na admiração pelas viagens de aventuras. Eis Odisseu que vagueia pelo Mediterrâneo, que percorre aquele mar interno como num círculo vicioso, que não é senão uma projeção da nossa própria mente. Mais uma vez, a maravilha constitui o *archè* da poesia, o verdadeiro "ninho da arte":

> Feliz quem, como Ulisses, fez uma viagem aventurosa; e não existe mar melhor para as viagens aventurosas do que o Mediterrâneo – o mar interno que os antigos consideravam tão vasto e cheio de *maravilhas*. Na verdade, ele era *terrível e maravilhoso*; porque nós mesmos, transportados pela audácia das nossas mentes e pelos tremores do nosso coração, somos os únicos artesãos de toda a *maravilha* e todo o *romanesco* do mundo.

Este Odisseu homérico e mediterrâneo coloca-se no início e no fim do mundo antigo, e constitui, ao mesmo tempo, o *typos* de um outro Ulisses. Vozes ameaçadoras, sedutoras e proféticas cantam para ele entre as negras rochas que fervem na branca espuma, falam com ele na escuridão por sobre as ondas em movimento. Trata-se, certamente, dos cantos das Sereias homéricas, que seduzem com o saber e a poesia e representam os ícones da morte – a nossa primeira sombra – no centro da viagem de Odisseu. Mas Conrad sobrepõe a eles "a voz ouvida no início da era cristã" por Tamus, o piloto egípcio de um navio que, como narra Plutarco no *Ocaso dos Oráculos*, fazia-se à vela para a Itália.

Uma noite, perto de Paxo, o vento abateu-se de repente e ouviu-se uma voz que chamava Tamus pelo nome, ordenando-lhe dizer a todos os homens que o grande deus Pan havia morrido. Na realidade, a misteriosa voz sobrenatural anuncia a Tamus não só a morte de Pan, mas também o fim dos oráculos e a *Dämmerung* (declínio) de todo mundo antigo. Além disso, uma veneranda tradição exegético-poética, que descende de Prudêncio e vai até o Milton da *Manhã da Natividade de Cristo*, coloca em relação o ocaso dos oráculos pagãos com o nascimento do Salvador cristão. Quando, na bonança, Tamus avista Palodes e repete a mensagem à terra, se eleva da costa um grande gemido, "não de uma pessoa, mas de muitas, e cheias de estupefata *maravilha*". A sabedoria clássica está morrendo, a nova sabedoria cristã está nascendo. Mais uma vez, Ulisses encontra-se no limiar entre duas eras, duas culturas, duas maravilhas. A grande lenda do Mediterrâneo – escreve Conrad –"a lenda do *canto* tradicional e da *história* solene, vive fascinante e imortal nas nossas mentes".

O pélago escuro e terrificante no qual peregrina o "sutil Ulisses" se tornará o mar ordinário dos mercadores cartagineses e o lago de prazer dos Césares. Ele representa, portanto, desde o início, a morada histórica "daquele espírito de aberto desafio contra as grandes águas da Terra", que constitui a alma da vocação de cada homem do mar. Saindo do Mediterrâneo para o ocidente e o sul, "como um jovem deixa o refúgio da casa paterna", foi este espírito que encontrou o caminho das Índias, descobriu a costa de um novo continente, e enfim atravessou a imensidão do grande Pacífico, "rico de grupos de ilhas distantes e misteriosas como as constelações do céu". No encanto avassalador do mar (a paixão de que se fala na Nota), Conrad evoca novamente todas as etapas histórico-poéticas de Ulisses que acompanhamos neste livro. Não é por acaso que no exato momento em que começa a reconstitui-las, a sua memória aproxima Odisseu ao Ulisses de Dante: o seu "primeiro impulso" à navegação foi alimentado na bacia sem maré do Mediterrâneo, quase correspondendo à infância da sua própria arte, e ele foi depois impelido gradualmente de baía em baía, de ilha em ilha, até lançar-se "na promessa de oceanos vastos como o mundo, além das Colunas de Hércules".

O ESPELHO DO MAR   123

Com total consciência Conrad atravessa, um por um, os momentos tipológicos cruciais da figura de Odisseu-Ulisses, no desejo de reencarná-lo e de ler figuralmente em si mesmo – na sua carreira de homem, de escritor, e de *moderno* – as suas fases salientes. Ele considera Ulisses o seu modelo cultural e poético. A confissão vem à tona explicitamente quando a narração passa, da evocação histórica da inteira civilização européia, para a história pessoal:

> A verdade deve ter sido que, sendo completamente desprovido das artes do astuto Grego, o enganador dos deuses, o amante de mulheres estranhas, o evocador de sombras sedentas de sangue, eu desejava porém o início da minha pessoal obscura Odisséia que, *como se convinha a um moderno*, teria que desdobrar as suas *maravilhas* e os seus *terrores* além das Colunas de Hércules.

Sobrepostos, o Odisseu de Homero e o Ulisses de Dante formam uma só sombra, que se alonga pouco a pouco até cobrir a próxima "figura": Dominic Cervoni, o patrão do *Tremolino*, fraca sombra, Tirésias homérico e Virgílio dantesco de Joseph Conrad. Do "meio do caminho" (a citação é do autor), o escritor vira-se para trás à procura de suas raízes. A obscuridade estende-se sobre o passado, povoado por uma multidão de figuras cinzentas e amigas que "com tristeza nos fitam enquanto nos apressamos em direção às margens Cimérias". A selva escura está agora suspensa entre duas sombras, duas névoas especulares de morte. Entre o "cinzento" de uma e o "nosso céu já crepuscular" surge uma figura que cintila num fulgor débil, tremulante como o próprio nome de seu navio –*Tremolino* – sugere. O novo Odisseu, o astuto e decidido Dominic Cervoni, que poderia muito bem rivalizar com o desafortunado filho de Laerte e Anticléia, que nenhuma Circe e nenhum Polifemo poderiam deter, emerge da *nekyia* de Conrad. Mais tarde, como apreendemos do próprio Conrad, ele se tornará Nostromo, num dos mais célebres romances do escritor, e comparecerá com seu nome na *Flecha de Ouro.*

O *Tremolino* foi afundado pela sua própria tripulação, e Dominic Cervoni desaparece, figura estranhamente desolada, *levando um remo sobre o ombro*, subindo um barranco nu e pontilhado de pedras sob um céu tétrico e plúmbeo. A última reencarnação do *typos* nos leva de volta ao Odisseu-no-futuro da profecia de Tirésias, pelo qual iniciamos o nosso conto desde o início deste livro.

A mensagem final diz respeito ao homem e a sua posição no tempo: os desejos, as ilusões, os pensamentos, a maravilha – numa palavra, a imaginação poética – tornam-se medida que, através da busca do tempo perdido, reconcilia a nossa infinita pequenez existencial com a imensidão da história e do mito. "Aprisionados na casa das ilusões pessoais, trinta séculos de história da humanidade parecem menores, quando nos viramos para trás para olhá-los, do que trinta anos da nossa vida".

124 A SOMBRA DE ULISSES

Passado remoto e passado próximo formam um *continuum* de sombras, fundem-se numa única imagem de princípio, de *archè*, de onde jorram, no estupor atônito na origem da filosofia e da filomitia, seja a poesia antiga de Homero seja a narrativa moderna de Joseph Conrad. Estamos lendo pura tipologia, figuralismo de qualidade: como num círculo mágico, eles ultrapassam, com um salto para trás o Ulisses do renascimento, de Dante, de Plutarco, e fazem coincidir o fim com o começo, com aquele excesso narrativo, aquele vazio misterioso que abre a Odisseu o seu futuro mítico:

> E Dominic Cervoni toma seu lugar na minha memória ao lado do legendário viajante que percorria o mar das *maravilhas* e dos *terrores*, ao lado do ímpio aventureiro ao qual a evocada sombra do adivinho profetizou uma viagem pelo interior, e com um remo no ombro até encontrar homens que jamais haviam posto os olhos sobre navios e sobre remos.

Mestre da verdade[2], Tirésias indica a Odisseu o caminho que deverá percorrer no espaço e no tempo. Mas, para que se cumpra aquilo que foi anunciado pelo profeta, um último passo deve ser dado. Ao lado de Odisseu e de Dominic Cervoni devem aparecer, num presente pessoal e histórico, mas aberto ao futuro, os seus *anti-typos*, o seu "cumprimento" *literário*. Ulisses e o capitão do *Tremolino* aparecem um ao lado do outro, no crepúsculo de uma terra árida, como os desafortunados detentores do secreto saber do mar que carregam nos ombros o emblema da sua dura vocação, rodeados por homens silenciosos e curiosos. "Dando as costas para o mar", o escritor, Joseph Conrad, traz o sinal de *sua* difícil missão: no crepúsculo, leva consigo as suas "poucas páginas, na esperança de encontrar num vale do interior as silenciosas boas vindas de alguém que tenha paciência de ouvi-lo".

O escritor é um Ulisses empenhado em sua última viagem; o leitor habita o vale do interior, o país sem sal e sem mar. Confrontamos esta com a imagem inicial: o *miraculum* que perturba Boécio e os navios, que oscilam diante da orla por alguns dias. Um longo caminho foi percorrido – uma inteira odisséia. Ao seu término, nos encontramos além do estupor e da margem, num mundo extremo no qual crescem juntos *maravilhas* e *terrores*, e que está em constante movimento. Se Odisseu está sempre em viagem com seu remo no ombro, ele ainda não terá chegado à terra sem navios. Escritor e leitor se encontram somente na esperança, mas poderiam não se tocar jamais.

Devemos portanto tomar cuidado para não embarcar numa estética da pura recepção, que faria da leitura – e da leitura num preciso momento histórico e num determinado ambiente social – a única medida da narrativa[3]. Mas devemos também evitar de considerar a literatura moderna como mera ruína das sacras verdades[4]; porque se o caminho de Ulisses não está terminado, ele ainda não poderá ser acolhido pela morte, que viria do mar, ou longe do mar, como lhe anunciara Tirésias. A poesia, que vem da morte, vai além deste último confim: coloca-se em perene espera no vale interior que separa e une escritura e leitura – no vale dantesco onde se encontra a selva escura entre este e o outro mundo.

E é justamente para esta região do meio que o escritor Conrad se dirige; para o coração das trevas, o Golfo e a linha de sombra. Eis a *história*, o vale no qual se encontram maravilhas e terrores. A escuridão e o horror da civilização européia e de seu colonialismo gritam, no *Coração das Trevas*, dos profundos recantos da África nos quais o narrador Marlow, jovem viajante com o remo nos ombros, penetra, subindo o Tâmisa e o Congo, assim como o autor do *Espelho do Mar* na seção sobre o "Rio Fiel"[5]. A prata de Sulaco, as torpezas de Costaguana na América do Sul, a revolução, o Povo – os problemas econômicos e políticos dos séculos XIX e XX – fervilham naquele *Nostromo* em que Dominic Cervoni reaparece nas vestes de um italiano audaz, franco e romântico, que para enriquecer rouba a prata por ele mesmo salva[6]. Na *A Linha de Sombra,* o protagonista, tendo obtido no término de sua juventude o comando de um navio, tem a missão de fazê-lo atravessar o Golfo do Sião num mar em desesperada bonança, com marinheiros reduzidos a esqueletos pelas febres, com o fantasma do último capitão morto louco que enfeitiça o navio como um Holandês Voador, e com um Velho Marinheiro "à espreita lá, no fundo do mar, com más intenções". Mas o longo conto constitui, como o autor mesmo declara, uma meditação sobre a passagem da juventude à maturidade, e uma metáfora da "prova suprema de uma inteira geração": a Grande Guerra[7].

O mar é o espelho da terra e do eu: "um calmo, plano, liso, grande espelho do meu desespero", como diz a epígrafe baudelaireana no primeiro capítulo de *A Linha de Sombra*. A bonança e a escuridão o dominam no Golfo noturno de *Nostromo* e no Golfo sem vento da *Linha de Sombra*: a escuridão da Inglaterra e do Congo as prefigura, respondendo-lhes da terra no *Coração das Trevas*. Nesta escuridão metafísica, na angústia imóvel do homem reside a história[8]: a ficção narrativa – a poesia – traduz a existência na espera, na doença, na corrupção, na ameaça constante de morte.

A história infecta a carne, a mente e o coração. Uma sutil, inalcançável, mas possante linha de *sombra* separa a juventude da maturidade, uma geração da outra, uma época da sucessiva, os vivos dos mortos: a maravilha do horror. Neste contexto, podem-se configurar somente uma ética e uma poética ásperas e fortes. O heroísmo pelo qual os marinheiros (e os soldados no primeiro conflito mundial) merecem a "eterna admiração" do escritor, consiste na fidelidade ao seu capitão ainda que ele seja para eles um desconhecido: na solidariedade humana "on the brink" – como diz Conrad na Nota à *Linha de Sombra,* retomando a palavra de Chaucer – "of a slow and agoni-

126 A SOMBRA DE ULISSES

sing destruction", na *beira* de uma lenta, angustiada e dolorosa destruição. A tarefa do capitão – do homem responsável e do poeta – será, com o seu navio e os seus homens, conduzir a si mesmo, além daquela linha e daquela margem, vendo e sofrendo plenamente mas sem ceder aos seus terrores, e sem deixar-se naufragar na escuridão e no horror que deles provêm. Conhecimento, experiência, poesia indicam a direção, são indispensáveis mas não suficientes: somente o homem pode esperar preservar a si mesmo na história com aquela "virtude" recomendada aos seus companheiros pelo Ulisses dantesco.

Na mais antiga – e hoje freqüentemente esquecida – obra de teoria literária que nos restou, a *Poética*, Aristóteles sustenta que a poesia é mais filosófica e mais séria do que a história, porque esta última expõe os eventos reais, tendo em vista o particular, enquanto aquela oferece uma visão do universal, narrando fatos que podem acontecer e eventos que são possíveis no âmbito do verossímil e do necessário. Até agora, mesmo tentando constantemente reconciliar poesia e história, mantive tal distinção e por essa razão falei de sombras. A narrativa de Conrad nos indica o caminho a seguir para entrever, no nosso próprio tempo, um espaço em que história e poesia possam convergir sem perder nem o interesse pelo particular e a factualidade da primeira, nem a seriedade, a potencialidade e o caráter filosófico da segunda – isto é, mantendo intactos a tensão para o universal e o desejo de verdade que aproximam à poesia, o amor do mito, à filosofia, o amor da sabedoria.

Desde o início, o Ulisses de Conrad, é, como vimos, lenda do *canto* e da *história*. Ele nasce da maravilha e da memória, mas vive também os terrores do mundo; encarna experiências pessoais e artísticas, mas também as civilizações e o espírito do homem; vem do mar, mas vai em direção à terra para retornar ao mar. No horror da *darkness* que ele carrega em si, poesia e história – sereias e o caso dos oráculos – se tocam numa linha de sombra que prefigura a única sobrevivência possível para o homem moderno.

O nosso século nos apresenta todavia pelo menos um exemplo extremo de como a história e a literatura, os eventos reais e os possíveis, se encontram nas próprias feridas da civilização ocidental, no horror sem fim inventado, não pelos poetas ou pelos romancistas, mas pelos "engenheiros" da sociedade moderna. Este horror nos coloca questões profundamente inquietantes sobre o significado e a diferença entre o verossímil e o necessário.

Em 1944, um jovem judeu italiano pertencente à burguesia de Turim e formado há pouco tempo em química – Primo Levi – foi capturado pelos fascistas nas montanhas do Piemonte, foi entregue aos nazistas que ocupavam a Itália do norte, e enfim mandado com milhares de outros homens e mulheres ao campo de concentração de Auschwitz. Levi narrou os acontecimentos do seu cativeiro num livro publicado em 1947, que se tornou logo famoso no mundo inteiro: *Se Este É um Homem.*

A vida num campo de extermínio é em última análise indizível, e em contos desta natureza devemos nos aproximar, como faz o próprio Levi, em voz baixa, com sobriedade e humildade. Mas, sem dúvida, o autor compôs intencionalmente o seu livro como um *Inferno* e uma nova Bíblia, e suas páginas comovem o leitor e o reduzem ao silêncio tanto quanto o primeiro cântico da *Comédia* e o Livro de Jó – pois, em suma *Se Este É um Homem*, mesmo tratando de eventos históricos e particulares, é uma obra de arte.

O décimo primeiro dos dezessete capítulos que formam este pequeno volume se intitula "O Canto de Ulisses". Nele, Levi narra como um dia ele foi escolhido por Pikolo (o contínuo-escriturário), o alsaciano Jean, do Komando Químico, para ir buscar a marmita de cinqüenta quilos que continha a refeição cotidiana para todos. No caminho de um quilômetro para as cozinhas, que o jovem mas sábio Jean demora de propósito para aproveitar uma hora de relativa liberdade sem despertar suspeitas, os dois estão ainda sem a carga e podem portanto falar de seus lares, das mães, dos seus estudos. Pikolo ama a Itália e gostaria de aprender o italiano. Levi começa logo um curso rápido da língua.

De repente, lembra-se do canto XXVI do *Inferno*. Tenta explicar quem é Dante, o que são a *Comédia* e a pena de Talião, quais as funções de Virgílio-Razão e Beatriz-Teologia. Depois, começa a recitar o episódio de Ulisses, a traduzi-lo e a comentá-lo. O maior corno da chama antiga se desmorona murmurando. A tradução é um desastre. Depois do "Quando" que abre o conto com a partida de Circe, a memória tem um buraco no qual bóiam somente fragmentos não utilizáveis. Um verso emerge porém, indelével, provocando uma reação imediata.

> Ma misi me per l'alto mare aperto. [Mas me coloquei no alto mar aberto]

> Disto, sim, disto estou certo, sou capaz de explicar a Pikolo, de discernir porque *"misi me"* não é *"je me mis"*, é muito mais forte e mais audaz, é um vínculo rompido, é arremessar a si mesmo além de uma barreira, nós conhecemos bem este impulso.

Ulisses tornou-se um prisioneiro do campo de concentração. O alto mar aberto quer dizer "quando o horizonte fecha-se sobre si mesmo, livre direto e simples", quando não resta senão o cheiro de mar, uma daquelas "doces coisas ferozmente longínquas" da realidade de Auschwitz: a poesia é capaz de exprimir a experiência presente e de evocar com apaixonante nostalgia aquela passada, de unir o outro mundo a este, que é o verdadeiro outro.

128   A SOMBRA DE ULISSES

A memória sofre uma outra lacuna. Levi é forçado a contar em prosa ("um sacrilégio"), o louco vôo além das Colunas de Hércules; mas percebe só agora, no campo de extermínio, que a proibição "para que o homem não as ultrapasse" [as Colunas de Hércules] (*acció che l'uom più oltre non si metta*), diz respeito ao próprio impulso de Ulisses (*misi me*): como se a poesia adquirisse um sentido mais profundo na lembrança e na repentina exaltação no meio da morte-em-vida de Auschwitz; como se a crítica literária pudesse ter origem exatamente nesta suprema hora de sofrimento.

Uma pressa ansiosa apropria-se do comentarista. Haveria tantas outras coisas para dizer, mas urge o pequeno discurso, "Relembrai vossa essência" (*Considerate la vostra semenza*). Levi chama novamente a atenção de Pikolo, esta é uma passagem crucial. Mas é ele mesmo que sente primeiro o choque do anúncio: "Como se eu também a ouvisse pela primeira vez: como um toque de trompa, como a voz de Deus". Por um segundo esqueceu-se quem é e onde está, porque esta é uma mensagem que diz respeito a "todos os homens em tormento", e em particular aos prisioneiros do campo e aos dois que ousam "entreter-se com estas coisas com os bastões de carregar a sopa nos ombros". Num só golpe, do campo de extermínio de Auschwitz, Levi aniquila a leitura crítica ortodoxa e tradicional do terceto. No meio da catástrofe da civilização européia, a realidade do presente e a cultura clássico-humanística de um judeu italiano fazem coincidir o desejo pagão de conhecimento e virtude com o destino primitivo do homem, antes do pecado original, no Gênese: feito não para viver como bruto, mas, conforme "a voz de Deus", à Sua imagem e semelhança.

Interpretação exemplarmente revolucionária, que vai além até mesmo da exegese "romântica" que discutimos no segundo capítulo. A esta leitura ninguém ousará negar uma verdade fundamental. Ela é verdadeira no espírito de quem lê a poesia em circunstâncias extremas, no outro mundo: e contra essa verdade não há filologia, não há reconstrução do contexto epistêmico-cultural originário do poema dantesco, que valham. É o homem na história que dá um sentido ao texto poético.

Mas o texto que estamos lendo agora também aparece dividido. Uma outra falha da memória obriga Levi a pular os quatro tercetos da viagem além das Colunas, sob as estrelas e a lua. Eis a montanha, escura pela distância, como aquelas que se vêem à noite voltando de trem de Milão para Turim ("doces coisas cruelmente longínquas" "que se pensam mas não se dizem"), e o naufrágio. Levi daria a sopa do dia – mas, "eu não tinha nenhuma" – para saber ligar o final, porém lhe passam pela cabeça outros versos dantescos que não têm nada a ver com isso. No entanto, ao chegar à cozinha, o navio entra num redemoinho com todas as águas, precipita com a popa para cima

O ESPELHO DO MAR 129

e a proa para baixo "com' altrui piacque" (à suma decisão). Levi detém Pikolo:

> É absolutamente necessário e urgente que ouça, que compreenda isto *"com' altrei piacque"* (à suma decisão), antes que seja muito tarde, amanhã ele e eu poderemos estar mortos, ou nunca mais nos vermos, preciso falar-lhe da Idade Média, *deste tão humano e necessário e, contudo, inesperado anacronismo*, e muito mais do que isso, algo gigantesco que eu mesmo vi somente agora, na intuição de um momento, talvez o porquê do nosso destino, do nosso ser aqui agora...

As histórias dos prisioneiros de Auschwitz, Levi nos havia dito anteriormente, são todas "simples e incompreensíveis", como as da Bíblia, todas "cheias de uma *trágica surpreendente necessidade*". O anacronismo do relato dantesco, o conflito entre o passado pagão de Ulisses e o seu presente cristão no inferno, o choque entre os dois horizontes culturais, fazem do canto XXVI do *Inferno* o equivalente da Bíblia e ao mesmo tempo da tragédia, cuja trama, segundo Aristóteles, desenvolve-se de acordo com o necessário e o verossímil, porque os fatos terríveis e sensíveis nascem um do outro *contra todas as expectativas*.

Mas aqui, onde os homens (os verdadeiros "outros" luciferinos) confundiram totalmente os confins entre verossimilhança, possibilidade, necessidade e surpresa; aquele anacronismo faz também explodir uma misteriosa e terrível teofania. "A 'virtude' e o 'conhecimento'" de Ulisses (e de Levi) são colocados à prova definitiva do encontro com o limite intransponível da Alteridade absoluta"[9]. O que é aquele "algo gigantesco" que se oculta por trás desta visão? Por que coincide com a causa e a finalidade ("o porquê") da presença de Levi, de Pikolo, de todos os prisioneiros no campo de extermínio, com o seu destino? Talvez Levi esteja sugerindo que o Holocausto *"piacque"* (agradou) a Iavé. Porque não termina a frase, deixando-nos o peso de interpretar o silêncio?

"Hier ist kein Warum" – aqui não existe porque, replica um guarda do campo, ao inocente interrogativo de Levi. Nenhuma resposta a estas perguntas é proposta pelo autor no último livro escrito antes de sua trágica morte, *Os Afogados e os Sobreviventes,* onde ele volta ao *"Canto de Ulisses"* para reafirmar a autenticidade do episódio e sustentar que a cultura e a recordação poética lhe foram úteis para sobreviver do campo de extermínio, porque lhe permitiram restabelecer uma ligação com o passado, fortificar a sua identidade, convencer-se que a sua mente era ainda capaz de raciocinar.

A função "liberatória e diferencial" de "férias efêmeras, mas não dementes", que a literatura e a cultura assumem em *Os Afogados e os Sobreviventes,* liga-se à alta mensagem humanística que o verso "criados não fostes para viver como animais" (*fatti non foste a viver come brutti*) já contém em *Se Este É um Homem*. Não responde porém, de alguma forma, à interrogação final do "à suma decisão" (*come altrui piacque*). E não será sem significado o fato de que no último livro, o Ulisses dantesco seja de certa forma substituído pelo Velho Marinheiro de Coleridge. Com efeito, na epígrafe da *Balada,* o escritor apresenta-se como um homem para o qual "sempre, desde então, de quando em quando, aquela agonia volta" e cujo coração "arde até que a horrenda história não seja dita". Marcado a fogo nas suas próprias carnes pela experiência do campo de concentração, o narrador é condenado a contá-la para todo o sempre e a viver para sempre aquela vida-na-morte.

Não: *Os Afogados e os Sobreviventes* não nos dá respostas. Antes, suscita novas inquietantes interrogações. Se seu título provém de um dos capítulos de *Se Este É um Homem*, estabelecendo portanto uma continuidade ideal entre a primeira e a última obra de Levi, o trágico fim da vida do escritor, ocorrido, logo após a publicação do volume, deixa aberta a dolorosa questão: entre aqueles que naufragaram e foram cobertos pelas águas (os "submersos", como Ulisses e os milhões de homens que desapareceram nos campos de extermínio), e aqueles que voltaram (os "salvos"), a quais deles pertencia Primo Levi? Aquela do Velho Marinheiro não é ficção literária: *este é um homem.* Mas este homem afogou ou foi afundado pelo Outro?

Uma resposta a esta questão, e às anteriores às quais esta última nos conduz, é, em suma, intrinsecamente impossível para o ser humano, e o silêncio constitui a única réplica que um escritor e um leitor possam fornecer com digna e tímida humildade. Mas fazer com que nós nos coloquemos estas perguntas, sabendo que a elas não se pode responder é precisamente a tarefa da literatura na história.

O conto de Levi dá um sentido ao meu. O seu significado provém do terreno escuro, úmido e frio de Auschwitz, como uma sombra que envolve tudo. A exaltação, o desejo, a tragédia do Ulisses de Dante são feridas que laceram agora a própria carne de um ser humano. Que o destino de um herói mítico e pagão deva, graças a um trecho de poesia canonizado pela escola italiana (em função, como já se viu, nacionalista e até fascista), ser levado nos ombros dos filhos de Israel por um homem chamado Levi, representa o paradoxo da nossa história. Mas por meio do contexto no qual ele está inserido, este fragmento poético aponta para a danação da ideologia, contra o sistema do *lager* e do *gulag,* como contra todo modelo epistêmico cultural absoluto e toda hermenêutica "pura" ou puramente teórica do mundo e dos livros.

A cultura humanística, o amor pela natureza, a arte, a música, não conseguiram deter – escreve George Steiner[10] – a mão assassina dos exterminadores que ensangüentaram a Europa. Mas, como testemunharam as páginas de Levi, eles ajudaram as vítimas. E nós todos somos tais. A história não é, como Paul de Man gostaria que

O ESPELHO DO MAR 131

Benjamin dissesse, uma "moção", uma errância da linguagem que nunca alcança o seu alvo", a "ilusão de uma vida que é somente pósvida"[11]. A história é real e humana: demasiado humana. Nela existem para a poesia um lugar e uma tarefa. O lugar é a linha da sombra da qual nos falou Conrad. A tarefa é procurar o homem[12] e ajudá-lo a enfrentar a alteridade suprema diante do abismo.

É justamente a partir deste grau zero em que os eventos reais, possíveis, verossímeis, necessários e surpreendentes se fundem num só texto, que a literatura pode ainda significar alguma coisa. Se alguns meros farrapos de palavras valem, como Primo Levi nos diz em *Se Este É um Homem*, uma porção de sopa – que, em Auschwitz quer dizer, como ele repete, em *Os Afogados e os Sobreviventes*, "sangue", vida – então a literatura tem ainda uma esperança na história. Dante "lembrou o futuro"[13]. E Levi, alcançando finalmente a fila para a refeição, reencarna o passado. No meio da sórdida multidão, entre gritos de "Kraut und Rüben" que anunciam uma sopa de couve e nabos, um verso conclui o capítulo, nos fornecendo uma possível conclusão:

Até que o mar enfim nos sepultou. (Infin che l' mar fu sopra noi richiuso.)

NOTAS

1. J. Conrad, *Author's Notes,* M. Bignami (org.), Bari, 1988, p. 195; R. Ambrosini, *Conrad's Fiction as Critical Discourse,* Cambridge, 1991.

2. M. Detienne, *I maestri di verità nella Grecia arcaica,* Bari, 1977.

3. W. Iser, *L'atto della lettura,* Bolonha, 1987; U. Eco, *Lector in fabula,* Milão, 1979; J. Hillis Miller, *The Ethics of Reading*, Nova Iorque, 1987.

4. H. Bloom, *Ruin the Sacred Truths*, Cambridge, Mass. – Londres, 1989.

5. G. Sertoli, Nota introdutória para J. Conrad, *Cuore di Tenebra*, Turim, 1989, pp. v-xliii.

6. I. Watt, *Joseph Conrad, Nostromo,* Cambridge, 1988; C.Watts, *Joseph Conrad, Nostromo,* Harmondsworth, 1990.

7. J. Berthoud, "Introduction: Autobiography and War", em J. Conrad, *The Shadow-Line,* Harmondsworth, 1986.

8. R. Roussel, *The Metaphysics of Darkness,* Baltimore-Londres, 1971; H. M. Daleski, *Joseph Conrad. The Way of Dispossession*, Londres, 1977.

9. G. P. Biasin, *I sapori della modernità,* Bolonha, 1991, p. 199.

10. G. Steiner, *Language and Silence,* Harmondsworth, 1979, p. 83.

11. P. de Man, "Walter Benjamin's 'The Task of the Translator'", em *The Resistance to Theory,* Manchester, p. 92. O ensaio de Benjamin que de Man discute é "A tarefa do tradutor", em *Angelus novus,* Turim, 1962, pp. 37-50.

12. F. Calvo, *Cercare l'uomo*, Gênova, 1989.

13. H. Fisch, *Un futuro ricordato*, Bolonha, 1988.

8. Ulisses, as Sereias, o Faisão: Palavra, Enigma, Silêncio

> *como se outra vela estivesse navegando*
> *diretamente para mais uma noite,*
> *e até o fundo pendessem fartas estrelas*.*

Nos capítulos sexto e sétimo acenei a duas possíveis conclusões para o meu conto: uma ontologicamente cômica; uma outra que, dentro da história, devolve uma esperança à literatura moderna a partir da obscuridade e da sombra de Conrad e do inferno de Levi. Nesse capítulo, gostaria de sugerir três êxitos diferentes do episódio de Ulisses. Eles não são necessariamente alternativos àqueles configurados nas últimas páginas.

Não se trata aqui de propor uma solução ou, admitindo que seja possível fazê-lo, estabelecer uma verdade válida para todos. É importante, no entanto, que cada um deseje a verdade dentro de si e nela se abrigue – como escreve Dante no canto IV do Paraíso – "*come fera in lustra*", como um animal em sua toca; e que dali parta novamente levado pelo próprio desejo, porque dele nasce, "ao pé da verdade a dúvida latente, / como na planta o broto" (*a guisa di rampollo, / a piè del vero il dubbio*). Tal desejo, segundo Dante, é um impulso natural: "a Natureza, de grau em grau, nos impele a subir em busca da suprema verdade" (*natura, ch'al sommo pinge noi di collo in collo*). O intelecto racional do homem, mas, para nós, também a intuição poética, pode entrever uma verdade. E pode atingi-las, diz o poeta, acrescentando um verso que revela toda a paixão da sua mente: "se não, todo desejo seria vão" (*se non, ciascun disio sarebbe frustra*)[1].

---

* come se un'altra vela andasse navigando / dirittamente per un'altra notte, / e fin in fondo pendesser folte stelle. (Wallace Stevens, *Poesie*)

134 A SOMBRA DE ULISSES

Nós modernos nos encontramos, como vimos em todo este livro, na condição existencial e histórica dos habitantes do Limbo dantesco: "vivemos num desejo sem esperança" (*sanza speme vivemo in disio*)*. Creio todavia ter demonstrado que uma esperança, por menor que seja, – nos resta, aquela nutrida por Primo Levi no campo de concentração de Auschwitz –; e sobretudo que o que une a condição do Limbo à do Paraíso, entre as quais nós estamos *in itinere* sem fim, é o desejo, o *disio*.

A Palavra, o Enigma e o Silêncio prefigurados por Ulisses neste capítulo são, naturalmente, sombras. Peço ao leitor, como faz Estácio quando encontra Virgílio no canto XXI do *Purgatório,* que compreenda a quantidade do amor que sentimos por elas e que esqueça a sua "inconsistência corpórea" (*dimenti nostra vanitate*), tratando, por um momento, "as sombras como corpos sólidos, consistentes" (*l'ombre come cosa salda*).

Começo citando alguns aforismos que servirão a delimitar os termos da discussão. Eles provêm dos *Adagia* do poeta americano Wallace Stevens. De um lado, "o poeta é o sacerdote do invisível" e "a poesia é uma procura do inexplicável". De outro, "poesia é muitas vezes uma revelação dos elementos da aparência". O seu objetivo é tornar a vida completa em si mesma, redimir, fazer-se intermediária entre as pessoas e o mundo onde vivem, entre as pessoas e o seu mundo interior (e não entre o homem e outros mundos), transmitir o sentido do frescor e da vivacidade da vida.

Entre estas duas margens do invisível e do aparente, a poesia joga uma ponte, unindo-as num limiar quase impalpável. Ela é, segundo um outro dos *Adagia*, "a pheasant disappearing in the brush", um faisão que desaparece no bosque – um animal entrevisto e logo perdido, um afastar-se no cerrado e na sombra, um sumir no momento entre o ser e o não-ser: uma coisa real, de carne, viva, pronta a alçar vôo, mas sempre no ponto de fugir e se transformar, como se fosse mero desenho, no próprio instrumento da fala ("brush" quer dizer também "pincel"), na mancha do *silêncio* que se estende um instante antes e depois, da *palavra*.

Gostaria de me ocupar, neste capítulo, de tal limiar, entre visibilidade e inacessibilidade e portanto, do quanto é possível dizer, das condições ontológicas da poesia (ou pelo menos de certa, suprema, poesia moderna) e do conhecimento que ela oferece a nós, vivos. Tento olhar para o faisão que desaparece.

Segundo Stevens, a poesia cria um mundo onde aquilo que é da realidade e aquilo que é da imaginação são uma coisa só. A percepção

---

* O castigo dos habitantes do limbo consiste em desejar Deus, sem ter a esperança de se poder aproximar dele.

desta unidade em seu limiar constitui o "estado de observação clarividente" acessível, ou talvez acessível ao poeta, ou pelo menos ao poeta mais perspicaz. A imaginação é o "anjo necessário" que fornece ao homem os valores e os princípios da ordem mediante a "ficção suprema" da poesia[2]. Com efeito, num mundo onde não se pode crer em Deus, a única fé possível, o último credo, é num fingimento "que sabemos ser fingimento, pois nada mais existe". A verdade mais deliciosa consiste justamente em saber que se trata de um engano e que cremos nele voluntariamente.

De um lado, a poesia "cria uma existência fictícia num plano delicioso". De outro, a "máxima obra de ficção" jamais elaborada pela humanidade é a mitologia grega. Entre a poesia e este *corpus* maravilhoso existe portanto uma afinidade essencial. Ulisses e o faisão pertencem ao mesmo universo. E ao Ulisses, que Stevens canta em duas de suas líricas maiores, compostas no fim da vida, voltaremos daqui a pouco.

Nesse meio tempo, vamos às Sereias. É inútil dizer que elas são parte integrante do horizonte de Ulisses, no qual representam o brilho fascinante e sinistro da poesia, do saber e da morte, como constatamos em Homero, Dante, Colombo, Tasso, Conrad. Na literatura do nosso século, elas constituem uma passagem obrigatória: figuralmente, o início e o fim do discurso poético, a Palavra e o Silêncio.

Quem faz iniciar a viagem de Ulisses[3] diante das Sereias, prefigurando o fim da odisséia, mas iniciando ao mesmo tempo aquela que se tornará uma divina comédia da Palavra, é T. S. Eliot. Na primeira coleção por ele publicada, *Prufrock e outras Observações* (1917), o *Canto de Amor de J. Alfred Prufrock* – a composição que inaugura o modernismo poético em língua inglesa – termina exatamente com a melodia das Sereias.

Prufrock é um personagem típico do nosso Limbo. Ele se contentaria em vagar com sua amada por estradas semi-desertas, pousadas e restaurantes borrifados de serragem, mas fica confinado dentro de um quarto no qual "mulheres vão e vêm / falando de Michelangelo". Preparando-se para tomar chá, Prufrock protela novamente qualquer decisão, evita cuidadosamente perguntas opressivas, afasta de si a ação e a realidade, seja o assassínio seja a criação poética – todas "as obras e os dias de mãos / que levantem e deixem cair no prato" alguma interrogação fundamental. No tédio e na apatia, ele nunca pára de se perguntar se pode ousar perturbar o universo, impelir o instante para sua crise, "presumir" algo, repartir o cabelo ao meio, comer um pêssego.

Por outro lado, tendo já conhecido tudo – os dias sempre iguais, os olhos dos outros fechados à comunicação, as vozes morrendo ao longe, as xícaras, a geléia, os sorvetes, os doces – Prufrock está

136 A SOMBRA DE ULISSES

convencido de que não valeria nem mesmo a pena de "comprimir o universo numa bola / e fazê-lo rolar rumo a uma pergunta esmagadora". Ele se encontra, em suma, *entre aqueles que estão suspensos*, os indolentes: nem profeta, nem Hamlet, nem poeta, apresenta-se nas vestes de um cortesão do séquito, "cheio de sentenças solenes", como o Estudante de Oxford nos *Contos de Canterbury* de Chaucer, mas um pouco obtuso e ridículo: às vezes se parece até como Bufão do drama shakesperiano. Incapaz de exprimir exatamente aquilo que entende (quem dirá, então, entoar um canto de amor), ele murmura o seu monólogo somente porque crê, como o vizinho dantesco de Ulisses – Guido de Montefeltro – que ninguém nunca retornou vivo "deste fundo".

No entanto, este homem assustado que vive *sem esperança* tem um desejo que lhe atormenta profundamente a alma: o desejo das Sereias. Com efeito, decide, ao término da própria confissão, ir passear na praia, e lembra ter ouvido cantar as garotas do mar. Ele bem sabe que elas não cantarão para ele, mas a nostalgia do passado é irresistível:

> Eu as vi cavalgando as ondas ao largo
> Penteando a branca cabeleira das ondas inchadas
> Quando o vento enche a água branca e preta.
>
> Nas alcovas do mar temos languescido
> Perto das sereias coroadas de algas vermelhas e marrons
> Até que vozes humanas nos despertam e afogamos[i].

Prufrok sabe perfeitamente que não é o Odisseu de Homero: diante dele as Sereias cantam somente "uma para outra". Ele não consegue todavia esquecer a visão romântica das ondas nas quais as garotas marinhas se aventuram no alto mar aberto. Logo ele, que tudo conheceu, como as Musas e como as Sereias, lamenta a ilusão poética do passado, a voz do vento, o vôo livre sobre as ondas. A sedução do mito não apaga, porém, a consciência da realidade histórica e existencial: os homens, embalados durante séculos nas fábulas, viveram nos palácios submarinos perto das sereias, mas agora vozes humanas os despertam e eles afogam[4].

A lógica do *mythos* é, dessa forma, invertida. As Sereias cantam somente umas para as outras: a poesia é um sonho fechado em si mesmo e no passado, pelo qual pode-se somente provar nostalgia. As vozes que nos alcançam são aquelas de nossos semelhantes, e são

---

i. I have seen them riding seaward on the waves / Combing the white hair of the waves blown back / When the wind blows the water white and black. // We have lingered in the chambers of the sea / By sea-girls wreathed with seaweed red and brown / Till human voices wake us, and we drown. (T. S. Eliot, *The Love Song of J. Alfred Prufrock*.)

ULISSES, AS SEREIAS, O FAISÃO 137

elas que nos trazem de volta ao mundo presente, que nos fazem naufragar como o Ulisses de Dante.

A morte por água à qual se alude em *Prufrock,* volta para constituir a quarta seção de *A Terra Desolada*, o pequeno poema que Eliot publicou em 1922 e que o consagrou como um dos clássicos do nosso século. Aqui o marinheiro fenício Flebas, que representa toda a humanidade, está afogado há duas semanas. Ele se esquece de tudo aquilo que foi durante toda sua vida e, enquanto uma corrente submarina lhe descarna os ossos sussurrando e destruindo-lhe o corpo, passa pela maturidade e juventude, "entrando no vórtice", num caminho às avessas, rumo ao nada originário.

Na primeira versão de *A Terra Desolada,* os dez versos do epigrama sepulcral de Flebas eram precedidos por um longo conto, modelado naquele do Ulisses dantesco e no *Ulysses* de Tennyson, que foi depois eliminado por causa das objeções radicais de Ezra Pound. O navegador "atento ao mapa e às escotas" – um Odisseu que muito viu e muito suportou e que, embora seja o marinheiro bêbado de Baudelaire, mantém todavia até mesmo em terra "algo de inumano, impecável e solene" – parte com uma leve e doce brisa da costa oriental dos Estados Unidos e faz rota para além dos penhascos dos Dry Salvages. Após alguns dias, o vento diminui e tudo começa a dar errado. A viagem se parece cada vez mais àquela do Velho Marinheiro de Coleridge. A tripulação queixa-se, o mar, "com muitas vozes" de Tennyson, range por todo o navio sob uma lua chuvosa, enquanto o "inverno incerto remexe-se, deslocando o mau tempo sob as Híades".

A rota, como aquela do Ulisses dantesco, torna-se noturna. Repentinamente, uma estranha rajada empurra a nau além das mais longínquas ilhas setentrionais, "sob invisíveis estrelas". Neste horror conradiano, "do incontido grito de um mundo inteiro", ninguém ousa mais falar. Uma noite o protagonista crê ver nos mastros da proa três mulheres, com os cabelos brancos flutuando para trás, que cantam acima do vento um canto enfeitiçado. "Amedrontado além do próprio medo, horrorizado além do horror, calmo", o marinheiro pensa poder cancelar o pesadelo das Sereias ao despertar. No entanto, eis que ao amanhecer uma "obscuridade diferente" (novamente Conrad) flui sobre as nuvens, enquanto no horizonte apruma-se "uma linha, uma linha branca, uma longa linha branca" que parece uma muralha, uma barreira à maneira de Edgar Allan Poe. Sobre ela, vêem-se alguns ursos. Depois disso, "nenhuma saída". Fragmentos de recordações, e o naufrágio.

> E se um Outro sabe, eu sei que eu não sei,
> Só sei que não tem mais ruído agora[ii].

---

ii. And if Another knows, I know not, / Who only know that there is no more noise now.

138 A SOMBRA DE ULISSES

Flebas, o Fenício, "belo e alto" como cada um de nós, afoga no sorvedouro conhecendo somente a ignorância e o silêncio, emudecido pelo saber do Outro dantesco.

Nesta viagem que mais uma vez percorre, num momento crucial da cultura moderna, todos os *typoi* literários de Ulisses por nós já encontrados, só há espaço para uma poesia de morte, além do grito irrefreável deste mundo: escuridão, linha de sombra, extremo Norte, desastre, perdição, Alteridade, nada. A palavra é pronunciável somente como conto do além e como epigrama sepulcral esquecido de todo, ainda que parco, mapa. As Sereias voltam a ser aquelas de Conrad: seduzem os sentidos com seu canto, mas nos aterrorizam como o pesadelo de vida-na-morte, prenunciando um conhecimento vazio, um saber-nada, um grau zero da voz poética[5].

A primeira seção de *A Terra Desolada* ("Sepultura dos Mortos") nos apresenta a morte de Flebas pela água, como prevista "nas cartas" de Madame Sosostris – a moderna profetiza – e portanto como destino inelutavelmente trágico do homem. O naufrágio é todavia aberto a uma tímida esperança, a uma "salvação ambígua"[6]: a que Ulisses, passando, por meio de uma metamorfose, por "algo de rico e de estranho", ressurja como os náufragos da *A Tempestade* shakespeariana. A própria madame Sosostris, a clarividente Sibila Cumana dos nossos tempos, diz, de Flebas (citando o canto de Ariel em Shakespeare): "são pérolas que eram os seus olhos".

No contexto de *A Terra Desolada,* a possibilidade de colher a salvação à qual alude a voz poética de *A Tempestade,* é deixada ao leitor, à sua capacidade de estabelecer nexos intertextuais e de aceitar ou não, dependendo da própria posição cultural e religiosa, a mensagem de regeneração contida naqueles rituais registrados pela antropologia moderna aos quais Eliot se inspirou para a construção do poemeto. Mas, desde que, em *Marina,* o Péricles shakespeariano de Eliot reencontra, como num alvorecer fresquíssimo, a filha devolvida pelo mar, e, com ela, uma vida por viver "num mundo do tempo além" de si mesmo, e a esperança e os "novos navios", o poeta em pessoa muda a valência da viagem de Ulisses.

Na primeira versão de *A Terra Desolada* Flebas partiu, como já vimos anteriormente, da costa atlântica da Nova Inglaterra, e logo ultrapassou um grupo de penhascos chamados "Dry Salvages". Pois bem, logo aqui, nos *Quatro Quartetos,* um dos quais é intitulado "I Dry Salvages", ele transforma-se pela última vez em Ulisses: e persegue agora o faisão, deixando-o depois definitivamente atrás de si.

Trata-se de um Ulisses novo, dantesco, e também tennysoniano, mas que se parece cada vez mais com Dante, o peregrino, o protagonista da *Comédia,* em viagem através do grande mar do ser do tempo à eternidade. Este navegador parte no meio do caminho e percebe, desde "East Coker" (o segundo *Quarteto*) que a velhice – o último trecho do percurso, a "breve vigília" – não deve ser uma serenidade de "deliberada estupidez", uma sabedoria feita de "conhecimento de segredos mortos", e que o "conhecimento derivado da experiência" (tão ardentemente desejado pelo Ulisses dantesco) possui apenas um valor limitado.

Os velhos – os velhos marinheiros – deveriam ser exploradores para os quais o "aqui" e o "ali" não contam: Ulisses que avança sempre para frente, para aquela outra dimensão espiritual que é a união mais completa e a comunhão mais profunda com o ser; para aquele fim que é o início:

> Os velhos deveriam ser exploradores
> O lugar e a hora não importam
> Nós devemos nos mover sem fim
> Para uma outra intensidade
> Para uma união mais completa, comunhão mais profunda
> Através da escuridão, do frio e da desolação vazia
> O grito da onda, o grito do vento, o espelho d' água
> Do Albatroz e do golfinho. No meu fim está o meu princípio[iii].

Em suma, a poesia indica a rota para ultrapassar a si mesma ("a poesia não conta", proclama "East Coker II"), para a beira da eternidade, no *hic et nunc* revivido, re-conhecido, e portanto transcendido.

Nos "I Dry Salvages" (o terceiro *Quarteto*) a viagem por mar – através dos destroços de seu abismo, as suas muitas vozes, a neblina, a margem da terra – é uma navegação no tempo "mais velho do que os cronômetros", "entre meia noite e o amanhecer, quando todo o passado é engano / E o futuro não tem futuro, antes do turno da manhã / quando o tempo pára e o tempo é sem fim / E à ressaca, que é e era no princípio, / Dobra / O sino".

Ao cair da noite, "entre as antenas e o cordame, / há uma voz que canta". Não é mais a voz das Sereias – a poesia do mundo e do conhecimento por trás do qual se oculta a morte – mas um dizer, vivendo, a verdade metafísica que, para Eliot, é transcendente. É a voz de um Ulisses dantesco purificado pela sabedoria heraclitiana e indiana. Com a *breve oração* que ele dirige, sem que pronuncie linguagem, "não ao ouvido, / murmurante concha do tempo", mas à alma, Ulisses agora nos exorta a considerar nossa essência: isto é, o ser que está "oculto" subsume, no tempo, a existência da morte que é

---

iii. Old men ought to be explorers / Here and there does not matter / We must be still and still moving / Into another intensity / For a further union, a deeper communion / Through the dark cold and empty desolation, / The wave cry, the wind cry, the vast waters / Of the petrel and the porpoise. In my end is my beginning. (T. S. Eliot, *Four Quartets*, "East Coker".)

140 A SOMBRA DE ULISSES

cada momento – enfim, no constante limiar, no "ponto" de intersec-
ção do sem-tempo / com o tempo".

> Oh! Viajantes, Oh! navegadores,
> Vós que chegais ao porto, e vós cujo corpo
> Sofrerá a prova e o julgamento do mar,
> Ou qualquer outro fim, este é o vosso verdadeiro destino.
>
> [...]
> Não *boa viagem*
> Mas *em frente,* viajantes[iv].

A meta real encontra-se além do porto ou do naufrágio, além das
ocorrências da existência, ainda que dentro da vida e da história,
num "meio tempo" que em "Little Gidding" (o quarto *Quarteto)* será
"primavera de meio inverno", "sempre eterna, ainda que ensopada
de água ao pôr do sol", dentro e além da morte dos quatro elementos.
No último *Quarteto,* a língua de fogo, em que arde e com quem fala
o Ulisses dantesco, torna-se chama purgatória e pentecostal, fogo
que os afina, comunicação que os mortos quando vivos não poderiam oferecer e que agora, que estão mortos, podem dizer: revelação
que fala pelo fogo além da linguagem dos vivos.

Além da linguagem dos vivos. A poesia da essência, e, para
Eliot, do amor e do Deus cristão, morre para a palavra – para a
língua que, embora purificada continua sendo mero "dialeto da tri-
bo" – para renascer Verbo: humano sim, mas filho da divindade feita
carne, *Logos* do inefável[7]. Agora cada proposição é justa, cada palavra nela está o seu lugar, participa do velho e do novo sem lacunas,
ambigüidade, esforços, excessos. A "palavra comum exata, sem ser
vulgar" e a palavra "formal precisa, mas não pedante" se encontram
finalmente em perfeita harmonia. Cada frase e cada propósito são
"um fim e um princípio", cada poema um epitáfio.

O sigilo que a poesia última acrescenta ao existir terreno, é aquele
de uma Palavra que, na morte, vai além da morte. Enfim, Ulisses
não cessa de explorar:

> Não cessaremos de explorar
> E no fim da exploração
> Estaremos no ponto de partida
> E saberemos o lugar pela primeira vez[v].

Passando pelo portão ignorado e pelo conhecido, esta Palavra nos
faz chegar lá onde nenhum Colombo poderá jamais chegar, na "últi-

---

iv. O voyagers, O seamen / You who come to port, and you whose bodies / Will suffer
the trial and judgement of the sea, / Or whatever event, this is your real destination. // ... /
Not *fare well,* / But *fare forward,* voyagers. (*idem,* "The Dry Salvages", Canto III.)

v. We shall not cease from exploration, / And the end of all our exploring / Will be to
arrive where we started / And know the place for the first time. (*idem,* "Little Gidding".)

ma terra desconhecida" que é "aquela do nosso princípio". No silêncio, entre uma onda e outra do mar, Ulisses – o supremo poeta, o novo Dante – se curva, língua de fogo, no "nó de fogo em forma de coroa", onde fogo e rosa são uma coisa só.

Não se trata mais de um faisão que desaparece no bosque. Esta não é ficção, mas um ancoradouro totalmente especial: nós, da raça de quem fica na terra, olhamos para ele como para um milagre que exige uma fé religiosa e poética quase sobre-humana. Se para nós a viagem terminará com Montale *nesta* praia que é tentada pelas assíduas e lentas ondas, nestas beiras corroídas pela maré com seu movimento alternado – se, filhos do nosso tempo de indigência, pensamos que para os demais não haja salvação – temos, no entanto, que reconhecer quando "alguém subverte todos os planos, / atravessa o passo, e se torna o que quer", jovem Glauco e jovem Dante, zarpando de lá do tempo para o eterno. Para isso será necessário um desejo, que é o querer extremo e a férrea vontade: *Talvez se infinitiza somente quem quer.*

Nós, que nos perguntamos se tudo desaparece nesta pouca névoa de memórias, somos socorridos pela lição de Wallace Stevens. Após ter tocado no tema de Ulisses nos *Prólogos ao que é Possível*[8], no *Mundo como Meditação* (1952), Stevens nos transporta logo para o mundo da ficção, do mito, e numa situação que é não dantesca, mas para-homérica. Encontramo-nos em Ítaca, no palácio real, ou melhor, no quarto onde Penélope, durante vinte anos, espera o marido. E estamos portanto numa fixidez do tempo, num momento constantemente repetido e justamente por isto, projetado numa espera sem fim: como se os quatro longos lustros não devam e não possam jamais terminar. Ulisses nos é apresentado, ainda que indiretamente, como o "interminável aventureiro". Neste presente sem *telos*, como parênteses do mito homérico, que todavia o permeia, desenvolve-se a fábula de Stevens.

Uma interrogação de fundo abre e domina a composição: "Is it Ulysses that approaches from the east?" – é Ulisses que está chegando do oriente? A pergunta afasta o leitor do plano da segurança ontológica e mítica: nós sabemos que Ulisses poderá chegar disfarçado, poderá não ser reconhecido, mas queremos acreditar que ele seja sempre o mesmo Ulisses. Porém estamos muito além da ficção homérica do herói um, nenhum e cem mil. Como resposta à pergunta inicial, nos é oferecida uma imagem aparentemente fundada, sólida da realidade: o inverno passou, as árvores estão "consertadas", "acomodadas", protegidas. O mundo está aqui, imanente, tangível, ordenado, pronto a acolher a aproximação que esperamos se transforme em chegada.

Porém não temos o tempo de nos recuperarmos da incerteza do início e de nos perguntarmos como poderão as árvores, que não são objetos, e nem mecanismos, serem reparadas e então a pergunta inicial se transforma numa resposta totalmente misteriosa. Alguém se move no horizonte e se eleva sobre si mesmo; uma "forma de fogo" se "aproxima" dos cânhamos que cobrem os móveis de Penélope.

"Alguém", é bem verdade, no horizonte – no último limiar entre o visível e o invisível, na linha indefinida entre o inconsciente e a consciência. Mas, ao contato com o tecido, com a cor que envolve Penélope, este "alguém" aparece como uma forma de fogo: mera transparência de ar, luz e calor. Basta esta que agora é chamada de "presença" e definida como "selvagem", para despertar o mundo onde a mulher vive – porque a espera e o desejo são incandescentes, e a chama toca de leve agora, os cretones e o coração dela:

> É talvez Ulisses que chega do oriente,
> Interminável aventureiro? As árvores são mundos.
> Aquele inverno foi embora. Alguém está se movendo.
>
> No horizonte e elevando-se sobre ele.
> Uma forma de fogo se aproxima dos cretones de Penélope,
> A sua mera selvagem presença anima o mundo que ela habita[vi].

Horizonte e quarto, levantar-se e aproximar-se, presença e impalpabilidade. Faisão que desaparece, a poesia evoca o invisível no visível: o sol de primavera que arde e que enamora, a aurora que vence a hora matutina. Se não é Ulisses, este é o despertar do mundo, o seu *fiat lux*.

No entanto, quem cria este universo é Penélope, apesar de habitar nele. Foi ela quem se preparou, compôs um eu para dar as boas-vindas a Ulisses, ela, quem "imaginou" os dois juntos, "dois num profundo proteger-se, amigo e amiga queridos". E a este mundo da imaginação humana, que conforta, dá abrigo, protege com o calor do afeto, corresponde um mundo como meditação "inumana" mais ampla que aquela de Penélope – um mundo onde as árvores foram consertadas pela natureza, após os estragos invernais.

Ambos, todavia, são universos da meditação: ambos da ficção. Não existem ventos que como cães possam vigiar Penélope. Não é possível crer numa Natureza que supervisione o ser humano, apresentando-se talvez nas vestes dos seus elementos, nos seus hálitos ou espíritos viventes. A natureza conserta as árvores num "exercício essencial" de meditação paralela a aquela em que vive Penélope. Neste seu mundo, a mulher espera o cumprimento do destino: a presença sem dádivas, sem inúteis "acréscimos", de Ulisses. Os braços

---

vi. Is it Ulysses that approaches from the east, / The interminable adventurer? The trees are mended. / That winter is washed away. Someone is moving // On the horizon and lifting himself up above it. / A form of fire approaches the cretonnes of Penelope, / Whose mere savage presence awakens the world in which she dwells. (Wallace Stevens, *The World as Meditation.*)

do homem serão seu único colar e cinto, "fortuna última" de um desejo que não é mais somente dela, mas que terá-se então, tornado-se *deles*. Na imaginação as duas existências se compõe, boas companheiras, arraigadas num refúgio profundo, na amizade mais cara.

Esta é a consolação que nos oferece Wallace Stevens: a poesia que, como ele quer, redime e torna a vida completa, saúde que cura a mente, busca e coroa a felicidade do homem. Nenhuma homenagem maior foi jamais conferida àquela trama que aclara toda a *Odisséia* e que, não obstante o muito "viajar", a transforma – como sugere a epígrafe que Stevens extrai de Georges Enesco – num "sonho permanente que não pára nem de noite nem de dia". A poesia – proclamam os *Adagia* de Stevens – "é uma purificação da pobreza e da mudança, do mal e da morte do mundo, uma satisfação na irremediável pobreza da vida".

Se bem que a poesia saiba – como Penélope e como nós também sabemos – que a pergunta ontológica é inevitável, que a incerteza está na raiz do nosso conhecimento, que este pode ser Ulisses, mas também pode ser somente o calor do sol no travesseiro dela, o encontro sustenta e encoraja o inteiro planeta dos homens. Ulisses e Penélope, o sol e o dia pulsam em conjunto. E este, portanto, é e não é Ulisses:

> Mas era então Ulisses? Ou somente o calor do sol
> no travesseiro? O pensamento batia dentro dela como o coração.
> Os dois continuavam a bater em conjunto. Era somente o dia.
>
> Era Ulisses e não era. Mas eles haviam se encontrado.
> Caros amigo e amiga e o encorajamento de um planeta.
> O vigor bárbaro nela nunca se perderia[vii].

A força barbárica de Penélope cria a ficção que é toda a realidade. Falando entre si enquanto se penteia, ela torna-se Fazedora, *poietes*. Repete o nome dele, o paciente, soletrando-o com paciência, e nunca o esquece, mantendo viva a forma de fogo que continua se aproximando.

Esta é, portanto, poesia do humano, revelação da natureza e declaração de uma relação entre o homem e o mundo. No entanto, nela vibra a mesma qualidade liminar que encontramos nos *Quartetos* de Eliot; a suspensão e alusão, "a coisa vista e a coisa não vista". Trata-se enfim de uma fábula que cumpre e satisfaz[9], mas somente com sugestões e leves toques, de uma poesia que se aproxima como a forma de fogo: da aproximação, não mais do chegar; do *enigma*, não da resposta. Ela olha

---

vii. But was it Ulysses? Or was it only warmth of the sun / On her pillow? The thought kept beating in her like her heart. / The two kept beating together. It was only day. // It was Ulysses and it was not. Yet they had met, / Friend and dear friend and a planet's encoragement. / The barbarous strenght within her would never fail. (Wallace Stevens, *The World as Meditation*.)

para o mundo – nota Stevens, nos *Adagia* – "um pouco como um homem olha para uma mulher", e ao mesmo tempo "resiste à inteligência com quase completo sucesso". Ulisses é um faisão que some no *pincel*: por isso, somos sempre impelidos a procurá-lo.

Nos *Notebooks*, Stevens escreve que existem dois arquétipos de poeta: um, narrativo, representado por Homero; o outro, reflexivo, representado por Platão. No *Mundo como Meditação*, Stevens canta como o primeiro, como os aedos do *mythos*, Demodoco e Femio, na *Odisséia*. Numa das últimas líricas que compôs – *A vela de Ulisses* (1954) – ele parece escolher o segundo, colocando formalmente em cena o *logos*. Monólogo conforme o modelo de Tennyson[10], o pequeno poema não é mais concentrado em Penélope, mas em Ulisses, e desta vez não no Ulisses homérico do retorno, mas no Ulisses dantesco, "símbolo do buscador", que de noite percorre o gigantesco mar oceano sob a forma da própria vela.

"Quando nascemos gritamos que viemos a este grande palco de loucos", murmura (ou grita) o rei Lear de Shakespeare quando reencontra o velho amigo Gloucester arruinado e cego. "Vimos ao conhecimento quando vimos à vida", pensa o Ulisses de Stevens na quinta seção da sua *Vela*. "Enquanto conheço, sou e tenho o direito de ser": este – além do Cogito cartesiano, que vai inverter o Adão bíblico – é o tema da composição. O homem tem o direito de ser porque sabe, porque conhece o bem e o mal. O conhecimento não é a morte, mas somente a vida, "o solitário sol do solitário dia. O único acesso ao verdadeiro conforto da vida e do destino".

O fardo do conhecimento certamente não é leve: ele pode vir somente *da* solidão humana, e somente nela pode-se encontrar aquela força do ser que é conhecer – o "companheiro luminoso", o "vigor triunfante", "o que nos mantém o pouco que somos". Neste pouco, na pobreza e na sombra, nasce a poesia. O "verdadeiro criador", que agita "ondas purpúreas" – que "pensa pensamentos dourados", felizes pelo significado arrancado ao caos, que se lê no desenho – este homem é iluminado pela lâmpada do conhecimento, "que aumenta como um raio noturno, o espaço onde é colocada, o brilho da escuridão".

Nesta auréola do *hic et nunc* reside o *Dasein*[11], a ordem onde o homem terá o direito de ser como é, absoluto em si mesmo, finalmente livre do místico. Lá ele pode receber, fora da lógica, uma vida além do conhecimento presente, mais leve ainda "do que o atual esplendor": um presente, uma "adivinhação" que não contém mapas do paraíso, mas constitui uma apreensão, uma série de "perplexidades" dissolvidas e resolvidas fulguralmente numa deslumbrante descoberta:

O grande Omnium desce sobre nós
Como uma raça livre.

ULISSES, AS SEREIAS, O FAISÃO

Nós o conhecemos, um
Por um, no direito comum. Cada homem
É um aproximar-se da vigilância
Onde o espalhar das verdades torna-se
Um todo, o dia onde a última estrela
foi contada, a genealogia
De homens e deuses destruída, o direito
De conhecer decretado como direito de ser.
Os símbolos antigos então nada serão.
Passaremos além dos símbolos
Do que eles simbolizavam, longe
Dos barulhos das cúpulas cheias de discursos,
Para a tagarelice que é, então, a verdadeira lenda,
Brilho que se tornou fogo[viii].

Brilho que se torna fogo: parece o T. S. Eliot dos *Quartetos*. Registro e imagem parecidos; a mesma expressão purificada na tensão, dantesca; o mesmo ardor ontológico. Todavia, o "mestre do conhecimento", o dono do mundo e de si mesmo aqui é o homem, cuja mente cria o cosmos "num verso, num trecho de música, o parágrafo do filósofo justo": "o homem vivente no espaço presente". Seu único legado, seu destino, é a verdade. Note-se que não se trata das "abstrações plantagenetas", mas do pensamento particular, o "centímetro árduo" no qual se apóiam os grandes arcos de espaço, o "pequeno confim que imediatamente se transforma em grandezas estelares": o particular submetido ao universal, ao "sublime relativo". A "flor cheia do atual", anuncia um dos *Adagia*, "não o fruto californiano do ideal": em suma, o *tode ti* aristotélico na ótica do transcendentalismo americano, na indigência de Hölderlin e Heidegger[12]. Vislumbrado, principalmente por aquela tão *breve vigília* que é a velhice, último limiar.

Sibila da verdade não é mais uma mulher resplandescente de orvalho ou de pérolas, mas uma "coisa cega que tateando procura a sua forma", na pobreza, na necessidade, coxa, consumida e inclinada para o nada, uma mulher que olha para a rua e também uma criança adormecida em sua própria vida, o prenúncio tímido e sereno do inumano que chegará, em breve:

A mulher reluzente é agora vista
Isolada, separada
Do humano na humanidade,
Parte do inumano mais, e ainda.
Um inumano que tem nossos traços, conhecido

---

viii. The great Omnium descends on us / As a free race. We know it, one / By one, in the right of all. Each man / Is an approach to the vigilance / In which the litter of truths becomes / A whole, the day on which the last star / Has been counted, the genealogy / Of gods and men destroyed, the right / To know established as the right to be. / We shall have gone behind the symbols / To that which they symbolized, away / From the rumors of the speech-full domes, / To the chatter that is then the true legend, / Like glitter ascended into fire.

146 A SOMBRA DE ULISSES

> E desconhecido, inumano por breve tempo,
> Inumano por um mais breve, sempre menor tempo[ix].

Nos respiros do solilóquio, enquanto a viagem se aproxima do ponto de passagem, a grande vela de Ulisses se acende na última "pulsação de um *enigma*", na dupla sombra. Uma outra vela projeta-se na primeira, que se torna assim uma abstração na qual se fundamenta o particular de um outro "sublime relativo":

> como se uma outra vela estivesse navegando
> diretamente mais uma noite,
> e até o fundo pendessem fartas estrelas[x].

Ir além disso não é possível. Uma poesia, sustenta Stevens, "se revela somente ao homem ignorante", e nem o autor nem o leitor deste livro vão querer fazer esse papel. Só resta uma coisa a contemplar. Numa das últimas líricas de Stevens – *Of Mere Being* – uma palmeira surge no fim da mente, no limite do espaço, representando o Ser puro e simples[13]. Nela, um pássaro canta uma canção estrangeira, sem significado humano, desprovida de sentimento humano. Ele tem plumas douradas, de fogo. É e não é a fênix árabe; é e não é um faisão. Em todo caso, enquanto o vento murmura entre os ramos, as suas plumas dão piruetas, balançando, de cabeça para baixo.

O Enigma constitui uma das conclusões da minha história. No primeiro conto do *Aleph* (1952), intitulado "O Imortal", Jorge Luis Borges adensa o mistério e dobra a nossa perplexidade. Em junho de 1929, em Londres, o antiquário Joseph Cartaphilus, poliglota "consumido e terroso" de Smirne, oferece à princesa de Lucinge os seis volumes da *Ilíada* traduzidos, para o inglês, pelo poeta setecentista Alexander Pope. A princesa compra a obra, e pouco depois Cartaphilus morre no mar durante a viagem de volta para Smirne e é sepultado na ilha de Ios (onde se diz estar o túmulo de Homero). O último volume da *Ilíada* contém um manuscrito em inglês, do qual o autor oferece uma versão "literal".

O protagonista-narrador é um romano, Marco Flamínio Rufo, acampado no Egito com as tropas imperiais de Deocleciano. Um dia, ao amanhecer, chega, vindo das montanhas além do Ganges, um cavaleiro exausto e ensangüentado que procura no ocidente, "onde termina o mundo", o rio da imortalidade, nas margens do qual surge a Cidade dos Imortais. O cavaleiro morre. Rufo empreende uma ex-

---

ix. The englistered woman is now seen / In an isolation, separate / From the human in humanity, / A part of the inhuman more, and yet / An inhuman of our features, known / And unknown, inhuman for a little while, / Inhuman for a little, lesser time.

x. As if another sail went on / Straight forwardly through another night / And clumped stars dangled all the way

pedição para o oeste, atravessa o deserto, passa o Atlante, perde os seus homens e se encontra, sozinho e sedento, bebendo a água de um córrego que corre fora da esplendorosa Cidade dos Imortais. Inexplicavelmente, pronuncia então algumas palavras gregas (do catálogo dos navios na *Ilíada*).

Rodeado de trogloditas, o romano penetra na cidade, que se revela um labirinto cheio de edifícios sem sentido. Segue-o, como um cachorro, um dos bárbaros primitivos que lhe lembra Argo, o cachorro moribundo de Odisseu. Um dia, sob pancadas violentas de chuva, Rufo chama o homem "Argo". Com tênue maravilha o troglodita balbucia, "Argo, cão de Ulisses" e cita o verso da *Odisséia* que o descreve. O romano pergunta-lhe o que ele sabe sobre o poema de Homero. "Muito pouco" – responde Argo num grego sofrível – "menos do rapsodo mais pobre. Devem ter passado mil e cem anos desde que o inventei".

O troglodita é Homero, o córrego é o da imortalidade, a Cidade perfeita dos Imortais foi por eles mesmos destruída e substituída pelo aglomerado sem sentido que Rufo vasculhou. A imortalidade sempre cobiçada pelo homem nada mais é do que isto: os trogloditas não percebem o mundo físico, esqueceram-se de tudo, vivem em grutas – voltaram ao início, num pseudo Paraíso Terrestre de cavernícolas. Homero conta a Rufo ter empreendido a última viagem na velhice, "movido, como Ulisses, pelo propósito de encontrar os homens que não conhecem o mar e não comem carne salgada e nem têm noção do remo". Chegando à Cidade, aconselhou sua destruição e a nova fundação.

Os Imortais alcançaram a perfeição da tolerância e da sabedoria. Eles sabem "que num tempo infinito a qualquer homem pode acontecer tudo". Homero havia composto a *Odisséia*: "dado um tempo infinito, com infinitas circunstâncias e modificações, o impossível é não compor, pelo menos uma vez, a *Odisséia*. Ninguém é alguém, um único homem imortal é todos os homens". Homero e Rufo propõem-se a procurar o rio que tira a imortalidade. Partem para o oriente e separam-se em Tânger.

O protagonista atravessa o tempo: em 1066, combate em Stamford Bridge, na Inglaterra, na batalha entre ingleses e noruegueses de pouco anterior àquela de Hastings com a qual os normandos conquistaram a ilha; no século XIII, transcreve as sete viagens de Simbá; em 1729 discute com um professor de retórica chamado Giambattista a origem da *Ilíada*; em 1921, pára na costa da Eritréia. Lembrando os tempos longínquos transcorridos no Mar Vermelho quando era tribuno de Roma, bebe a água límpida de um rio. Uma árvore cheia de espinhos fere-lhe o dorso da mão, o sangue goteja. É novamente, felizmente, mortal.

Após um ano, relê suas páginas, compreendendo que a história narrada ali é irreal porque nela se mesclam os acontecimentos de

148 A SOMBRA DE ULISSES

dois homens distintos, Rufo e Homero. Aproxima-se o fim, não restam mais imagens da memória, mas somente palavras:"Eu fui Homero; em breve, serei Ninguém, como Ulisses; em breve, serei todos: estarei morto".

As imagens do conto são as nossas: caminho rumo aos limites da Terra no ocidente, última viagem, mundo novo da cidade, paraíso terrestre. Elas são, todavia, desfiguradas pelo vórtice enigmático no qual Borges joga o leitor. Tensas a ponto de se romper, antes de mais nada, no espaço, onde as coordenadas geográficas se sobrepõem e se sucedem: Cartaphilus, rumo ao oriente e à morte; rumo à imortalidade, mas encontrando a morte, o cavaleiro oriental; rumo à imortalidade, a oeste, Homero e Rufo, que voltam para o leste para morrer. O espaço esticado ao extremo, é portanto inserido no tempo: Londres e Smirne, 1929; Egito, século III depois de Cristo; Inglaterra, 1066; Bulaq, século XIII; Kolozvár e Lipsia, 1638; Aberdeen, Escócia, 1714; 1729, discussão com "Giambattista" (a nota sugere, Vico); 1921, viagem para Bombaim e parada na costa da Eritréia.

O tempo é anulado pelas suas próprias espirais. No meio, a imortalidade idiota e imemorável, que leva de volta à bárbarie irracional dos primórdios e, prolongando a vida ao infinito, envolve a História em eternos retornos, coincidências, ecos, presságios e repetições, círculos onde o possível torna-se inevitável. Somente a morte "torna preciosos e patéticos os homens", fantasmas sempre a ponto de serem apagados como sonhos, sombras cujos atos têm o valor do irrecuperável e do casual.

A poesia é tradição que se enrola em torno dos próprios cânones desorganizados, *infinito literário*[14]: da *Ilíada* de Pope nasce a *Odisséia* de Homero; Rufo escreve como Plínio, o Velho, como De Quincey, Descartes e George Bernard Shaw; Cartaphilus cria Simbá e fala com Vico. Enfim, o mito se abre sobre os próprios abismos, numa paródia das suas metamorfoses e de seu figuralismo: Argo, o cão de Odisseu, torna-se Homero; Homero é Ulisses; Ulisses é Simbá; o eu foi Homero e Ulisses, Simbá e mil outros – será Ninguém. De história, poesia e mitos (os temas do nosso livro) restam somente, no fim da última viagem, palavras: "palavras erradicadas e mutiladas, palavras *de outros*".

Num soneto publicado na coleção *O Outro, o Mesmo* (1964), e intitulado *Odisséia, Livro* XXIII, Borges remonta com um paradoxo irônico aos fundamentos ontológicos e gnoseológicos do mistério. Estamos no fim da aventura homérica, além do momento perene do *Mundo como meditação* de Stevens. A vingança contra os pretendentes foi cumprida, Ulisses reconquistou o seu reino e a sua rainha "a despeito de um deus, e dos cinzentos / ventos e do estrépito de Ares". Penélope dorme no peito de seu rei, no amor do leito compartilhado. Mas eis que na metade do décimo verso a serenidade deste

ULISSES, AS SEREIAS, O FAISÃO

telos finalmente possuído é perturbada de improviso – não pelo pensamento da última viagem, mas por uma interrogação radical:

> ... mas onde está aquele homem
> Que nos dias e noites do exílio
> errava pelo mundo como um cão
> E dizia que Ninguém era seu nome?[xi]

Odisseu é enfim cortado em dois, muito além da fugidia duplicação do *Mundo como Meditação* e do desdobramento em sombra da *Vela de Ulisses*: de um lado Ulisses, o rei, agora; de outro Ninguém, o cão errante, antes.

Como em todas as suas obras, Borges cumpre aqui também uma operação mais sutil e perversa, deslocando o peso da cognição e do reconhecimento para o leitor. Nos primeiros nove versos e meio ele nos propõe uma história factual que sabemos ser uma ficção poética. Ele nos diz que as coisas se deram de uma certa maneira, e estamos prontos a aceitar este relato na base do *mythos* homérico. Depois, contra qualquer expectativa, o poeta contrasta com o seu "mas", tudo aquilo que acabou de falar, que se torna vazio, após a sua pergunta. Perguntando não "quem", mas "onde" está aquele homem, Borges nos obriga a entrar no reino de uma especulação sem fim, entre aqueles enigmas que dão o título a uma outra composição de *O Outro, o Mesmo*. Como podemos de fato julgar *onde* se encontra aquele homem que obviamente é "o outro, o mesmo", diferente do homem presente, no entanto o mesmo? Como reconhecer uma ligação entre Ninguém e Ulisses?

A única maneira de fazê-lo consiste em estabelecer uma conexão intertextual, em remontar àquele episódio da *Odisséia* em que Odisseu declara ao ciclope Polifemo que seu nome é Ninguém. Nem se pode duvidar que isto seja exatamente o que Borges, em seu jogo literário, espera de nós. Ele nos obriga a interpretar uma ficção poética por meio de outra, mais antiga e canônica, ficção.

Mas se quiséssemos seguir o processo ortodoxo do conhecimento, limitando-nos a um objeto de cognição por vez – a ler um só texto, o que temos sob os olhos – seríamos incapazes de identificar uma ligação exata entre Odisseu e Ninguém. Nesta página nos são apresentadas duas pessoas *distintas* no espaço, no tempo e no nome. O vazio que as separa é imenso: uma cumpriu o *nostos*, voltou para casa, é um rei; a outra é um viajante em exílio, erra pelo mundo, é um cão.

Como, em cada caso, reconhecer Ninguém? Tudo aquilo que apreendemos do soneto – e que no entanto saberíamos, lendo a *Odis-*

---

xi. ...¿pero dónde está aquel hombre / Que en los días y noches del destierro / Erraba por el mundo como um perro / Y decía que Nadie era su nombre? (J. L. Borges, *Odisséia*, *Livro* XXIV)

150   A SOMBRA DE ULISSES

séia – é que aquele homem *dizia* que o seu nome era Ninguém. Devemos, como fez o pobre Polifemo para arrepender-se logo depois, acreditar nele? Crer, depois de Stevens, na ficção, sabendo que é uma ficção na ficção? Somos solicitados a reconhecer um *ser,* partindo do simples conhecimento de seu *nome* presumido.

Quando o Virgílio dantesco ordenava a Ulisses dizer "onde foi morrer, após ter partido rumo ao desconhecido", a pergunta imperativa colocava em crise seja a episteme antiga, seja a medieval e colocava, como já se viu no segundo capítulo, uma formidável questão hermenêutica que permanecia sem resposta na narração. Quando Borges pergunta *onde* se encontra agora este homem que antes dizia chamar-se Ninguém, ele divide o texto em dois e torna possível sua interpretação apenas por meio de uma alusão intertextual: mata a pessoa de Odisseu, abre a alteridade na identidade, questiona a própria possibilidade do processo epistemológico, faz terminar a ficção poética num Enigma muito mais radicalmente insolúvel do que o de Stevens[15]. Esse Enigma situa-se antes daquele posto pela Esfinge a todos os viajantes e ao próprio Édipo: não *qual* é o animal que quando pequeno anda com quatro patas, quando grande com duas e na velhice com três, mas onde ele "está", no espaço e no tempo. "Nos aniquilaria perceber a enorme / forma do nosso ser", diz *Edipo e o Enigma*, um outro soneto da mesma coleção. Ulisses entrou num labirinto do qual não poderá jamais sair e no qual começa, desde já, a não poder pronunciar uma só palavra. A poesia "imortal e pobre" é o fim desta aventura, uma Ítaca verde e eterna; mas ao mesmo tempo – como canta Borges na *Arte Poética* – o rio, que é outro e o mesmo de um Heráclito, que é o outro e o mesmo:

> Contam que Ulisses, farto de prodígios
> chorou de amor ao ver a sua Ítaca / verde e humilde. A arte é aquela Ítaca
> de verde eternidade, não de prodígios.
>
> É também como o rio interminável
> que passa e fica e é espelho de um mesmo
> Heráclito inconstante que é o mesmo
> e é outro, como o rio interminável[xii].

Vamos então, no Enigma, para a nossa quinta possível conclusão: o Silêncio. Ele vem das Sereias de um escritor crucial do nosso século, Franz Kafka. Em seu perpétuo, paradoxal *midrash* de toda a tradição judaica, oriental e ocidental, Kafka submeteu duas vezes as cantoras homéricas à lógica do absurdo: em 1917 – o ano em que foi

---

xii. Cuentan que Ulises, harto de prodigios, / Lloró de amor al divisar su Itaca / Verde y humilde. El arte es esa Itaca / De verde eternidad, no de prodigios. // También es como el río interminable / Que pasa y queda y es cristal de un mismo / Heráclito inconstante, que es el mismo / Y es otro, como el río interminable. (Jorge Luís Borges, *Arte Poética*.)

publicado o *Prufrock e outras Observações* de Eliot – compôs *O Silêncio das Sereias,* e mais tarde a elas retornou, brevemente, numa carta de 1921.

No primeiro trecho, que é composto de oito parágrafos, Kafka procede aos poucos. No começo, anuncia que o conto constituirá *prova* do fato de que medidas inadequadas, até infantis, podem servir para salvar do perigo. Segue a demonstração: para proteger-se das Sereias, Odisseu tampou os ouvidos com cera (primeira leitura errônea do mito originário, em que o herói tampa os ouvidos dos companheiros), e pediu para que o amarrassem no mastro central do navio. O comentário se detém em ambos os gestos: naturalmente qualquer navegador, exceto o que era seduzido de longe pelas Sereias, poderia ter feito mesmo antes de Odisseu. Mas era notório que nada disso serviria, porque o canto das Sereias penetrava em qualquer coisa e a paixão de quem as ouvia rompia amarras bem mais fortes do que correntes e mastro central. *Mas, ainda que provavelmente* o soubesse, Odisseu não pensou em nada disso. Ele depositou inteira confiança em sua cera e em suas correntes e, cheio de alegria inocente pelo seu pequeno estratagema, fez vela rumo às Sereias.

Esta apresentação no segundo parágrafo poderia nos levar e esperar uma conclusão "psicologística": Odisseu não é somente astuto e cheio de recursos, mas também fechado em si mesmo. Escapará das Sereias porque está convencido que cera e correntes o salvarão. A nossa expectativa é todavia contrariada. "Agora, *porém,* – escreve Kafka no terceiro parágrafo – as Sereias tinham uma arma muito mais letal do que seu canto, e esta era o silêncio". Nunca aconteceu, *mas* é concebível que alguém tenha conseguido salvar-se do canto: do silêncio, *porém,* certamente não. Nada de terreno pode opor-se à sensação de triunfo que se sente ao ter vencido as Sereias com a própria força, e à presunção arrebatadora que a ela sucede. O silêncio das Sereias – esta segunda, espantosa subversão do mito, que vai muito além dos de Pascoli e do *Prufrock* de Eliot – é portanto o reflexo interior da vitória humana? Ou a sua conseqüência externa?

Nem um, nem outra. No quarto parágrafo, Ulisses se aproxima das Sereias e elas não cantam: *ou* porque pensam que somente o silêncio poderá derrotar um inimigo como este, *ou* porque a expressão de felicidade no rosto de Odisseu (que não pensa em outra coisa, senão em sua cera e em suas correntes) faz com que elas esqueçam o canto. A presença de duas hipóteses alternativas desfaz a racionalidade da explicação que aquelas mesmas hipóteses pretendiam, ao contrário, aprofundar. O dilema abre um grande vazio que pode ser preenchido somente por outras especulações, por uma exegese sem fundo. O Enigma gera outros enigmas.

No quinto parágrafo, Kafka continua: *mas* Odisseu, "*se* é que podemos nos expressar assim", não ouviu o silêncio das Sereias. Ele

152 A SOMBRA DE ULISSES

acreditou que as Sereias estivessem cantando e que ele fosse o único a não ouvi-las. A ficção poética tradicional é desfigurada até o fim. Nem o canto, nem o silêncio têm mais importância: o que vale é apenas a infundada presunção do eu. Odisseu viu por um momento as gargantas das Sereias que se elevavam e caíam novamente, a respiração profunda, as bocas semi-abertas, os olhos cheios de lágrimas; *mas* pensou que tudo isto fizesse parte das árias musicais que, não sendo ouvidas, morriam ao seu redor. Imediatamente depois, *porém*, tudo desvaneceu-se diante dos seus olhos, enquanto ele fixava o olhar ao longe: "literalmente", as Sereias desapareceram diante de sua determinação e, exatamente no momento em que ele estava mais próximo, "nada mais soube delas". O Odisseu kafkiano está no pólo oposto do Fausto de Goethe: no instante supremo do encontro, quando deveria dizer ao átimo "Pára, és tão belo", Odisseu entrevê somente a sedução, ignora a beleza que lhe é oferecida, não compreende nem o próprio olhar, e ao invés de adquirir consciência, esquece tudo e cai na mais total ignorância.

Mas esta não é somente a história de Odisseu: pelo contrário, a sua característica mais notável é que – além da omnividência absoluta e esquizofrênica do narrador e além dos sentimentos do herói – dela emerge, pela primeira vez na literatura ocidental, o ponto de vista das Sereias. *Mas*, "mais belas que nunca", as Sereias (e estamos no sexto parágrafo) alongam o pescoço e se viram, deixando ondear os seus "apavorantes" cabelos no vento e se esquecendo de tudo, agarram as rochas com suas garras. Tendo se tornado novamente monstruosas após a passagem do herói, elas não tinham mais nenhum desejo de seduzir: "queriam somente deter o mais longamente possível o reflexo luminoso que vinha dos grandes olhos de Odisseu". As "amarradoras" estão amarradas. Quem enfeitiça agora é o homem que se tornou, especularmente, uma sereia. Nesta identidade invertida, no grande olhar do herói, oculta-se a destruição final. "*Se* elas tivessem uma consciência", prossegue o sétimo parágrafo, "naquele momento seriam aniquiladas". *Mas* – e este é o paradoxo que parece reconduzir tudo à normalidade – as Sereias permaneceram como eram: simplesmente, Odisseu escapou delas.

Um "apêndice" a tudo isso – conclui Kafka – chegou até nós, e ele a registra no último parágrafo. Odisseu era tão esperto que nem a deusa do destino podia penetrar em seu íntimo. *Talvez* ele notou que as Sereias permaneciam em silêncio e opôs a elas e aos deuses sua simulação como um escudo.

Enfim, o escritor retorna às Sereias no segundo trecho, comparando-as às vozes sedutoras da noite. Desta vez elas cantam – não para enfeitiçar, mas para queixar-se da própria feiura e esterilidade:

As Sereias também cantaram assim. Seria injusto acreditar que elas quisessem seduzir. Sabiam ter garras e o ventre estéril, e disto se lamentavam em voz alta. Não tinham culpa se seus lamentos eram tão belos.

A poesia é choro: depois, silêncio. A lembrança cede ao esquecimento. Sujeito e objeto da sedução e do desejo estão invertidos. A luz do homem prepara o aniquilamento do canto. A astúcia é simulação, extrema defesa do eu contra o inteiro universo, felicidade fechada em si mesma. O conhecimento apresenta-se como *méconnaissance* e mergulha na ignorância. E tudo é dito *como se nada fosse*: em sua anormalidade, todas as coisas parecem perfeitamente normais. A maravilha sumiu. O mito é reassumido e subvertido num acúmulo de enganos, possibilidades, hipóteses, glosas à tradição. O conto se transforma em exegese, em *midrash*[16].

A interpretação desse conto não poderá não ser irremediavelmente dividida. Quem é atingido em primeiro lugar pelo silêncio das Sereias, lerá a história como uma conseqüência da surdez do homem de hoje, que opõe às emudecidas forças da natureza os instrumentos da própria tecnologia (a cera e as correntes) porque sabe que a poesia reflete o silêncio do ser e não canta mais, mas se apresenta como mero comentário[17]. Outros sustentarão, com igual justiça, que o significado central dos dois trechos deve ser procurado sobretudo na astúcia de Odisseu, que toma precauções excessivas porque quer utilizar a própria simulação como um escudo, escondendo o seu segredo – que consiste em ser da mesma espécie das Sereias, em pertencer ao seu mesmo mundo de beleza e de morte, em possuir um canto que é somente lamento de desespero diante da própria inumanidade[18].

Mas nenhuma destas interpretações é plenamente satisfatória. O silêncio da poesia e da metafísica é uma imagem forte, à qual o homem moderno dificilmente pode resistir. É igualmente sugestivo, "quem vive num desejo sem esperança", considerar a beleza da literatura como nada mais que um grito diante da esterilidade do homem e do seu monstruoso ser-na-morte. Parece-me todavia importante observar que a estrutura imaginária e lógica que subjaz a este conto é constitucionalmente adversativa, ativamente contraditória, abertamente hipotética: cada período nega o anterior, com um *porém*, e é todo contorcido pelos *mas, talvez, provavelmente, no entanto*. A língua luta contra si mesma: à medida que pronuncia, se anula; ao passo que, aparentemente, estabelece nexos racionais, os destrói com contínuos golpes de glote. Todos os enredos causais estão assim colocados em dúvida pelo *logos* mais puro, no exato momento em que o *mythos* sofre alterações radicais.

O conto se abre assim ao infinito. Ulisses é um Enigma sem razão que nós queremos a todo custo penetrar, precisamente por causa de seu mistério. Ele se perpetua portanto em contos que são interpretações de outros contos. O paradoxo de Kafka nos explica enfim porque a sombra de Odisseu é rodeada por sombras cada vez mais densas e se alonga através dos séculos.

Por outro lado, o próprio conto se fecha como um ouriço a qualquer tentativa de exegese integral. Pois que ele tende a se tornar interpretação múltipla e contraditória, a leitura é obrigada a combater contra a parede epistemológica da indeterminação e da complementaridade[19]. Na observação dos fenômenos atômicos – sustenta Heisenberg enunciando o princípio de indeterminação – é conceitualmente impossível determinar simultaneamente a posição e a velocidade de uma partícula com a precisão que gostaríamos de ter: existe um limite preciso a tal exatidão, um limiar inevitável de incerteza. No mesmo âmbito, não podem ser realizadas contemporaneamente – esta é a formulação do princípio de complementaridade de Bohr – uma rigorosa localização no espaço e no tempo e uma rigorosa descrição causal. No universo literário das Sereias kafkianas valem os mesmos princípios – neste limiar, literatura e ciência se encontram no nosso século. A narração é constituída de uma seqüência de parágrafos só aparentemente unidos por nexos causais, e os parágrafos, como os átomos, são, por sua vez, fracionados em partículas de oposta valência, que se movem em direções diferentes. A demonstração *prova* a validade do assunto e ao mesmo tempo o revela como mero pré-texto, enquanto o texto muda continuadamente invadindo a exegese do autor e antecipando a do leitor. Ao propor o "apêndice" ao *Silêncio das Sereias* – ao fornecer uma última interpretação à própria interpretação – Kafka declara que, nessa altura, "o intelecto humano está além da compreensão e da compreensibilidade".

A predicação de Isaías e de Jesus exprime-se por profecias e parábolas – de forma enigmática – a fim de que quem ouça não escute, quem olhe não veja; a fim de que ele *não* compreenda e *não* conheça, e portanto *não* se salve[20]. A parábola de Kafka coloca-se no mesmo horizonte de espera: Odisseu não ouve e não vê. Em última instância, o conto alude – prefigurando ao mesmo tempo a morte da poesia e do ser e o canto da desumanidade do homem – e ao silêncio da Interpretação. Se é verdade que a poesia pode deixar o ser humano indiferente e ser por ele morta, é verdade também que a leitura, a crítica e a exegese, que prolongam a vida da poesia, têm limites intrínsecos. Chega o momento em que elas, diante do mal produzido pela Palavra com os seus Enigmas, devem finalmente calar-se.

NOTAS

1. K. Foster, "The Mind in Love: Dante's Philosophy", em J. Freccero (org.), *Dante*, Englewood Cliffs, N. J. , 1965, pp. 43-60.

2. W. Stevens, "The Necessary Angel", Londres, 1960; em N. Fusini (org.), *Note verso la finzione suprema*, Veneza, 1987.

ULISSES, AS SEREIAS, O FAISÃO

3. D. Manganiello, *T. S. Eliot and Dante*, Londres, 1989, pp. 17-39.

4. E. R. Curtius, *Letteratura della letteratura*, Bolonha, 1984[2], pp. 121-163.

5. D. Donoghue, "The Word within a Word", em *The Sovereign Ghost*, Londres, 1978, pp. 183-206.

6. S. Sabbadini, *Una salvezza ambigua. Studio sulla prima poesia di T. S. Eliot*, Bari, 1971; F. Moretti, "Dalla terra desolata al paradiso artificiale", em *Segni e stili del moderno*, Turim, 1987, pp. 195-234.

7. H. Gardner, *The Art of T. S. Eliot*, Londres, 1949, cap. II e VII; H. Kenner, *The Invisible Poet:T. S. Eliot*, Londres, 1960, cap. V e VI; H. Gardner, *The Composition of Four Quartets*, Londres, 1978.

8. W. Stevens, *Il mondo come meditazione*, em M. Bacigalupo (org.), Palermo-Parma, 1986, pp. 211-213; L. L. Martz, "Wallace Stevens: The World as Meditation", em M. Borroff (org.), *Wallace Stevens*, N. J., Englewood Cliffs, 1963, pp. 133-150; L. Beckett, *Wallace Stevens*, Cambridge, 1974, pp. 198-203.

9. F. Kermode, *Wallace Stevens*, Londres, 1989[2], p. 114.

10. H. Bloom, *Una mappa della dislettura, op. cit.*, p. 161.

11. F. Kermode, "Wallace Stevens, Dwelling Poetically in Connecticut", em *An Appetite for Poetry*, Cambridge, Mass. 1989, pp. 79-96. Devo muito, como disse no Prefácio, ao Prólogo e aos ensaios deste livro.

12. H. Bloom, *Wallace Stevens: The Poems of our Climate*, Ítaca-Londres, 1977.

13. J. Hillis Miller, "Wallace Stevens Poetry of Being", em R. Harvey Pearce & J. Hillis Miller (orgs.), *The Act of the Mind*, Baltimore, 1965, pp. 143-162. H. Bloom, *Poetry and Repression, op. cit.*, pp. 267-293; J. Hillis Miller, *The Linguistic Moment*, Princeton, 1985, pp. 3-58 e 390-422.

14. M. Blanchot, "L'infinito letterario", em J. L. Borges, *Finzioni*, Milão, 1974, pp. xii-xvi; cfr. L. A. Murillo, *The Cyclical Night*, Cambridge, 1968; R. Paoli, *Borges. Percorsi di significato*, Messina-Florença, 1977.

15. S. Yurkievich, "Borges, Poeta Circular", em *Fundadores de la Nueva Poesia Latinoamericana*, Barcelona, 1973, pp. 117-38; R. Xirau, "Borges: de la duda a lo eterno dudoso", em *Poesía y Conocimiento*, Cidade do México, 1978.

16. F. Kermode, *Il segreto nella Parola, op. cit.*

17. A interpretação é de Walter Benjamin, cit. em G. Baioni, *Kafka: letteratura ed ebraismo*, Turim, 1984, p. 227 e nº 56.

18. Com esta leitura responde, a Benjamim, Baioni, em *Kafka, op. cit.*, pp. 226-229.

19. J. D. Barrow, *The World within the World, op. cit.*, pp. 137-141; e conclusão do quinto capítulo do livro citado acima.

20. F. Kermode, *Il segreto nella Parola, op. cit.*; e ver G. Baioni, *Kafka: Romanzo e parabola*, Milão, 1980[3]; R. Alter, *Necessary Angels*, Cambridge, Mass., 1991.

9. A Última Viagem de Ulisses no Brasil

Peço perdão aos leitores por começar este capítulo com uma nota pessoal. Deparei-me com *Finismundo: A Última Viagem*, pela primeira vez, na segunda metade de 1996, logo depois de um Congresso Internacional sobre Ulisses que organizei em Roma[1]. A primeira edição do poemeto tinha sido publicada em 1990[2]. Em 1992, sem nada saber sobre *Finismundo*, publiquei um livro intitulado *L'ombra di Ulisse. Figure di un mito*[3] (*A Sombra de Ulisses. Figuras de um Mito*) – livro que está agora nas mãos do leitor brasileiro, em sua própria língua –, que trata das multiformes reencarnações do maior herói da literatura e da história européia, e que começava com a famosa profecia de Tirésias a Odisseu no Livro XI da *Odisséia*[4]. Depois de ter-lhe predito o retorno para casa, Tirésias diz a Odisseu que deverá embarcar numa última viagem rumo a uma terra que não conhece o mar, as naus e a comida temperada com sal. Quando encontrará outro viandante, que troca uma pá de trigo por seu remo, Odisseu saberá ter chegado à sua destinação. Fará então sacrifícios a Posêidon e voltará a Ítaca. Enfim, a morte virá *ex halos*: de longe, fora do mar.

Parecia-me que todas as aventuras de Ulisses, na literatura posterior, derivassem do significado ambíguo da expressão homérica *ex halos*, e que toda reencarnação literária de Ulisses esboçasse – em maneira figural ou tipológica – a seguinte, projetando nela, ao mesmo tempo, uma aura existencial e histórica. O Ulisses de Dante, por exemplo, "cumpre" a profecia de Tirésias, fazendo uma viagem em

158   A SOMBRA DE ULISSES

direção ao oeste, para além das Colunas de Hércules, naufragando
por vontade de "outrem" (*altrui*), o supremo, o inominável Outro,
que representa o Deus cristão, no momento em que vê o monte escuro do Purgatório em cujo ápice se encontra o Paraíso Terrestre[5]. Velho,
"nesta tão breve vigília/dos nossos sentidos", embarca, inevitavelmente – intencionalmente, acredito, no profundo de si – numa última viagem rumo à morte. A sua viagem é como a vida de todos os
homens: do ser ao não ser. Todavia, o fato é que no canto XXV do
Inferno, quando Ulisses vê o outro mundo, este é chamado de "*nova
terra*". E os intérpretes dantescos, bem como poetas, como Tasso, e os
exploradores europeus do século quinze, como Américo Vespúcio, lêem
a nova terra do Ulisses de Dante como o Novo Mundo, as Américas[6].

Pode-se, portanto, imaginar como me senti, ao ler *Finismundo*.
Eis um poeta do Novo Mundo que escreve uma poesia sobre a Última
Viagem, dizendo antes de mim, de forma mais breve e muito melhor
do que eu jamais poderei fazer, o que eu tinha tentado dizer no meu
livro, e que, como escrevi depois, numa continuação da *Sombra de
Ulisses*[7], tinha procurado viver e imaginar nos últimos quarenta anos.
Inútil dizer que nas atas daquele Congresso, existia um ensaio sobre
Finismundo[8] e que, após a publicação, eu enviei aquelas atas, junta-
mente com uma carta, para Haroldo de Campos[9].

Pode muito bem ser que um – o menos importante, obviamente – dos destinos de Haroldo de Campos tenha sido o de preceder os críticos italianos. Foi o que aconteceu, em 1954, com a *Obra
Aberta* de Umberto Eco[10], e novamente comigo, em 1990, com *Finismundo*. Mas as coisas em poesia, na história e na vida, são sempre
um pouco mais complicadas do que uma simples coincidência ou o
Zeitgeist possa sugerir. Ulisses é onipresente na literatura ocidental e,
particularmente, no século vinte. O próprio Haroldo de Campos recorda
(a propósito de *Galáxias*) um intertexto que vai de Homero a Pound,
Odorico Mendes, Padre Vieira e Shakespeare[11]. Ele menciona também Joyce e T.S. Eliot[12]. Mas no exército da *Odisséia* do nosso século
poderiam ser recrutados autores como Conrad, D'Annunzio, Kafka,
Bloch, Horkheimer, Adorno, Lévinas, Derrida, Giono, Valery, Gide,
Seféris, Kazantzakis, Fondane, Chagall, Canetti, Wallace Stevens, Primo Levi, Dallapiccola, Brodskij, Berio e dezenas de outros filósofos,
poetas, romancistas, músicos, pintores e escultores de toda a Europa e
dos Estados Unidos, assim como da Índia e do mundo árabe[13]. Lenta-
mente, mas com resultados sempre mais significativos, a sombra de
Ulisses desloca-se para o Caribe e a América Latina: Borges, Darío,
Harris, Walcott, Carpentier, García Márquez e muitos outros[14].

Existe também – e é obviamente fundamental, para um poeta
brasileiro – uma tradição portuguesa. Esta começa na Antiguidade
clássica e faz de Ulisses o fundador de Lisboa (Ulixabona)[15]. No
momento oportuno, ele se torna o predecessor de Vasco da Gama e

A ÚLTIMA VIAGEM DE ULISSES NO BRASIL 159

de Magalhães. Os nomes, aqui, incluem nada menos que Camões, Gabriel Pereira de Castro e Pessoa[16].

Acredito que seja dentro desse *imaginaire* que temos que colocar *Finismundo*, que se torna assim parte de um intertexto quase global e uma das últimas sombras de Ulisses. A gênese do poemeto, que Haroldo de Campos já havia descrito numa nota à edição de 1990, ampliada em 1996, em *Sobre Finismundo*[17], é particularmente interessante a esse respeito. Por uma vez, ao invés de preceder um crítico italiano, ele dá seqüência a um deles – D'Arco Silvio Avalle –, que, num ensaio intitulado *L'ultimo viaggio di Ulisse* (*A Última Viagem de Ulisses*) colocou em evidência os "modelos semiológicos" que estão na base da história do canto XXVI do *Inferno*[18]. Do texto de Avalle, Haroldo de Campos passou para a *Amorosa Visione* (*Amorosa Visão*) de Boccaccio, onde se fala de um Ulisses claramente dantesco que, movido pela vontade de ver, transgrediu, transpassou os limites ("per voler vedere trapassò il seguo[19]"). Essa estrofe tornou-se a epígrafe à primeira seção de *Finismundo*.

Em outras palavras, o poeta começou pela interpretação (de Avalle) de uma interpretação (de Boccaccio). Em um primeiro momento, *Finismundo* surge não tanto como uma transcriação, mas como uma transgênese, um transmidrash. O texto principal, de Dante, aparece apenas na metade da seção 1 com "o vôo tresloucado"[20] (*folle volo*), e logo depois se põe diante dos nossos olhos, no título da seção 2, com a ordem peremptória de Virgílio à chama que envolve Ulisses e Diomedes, "mas um de vós me diga onde / morto, após se perder teve jazido"(*ma l'un di voi dica / dove per lui perduto a morir gissi*[21]) (trad. H. C.). Entre esses dois momentos, a transcriação se prepara como um trovão distante que se aproxima sempre mais.

As coisas, porém, são muito mais complexas. O herói épico da primeira parte do poemeto chama-se, com efeito, Odisseu, como em Homero, mas não como em Dante, ao passo que a segunda parte não parece absolutamente dantesca, porém, antes, uma versão invertida, pós-moderna do *Ulisses* de Joyce. Além disso, na primeira seção temos, citados na língua original, seja o *folle volo* de Dante, seja o *thanatos ex halos* de Homero. Resumindo, as epígrafes e os próprios versos nos obrigam a deslocamentos contínuos no tempo e na tradição, construindo contemporaneamente uma espécie de sistema de caixas chinesas da transição, pondo em cena uma *mise en abyme* – literal, como poder-se-ia dizer neste caso – do seu tema.

Não é pouco. Os brasileiros gostam de pensar em si mesmos e na própria cultura como se estivessem "às margens". Mas parece-me que, se uma cultura está em condições de expressar um escritor que enfrenta (deveria dizer, considerando que se trata de um brasileiro, canibaliza) Homero, Dante e Joyce num único poemeto, eis que essa se coloca no centro da tradição ocidental. O jogo – um grande *agone*

160 A SOMBRA DE ULISSES

(embate) com o próprio Cânone[22] – é perigoso e poderia tornar-se fatal, luciferino. Mas Haroldo de Campos é astuto como Ulisses e sobrevive ao turbilhão[23]. Gostaria de evidenciar apenas um detalhe para demonstrar sua coragem e excelência. Na epígrafe à seção 1 temos Boccaccio, que usa duas palavras para descrever a empresa do Ulisses de Dante: *trapasso* (transpassou) e *segno* (sinal, limite). A primeira contém a raiz "passo" que alude ao *Inferno* XXVI de Dante. Ali, contando a sua história, Ulisses chama a travessia de Gibraltar, grande "passo" ou "viagem para além"[24]. Trata-se de um eco da experiência de Dante peregrino, descrita no início do *Inferno*, quando, comparando-se com quem sobreviveu ao naufrágio (precisamente como o Odisseu de Homero), ele descreve como olhou para trás "a remirar, atrás, o passo / do que jamais saiu alguém com vida" (a remirar lo passo // che non lascio' gia' mai persona viva[25]) (trad. C. M.). A segunda e a terceira estrofes de *Finismundo* retornam obsessivamente a esta idéia: "vedando mais / um passo – onde *passar avante* quer/ dizer trans- / gredir a medida", "trans- / *passar o passo*". A última viagem é a viagem de Ulisses e a de Dante: ultrapassar, transgredir.

Permitam-me introduzir outra complicação. "Trapassare", em italiano, significa também ferir, penetrar. Haroldo de Campos colhe também este significado, uma vez que a última viagem de Odisseu é definida como tentativa de "romper o sigilo do proibido", como uma "defloração" – "dês-/virginar" – do véu[26]. Enfim, "segno", em italiano, tem um significado físico e metafórico. No *Inferno* XXVI é dito que Hércules colocou os seus *segno* em Gibraltar "demarcou suas fronteiras" a fim de que o homem não os ultrapassasse[27]. No *Paraíso* XXVI (paralelo celeste de *Inferno* XXVI), o pecado original de Adão e Eva é chamado de "o transpassar o sinal"[28]. *Finismundo* joga com esta e outras acepções do termo. Na primeira parte, as Colunas de Hércules "na onda escarmentam: vedando mais um / passo – onde passar avante quer / dizer trans- / gredir a medida as si- / gilosas siglas do Não." Quase no final da primeira seção, quando Odisseu, tendo perdido os seus companheiros, está "À beira-vista / da ínsula ansiada", o "alcançável Éden, ao quase toque da mão", o céu – ou o paraíso: tudo aquilo que permanece do ambíguo "outrem" dantesco, oportunamente transcriado como "céu"[29] – "suscita os escarcéus do arcano" e abre o abismo. "A nave repelida", como o *Pequod* de Melville[30], "abisma-se soprada de destino". Por um momento, o que ela deixa, exatamente como *Pequod*[31], são simples sinais, *efêmeros sinais no torvelinho*. Flutuam, mas afundam em um instante. Depois, somente água e "rasuras", os restos mínimos do que foi cancelado. Os sinais de Dante estão se tornando os de Mallarmé[32]; o naufrágio, o destino último da escritura. Na versão irônica da segunda parte, os sinais aparecem de novo como "traço / mínimo digitado / e à pressa cancelado / no líquido cristal verde fluente" (a tela do computador

A ÚLTIMA VIAGEM DE ULISSES NO BRASIL   161

sempre em movimento, limitada mas potencialmente infinita), e como semáforos automáticos que dão sinais intermitentes ("sema-foros") quase sem significado[33].

Neste ponto, talvez, dever-se-ia perguntar o que é exatamente a última viagem de *Finismundo*. É a viagem tradicional, dantesca, que ele transcria, unindo *Odisséia* XI a *Inferno* XXVI? Se é assim, então, para este leitor, a última viagem de Haroldo de Campos conduz de Gibraltar ao Ocidente, a sudoeste e ao outro pólo: resumindo, de acordo com o *imaginaire* tradicional, para a América do Sul, que Colombo e os primeiros exploradores consideravam o jardim do Éden. Poder-se-ia até imaginar que esta "Ítaca de ponta cabeça" seja o Brasil, a ilha medieval e do século dezesseis[34], e que a cidade que, na segunda parte da poesia, é ironicamente chamada "penúltima Tule" seja, com efeito, São Paulo, lugar de residência de Haroldo de Campos.

Isso daria a *Finismundo* uma esplêndida estrutura circular, duplamente irônica, similar à *Odisséia*: algo que se parece com o *Ulisses* de Joyce, que começa e termina na casa de Leopold Bloom, embora o próprio Bloom, na penúltima seção do romance, sonhe – como já mencionamos neste livro – com a última viagem que gostaria de empreender, por medo da velhice incipiente, rumo aos confins da Terra e depois "até o extremo limite da sua órbita cometária, para além das estrelas fixas e os sóis variáveis e os planetas telescópicos, abandonados e vagabundos do céu, até o extremo confim do espaço, passando de terra em terra, entre povos, entre eventos"[35]. Em outras palavras, a última viagem de Haroldo de Campos parece ser não apenas dividida em duas seções, em que a segunda, parodisticamente, espelha e zomba da primeira, mas também construída como um conto seqüencial[36]. Depois que o mar se fechou sobre Odisseu, a sua próxima sombra, o Ulisses urbano que sobrevive ao mito ("sobrevivido ao mito") se perde e, segundo a epígrafe dantesca, "vai morrer" no nosso tempo e no nosso espaço.

Finismundo torna-se então uma parábola. Mas por que – se pergunta o leitor – "finismundo"? É a *finis terrae* dos mapas antigos, o fim do mundo em termos espaciais? Ou, como para João Cabral[37], é o fim do mundo, o mundo em sua etapa final em termos temporais, escatológicos? O poemeto não oferece uma resposta explícita. Na última parte, a antiga chama de Ulisses é reduzida a uma "ninharia flamífera", e o seu "fogo prometéico se resume / à cabeça de um fósforo – Lúcifer portátil". Os últimos versos contam que sirenes penetrantes "açuladas" atravessam o "coração cotidiano" (que substitui o anterior e mais vasto "coração do Oceano") de Ulisses e o nosso: e essas cotidianas ambulâncias, carros de polícia e de bombeiro, as versões atuais das cantoras arcaicas, as Sereias, poderiam ser lidas como as sombras das sirenes que anunciam o alarme nuclear e o fim do mundo, como se fossem as trombetas do Juízo.

162 A SOMBRA DE ULISSES

Em síntese, a lenda contemporânea de *Finismundo* "varia desviando", como escreve o próprio autor aludindo à antiga. Ela "infinda o fim". Faz com que um leitor temerário e idiossincrático como eu, construa sua própria *obra aberta*. Proponho, portanto, chamar *Finismundo* não simplesmente de tríplice transcriação ou re-escritura[38] de Homero, Dante e, digamos, Joyce, mas também de "modelo semiológico" à quarta potência. Ou seja, pelos menos quatro tipos de última viagem.

Um: uma viagem através do tempo, para a frente e para trás. Já analisei o movimento rumo ao presente e ao fim do mundo. Mas no decorrer da poesia somos jogados para o início, o "caos pelaginoso", "o mar / atrás do mar", em breve rumo ao *tohu wabohu*, o tumulto e o deserto e a obscuridade ("*ínvio-obscuro*"), o abismo (o *tehinnom*) sobre o qual pairava o *ruah elohim* do Gênese no tempo da Criação[39]. Haroldo de Campos é um leitor apaixonado, e naturalmente um transcriador, de *Bereshit*, e, em *Sobre Finismundo*, discute longamente a Gênese[40]. No intertexto do poemeto, a superfície do abismo, o *arcano*, funde a Bíblia com Homero, que chama o Oceano "princípio dos deuses"[41].

Dois: uma viagem rumo ao ser e ao não ser ou, parafraseando Oswald de Andrade, rumo ao "to be" e ao "not to be" hamletiano, reencarnado na cultura brasileira, suspensa entre os índios "tupis" e "não-tupis": não rumo a um lugar, mas rumo a um *outopos*, uma utopia, um "aventuroso *deslugar*". Para um *locus contradictionis*: terrestre e/ mas paradisíaco, "umbráculo" e/ mas "lucarna". Está aí o acesso ao "céu terrestre", um Paraíso que, todavia, é terreno. A ousadia que lança Odisseu para além do retorno e para além daquilo que existe depois, eleva-o a uma grande dimensão pré-aristotélica e pós-einsteiniana: não o finito, nem o infinito, mas o "trans-finito", a linha de demarcação entre o universo e o que poderia existir além, antes e depois dele. A *húbris* que o impulsiona a "transpassar o passo", o conduz a um beco sem saída ontológico pré-parmenidiano e pós-moderno: o "*impasse*-a-ser", um verdadeiro e próprio "enigma". A destinação, o destino e a loucura errante da última viagem de Odisseu será então o fim do mundo "não mapeado" (*finismundo*), onde começa a "infranqueada fronteira" daquilo que agora se tornou *extracéu* – fora do céu, no exterior e acima do céu, o *hiperespaço*. "Irremissa / missão voraginosa"[42], cujo intuito muda continuamente, desequilibrando o leitor até se concluir com um simples "postal do Éden".

Três: Essa é também uma viagem da e para a poesia. O próprio Haroldo de Campos diz isso em *Sobre Finismundo*[43]. É uma viagem que começa com a própria gênese, se desenvolve como uma ruptura "*húbris propulsa*" do espelho iracundo de Posêidon, cresce como um velejar no "o cor-de-vinho / coração do maroceano", como se fosse o "o imenso mar do ser" (*il gran mar de l'essere*[44]) de Dante, e termina

A ÚLTIMA VIAGEM DE ULISSES NO BRASIL 163

com o naufrágio. O escritor usa o antigo *topos* da empresa do poeta como viagem por mar[45], ao qual confere um belo toque mallarmiano[46]. Mais uma vez, todavia, o poeta complica as coisas não apenas identificando os autênticos fragmentos da poesia como "efêmeros sinais no torvelinho", como "rasuras", ou, mais tarde, como "o traço mínimo" digitado e logo cancelado na tela do computador, mas também nos convidando a fixar o sulco que se cicatriza no peito de Posêidon, quando o mar se fecha, e a ouvir o silêncio ressoante do Oceano, o pranto tranqüilo das Sereias.

O primeiro movimento lembra Dante, que, no *Paraíso* II se apresenta como timoneiro de uma nau que "*cantando varca*" – cantando vai além (transpassa) dos mares desconhecidos – e que se dirige aos leitores, como aos passageiros de uma outra nau que segue o sulco da primeira, para que a água volte de novo a ser plana: "seguros nessa esteira / que reflui do meu rosto cristalino" (*servando mio solco / dinanzi a l'acqua che ritorna uguale*[47]) (trad. H.C.). O passo do *Paraíso* II – que naturalmente Haroldo de Campos traduziu em outro lugar[48] – está repleto de ecos e contrapontos de *Inferno* XXVI[49]. Assim *Finismundo* une o "sulco" ao "clausurou-se o ponto", a leitura à escritura, o Paraíso ao Inferno.

O Ulisses de Tennyson, dirigindo-se aos seus marinheiros, diz que "the deep / Moans round with many voices"[50]. O oceano redondo de *Finismundo*, de Haroldo de Campos, "ressona taciturno": é um oxímoro forte para a poesia e para a leitura da poesia, que se torna ainda mais intenso nos versos seguintes, os últimos da primeira seção, onde o "canto convulsivo" das Sereias, o seu "doceamargo pranto", é apresentado como um "ultrasom incaptado ao ouvido humano"[51].

Se é assim que termina a poesia, para onde leva, enfim, a Última Viagem de *Finismundo*? A resposta, num certo sentido, é óbvia: para trás, à Última Guerra, que naturalmente é também e sempre a Primeira, a de Tróia – em breve, à *Ilíada* (da qual, há tempo, Haroldo está fazendo a transcriação) mas, sobretudo, *Quarto*: a *Crisantempo* – um tempo de crise, mas também uma flor que desabrocha no e do tempo, um cristal da poesia[52].

Talvez me seja permitido ler o título da coletânea também como "crisálida" – a borboleta que cresce *in potentia*, dependurada, imóvel, num fio de seda, suspensa entre uma coisa e outra, entre o céu e a terra, entre a criação e a geração, a navegação e o naufrágio, a escritura e a leitura. Talvez me será permitido de fazê-lo simplesmente porque, como muitos de nós, sou um leitor "hipocondríaco"[53]. Porque, de acordo com a interpretação de Baudelaire dada por Walter Benjamin e Haroldo de Campos[54], eu era o *Leser* eleito, predestinado. Não era eu talvez, desde que encontrei e comecei a trabalhar com o tema de Ulisses, *der Erwählte* de Haroldo? Evidentemente eu não existia na mente de Deus[55], mas certamente sou um *Hypocrit*, um sub-crítico.

164 A SOMBRA DE ULISSES

Todavia sinto que sou também o *Freund* de Haroldo. Ele era o meu *semblable* e *frère*. Dante proclamou ter embarcado na sua penúltima viagem, a *Comédia*, no meio do caminho da sua vida, aos 35 anos. Com o dobro da idade, Haroldo de Campos completou a sua penúltima viagem. Lembro que T. S. Eliot, referindo-se ao Ulisses de Dante, escreveu: "os velhos deveriam ser exploradores"[56]. Portanto: adeus não; mas avante, viajante[57]!

Tradução de Carlo Alberto Dastoli

NOTAS

1. "Ulisse: Archeologia dell'Uomo Moderno", Roma, Palazzo delle Esposizioni, de 29 a 31 de maio de 1996. O Congresso estava circundado pela maravilhosa mostra organizada por Bernard Andreae, "Ulisse: il mito e la memoria", cujo catálogo, juntamente com os diversos ensaios, foi publicado sob o título *Ulisse: il mito e la memória*, organizado por B. Andreae e C. Parisi Presicce, Roma, 1996.

2. Publicada pela Tipografia do Fundo de Ouro Preto. A edição que utilizei e da qual foram extraídas as citações é *Sobre Finismundo: A Última Viagem*, Rio de Janeiro, 1996. O poemeto foi publicado de novo em *Crisantempo*, São Paulo, 1998, pp. 53-9.

3. *L'ombra di Ulisse. Figure di un mito*, Bolonha, 2. ed., 1999.

4. *Odisséia*, XI, 119-137.

5. O texto da *Comédia* utilizado é o que foi organizado por A. M. Chiavacci Leopardi, *La Divina Commedia*, 3 vols., Milão, 1991-1997.

6. Ver *L'ombra di Ulisse, op. cit.*, pp. 61-86 e as referências ali contidas.

7. *Sulle orme di Ulisse*, Bologna, 1998.

8. *Ulisse: archeologia dell'uomo moderno*, P. Boitani & R. Ambrosini (orgs.), Roma, 1998. Devo muito ao ensaio, pp. 347-359 do volume citado. *Una lettura di* Finismundo: a última viagem, di *Haroldo de Campos*, de Maria Caterina Pincherle.

9. Foi assim que começou uma maravilhosa correspondência, graças também a Hélio Povoas Jr, ele mesmo um apaixonado leitor (e poeta) de Ulisses.

10. Ver o prefácio de Eco para a edição brasileira de *Obra Aberta*, São Paulo, 1968.

11. *Sobre Finismundo*, pp. 26-27.

12. *Idem*, p. 23.

13. Ver *The Oxford Guide to Classical Mythology in the Arts, 1300-1990s*, J. Reid (ed.), Nova Iorque-Oxford 1993, s.v. "Odysseus", pp. 724-754. Para ulteriores referências ao material crítico, ver *Ulisse: archeologia*, n. 14. p. 16, Para uma discussão mais completa de alguns destes autores, ver *L'ombra di Ulisse* e *Sulle orme di Ulisse, passim*; e o meu "The Shadow of Ulysses Beyond 2001", *Comparative Criticism* 21, (1999), 3-19.

14. Para os escritores latino-americanos de língua espanhola, ver N. Bottiglieri, "Ulisse criollo", em *Ulisse: archeologia*, pp. 319-345. Para os poetas caribenhos de língua inglesa, ver "The Shadow of Ulysses Beyond 2001", ed. cit., p. 18, notas 40-46.

15. Para as referências a Estrabão, Solino e outros, ver *L'ombra de Ulisse*, pp. 30-31.

16. O *lócus classicus* em Camões é *Os Lusíadas* VIII, 5; mas ver também V, 86-89. *Ulisséa, ou, Lisboa Edificada* de Gabriel Pereira de Castro foi publicado póstumo em Lisboa, em 1636. Ver também Antonio de Sousa de Macedo, *Usillipo*, Lisboa, 1640. Examinei muito brevemente *Mensagem* de Pessoa in *L'ombra di Ulisse*, pp. 149-152, mas ver E. Finazzi Agrò, "Per non essere esistendo: l'Ulisse di Fernando Pessoa", em *Ulisse: archeologia*, pp. 303-317 e as referências ali contidas.

17. A nota de 1990 está reproduzida em *Crisantempo*, pp. 352-353. A gênese da poesia é descrita longamente em *Sobre Finismundo*, pp. 13-27. Em um ensaio ideal sobre *Finismundo* deveriam ser dedicadas várias páginas a *Galáxias (1963-1967)*, São Paulo,

A ÚLTIMA VIAGEM DE ULISSES NO BRASIL 165

1984, onde são desenvolvidos muitos temas de *Finismundo* com um registro estilístico muito diverso. Poderia resumir a minha opinião pessoal sobre as semelhanças e as diferenças entre os dois dizendo que *Galáxias* é uma versão barroca, estilo *Finnegans Wake*, dos dois poemas homéricos, ao passo que *Finismundo* soa como uma re-escritura, estilo *Ulisses*, da *Odisséia*, de Dante, e... do *Ulisses* de Joyce.

18. D'Arco Silvio Avalle, "L'ultimo viaggio di Ulisse", em seu *Modelli semiologici nella Commedia di Dante*, Milão, 1975, pp. 33-63. A devoção de Haroldo de Campos à semiótica é bem conhecida. Nesse caminho, ele encontrou também, entre outros, Umberto Eco e, em particular, no que diz respeito aos textos medievais e Dante, Cesare Segre. Dever-se-ia fazer referência pelo menos à sua obra crítica e teórica: *Metalinguagem*, Petrópolis, 1967; *Metalinguagem e outras Metas*, São Paulo, 1992; *A Operação do Texto*, São Paulo, 1976.

19. G. Boccaccio, *Amorosa Visione*, A XXVII, 85-88, V. Branca (org.), *Tutte le opere di G. Boccaccio*, vol. III, Milão, 1974, p. 92. Valeria a pena notar que o Ulisses dantesco de Boccaccio é aceito também por Petrarca ("Triumphus Fame", II, 18, em F. Petrarca, *Opere italiane*, vol. II, M. Santagata (org.), Milão, 1996, p. 398), não obstante a sua própria identificação com Ulisses nas *Familiares*. Ver *L'ombra di Ulisse*, pp. 62-65; e T. J. Cachey, *Petrarch's Guide to the Holy Land*, Notre Dame, IN 2002, pp. 1-50.

20. *Inferno* XXVI, 125.

21. *Inferno* XXVI, 83-84.

22. "Agone" e "cânone" são usados aqui como conceitos de Harold Bloom. Ver o seu *Agon*, Nova Iorque, 1982, e o seu *The Western Cânon*, Nova Iorque, 1994. Acredito que seria útil discutir a obra de Haroldo de Campos (e penso especialmente em *Galáxias*) sob a diversa perspectiva do *Traditional and Individual Talent* de T. S. Eliot e da idéia de luta com o/os pai/is de Bloom.

23. Com o termo "astuto" entendo também, segundo a etimologia da palavra, "sábio", "experto", muito hábil para fazer as coisas com as mãos e as palavras, e portanto, formalmente, astuto.

24. *Inferno* XXVI, 132: "passo" alude também à morte iminente, "morrer", "grande passo" é o passo e o morrer último.

25. *Inferno* I, 26-27: na visão alegórica de Dante, este "passo" é o do pecado mortal.

26. Em uma análise completa de *Finismundo* eu refletiria sobre os possíveis significados deste "véu", claramente ligado ao "lacre" e ao "proibido" do verso precedente.

27. *Inferno* XXVI, 108-109. Os versos de Dante são claros, todavia, profundamente ambíguos. Ver o meu "Dall'ombra di Ulisse all'ombra d'Argo", em M. Picone & T. Crivelli (orgs.), *Dante: mito e poesia*, Florença, 1999, pp. 207-226 (na pág. 217).

28. *Paraíso* XXVI, 117. Haroldo de Campos refere-se a este verso na sua "elucidação" da edição de 1990 de *Finismundo* (agora em *Crisantempo*, p. 353). Um outro canto crítico da *Comédia* é *Purgatório* XXVI, onde Dante encontra os seus "pais" na poesia vulgar, de Guido Guinizzelli e Arnaut Daniel – um passo que certamente atrai o interesse de um poeta que, junto com o irmão Augusto, traduziu o segundo, e Pound, "o melhor artesão" – para T. S. Eliot de *A Terra Desolada* – de *Purgatório* XXVI, 117. Ver Augusto e Haroldo de Campos, *Traduzir & Trovar*, São Paulo, 1968, pp. 27-28 (Augusto); e, com D. Pignatari, *Antologia Poética de Ezra Pound*, Lisboa, 1968 (ed. original, *Cantares de Ezra Pound*, Rio de Janeiro, 1960; ampliada em 1983 e em 1985).

29. O italiano "altrui" (dativo: a um outro) é inominado e poderia ser impessoal (Deus, o destino, a fortuna): "céu", que significa seja "céu", seja "paraíso" ou "Paraíso", expressa perfeitamente essa ambigüidade.

30. H. Melville, *Moby Dick*, ed. H. Beaver, Harmondsworth, 1972, pp. 684-685: "And now, concentric circles seized the lone boat itself [...] carried the smallest chip of the Pequod out of sight" (E agora, círculos concêntricos amarraram o barco a si [...] alcançou a menor fatia de Pequod fora da mira), [N. da E.] Este é o "closing vortex" da última página (687).

166 A SOMBRA DE ULISSES

31. *Moby Dick*, pp. 685 e 687. Ismael sobrevive ao seu "wheeling circle" flutuando sobre o caixão de Queequeg para contar a história, isto é, narrar *Moby Dick* (a epígrafe da última página é tomada do Livro de Jó: "E somente eu me salvei para te contar a história").

32. Citado pelo próprio Haroldo de Campos, *Sobre Finismundo*, p. 22. De Mallarmé, ver ao menos *Salut, Brise marine* e *Un coup de dés*. Haroldo de Campos e Augusto de Campos, juntamente com Décio Pignatari, traduziram *Mallarmé*, São Paulo, 1974.

33. Disseram-me, e eu observei pessoalmente, que em São Paulo, como em Nápoles, os semáforos não significam muito.

34. Ver Luciana Stegagno Picchio, *La letteratura brasiliana*, Turim, 1997, p. 31 e as referências às pp. 43-45.

35. J. Joyce, *Ulisse*, Milão, 1997, p. 969. J. Joyce, *Ulysses*, Nova Iorque, 1961, pp. 727-728. Deve-se notar que Leopold Bloom tem medo da velhice incipiente, o que o aproxima do Ulisses de Dante. Ver o capítulo 3, *supra*.

36. Ver a pergunta de Ivan Teixeira e a resposta de Haroldo de Campos sobre esse assunto in *Sobre Finismundo*, pp. 29-30.

37. João Cabral, "O Fim do Mundo", em *O Engenheiro*.

38. Quanto à re-escritura, ver o texto relativo à nota 44.

39. Gênesis 1, 1-2.

40. Haroldo de Campos, *Bere'shit*, São Paulo, 1994. A sua introdução a *Finismundo* em *Sobre Finismundo* começa significativamente com uma interessante discussão da gênese do poema, da Gênese e *toledoth*, pp. 10-13. De modo pessoal, assim como iniciei este ensaio, seja-me permitido dizer que Haroldo de Campos me precedeu também neste campo: v. *Ri-Scritture*, Bolonha, 1997. Na verdade, são muitas as afinidades eletivas entre nós.

41. *Iliade*, XIV, 201.

42. "Irremissa/missão voraginosa": aqui podem estar presentes o remoinho de Inferno XXVI e o abismo do Inferno.

43. *Sobre Finismundo*, pp. 13-16: ele vê a sua obra diante do "risco da criação pensado como um problema de viagem e como um problema de enfrentamento com o impossível, uma empresa que, se por um lado é punida com um naufrágio, por outro é recompensada com os destroços do naufrágio que constituem o próprio poema".

44. O texto é uma re-escritura original do epíteto homérico: "o cor-de-vinho/ coração do maroceano". A referência em Dante está em *Paraíso* I, 113 ("Il gran mar de l'essere). A tradução de Haroldo de Campo ("o imenso mar do ser") está em *Pedra e Luz na Poesia de Dante*, Rio de Janeiro, 1998, p. 95.

45. Ver E. R. Curtius, *Letteratura europea e medioevo latino*, trad. para o italiano, R. Antonelli (org.), Florença, 1992, pp. 147-150.

46. Ver acima as notas 33 e 45 e *Sobre Finismundo*, p. 22.

47. *Paraíso* II, 1-18. T. S. Eliot, *Four Quartets, The Dry Salvages*, III, 19-20.

48. Ver a bela tradução in *Pedra e Luz*, p. 99.

49. Examinei amplamente o passo em *Il tragico e il sublime nella letteratura medievale*, Bolonha, 1992, pp. 351-391.

50. Tennyson, *Ulysses*, 55-57. Tennyson também une a profecia de Tirésias em *Odissea* XI a *Inferno* XXVI.

51. Grifo meu. Para os paralelos com o "silêncio" das Sereias in Pascoli, Kafka, Benjamin, Blanchot etc., ver *L'ombra di Ulisse*, pp. 154, 213-219; *Sulle orme di Ulisse*, pp. 119-125.

52. *Menis: A Ira de Aquiles (Ilíad I)* publicado em 1994, São Paulo; o volume I da *Ilíada*, publicado em 2001, São Paulo. É interessante notar que já em 1996, enquanto escrevia *Sobre Finismundo*, o poeta mudou o título da sua próxima antologia, de *Finismundo* para *Crisantempo*: ver p. 23 e nota.

53. "(Eu e Você meu hipo-/côndrico crítico/leitor)".

54. *Sobre Finismundo*, pp. 33-36.

A ÚLTIMA VIAGEM DE ULISSES NO BRASIL 167

55. Na tradução de Baudelaire feita por Benjamin e na citação de Haroldo de Campos, *mein Erwählter*; mas o autor brasileiro (*Sobre Finismundo*, p. 34) refere-se também a *Der Erwählte* de Thomas Mann, ao qual, por outra coincidência, eu dediquei as pp. 193-198 de *Il tragico e il sublime*.

56. T. S. Eliot, *Four Quartets, East Coker* IV, 31.

57. *Four Quartets, The Dry Salvages* III, 19, 31, 44, 50-51. Haroldo de Campos parece ter levado este convite ao pé da letra: ver a sua poesia mais recente, *A Máquina do Mundo Repensada*, Granja Viana, 2000, 1.1, 5.3 etc. A nova poesia, escreve o autor, "diz respeito a um diálogo (sobretudo) entre três textos, *Inferno* I, *Purgatório* XXIX, *Paraíso* XXXIII; *Os Lusíadas* V e X de Camões e *A Máquina do Mundo* de Carlos Drummond de Andrade, com o acréscimo do tema cosmológico da ciência moderna e do Gênese". A viagem continua, de fato, até a morte de Haroldo de Campos no verão de 2003: a última viagem.

Apêndice

Ulisses 2001: Mito, Literatura e História Entre Dois Milênios[1*]

Apenas um ano e meio após a nomeação de Hitler para Chanceler, os judeus alemães já tinham muito medo do novo regime nazista. Alguns temiam por suas propriedades, a maioria por seu trabalho. Entre esses últimos, Victor Klemperer, professor de Filologia Românica da Universidade Técnica de Dresden. Muitos de seus colegas judeus haviam sido obrigados a se aposentarem antes do tempo ou a pedirem demissão. Klemperer sentia-se condenado. Em 8 de outubro de 1934 ele escrevia em seu diário: "Sinto-me como Odisseu na caverna de Polifemo: 'Comerei você por último'". Blumenfeld, um de seus amigos, rebateu por telefone, com espírito pronto e confortante: "Mas Odisseu não foi comido, e foi Polifemo quem teve um triste fim"[2].

Nós naturalmente sabemos que Blumenfeld, no final, teve razão. Mas quantos foram "comidos" – "gefressen", devorados – antes que Polifemo tivesse um triste fim? O próprio Klemperer escapou dos campos de extermínio simplesmente graças ao bombardeio aliado que arrasou Dresden. A caverna, por assim dizer, foi pulverizada junto com Polifemo. Mas a minha pergunta inicial, aqui, é muito mais modesta: como se explica a presença de Odisseu na fala de um judeu alemão (que se considerava apenas alemão e

---

* Texto publicado pela primeira vez em *Atas da Convenção Internacional ULISSES DE HOMERO A PASCAL QUIGNARD*, Piero Boitani, Verona, 25-27 de maio de 2000.

172 A SOMBRA DE ULISSES

havia sido até mesmo batizado na religião luterana)? Por que Victor Klemperer evoca espontaneamente o herói homérico para descrever sua situação pessoal? E não é, como veremos, o único. Essa evocação tem algo a ver com a natureza da cultura européia, com os mecanismos mais profundos da história ocidental?

Para responder a essas perguntas, começaria o meu caminho pelo ponto em que, no começo do nosso século já esgotado, a *Odisséia* homérica é reencarnada mais plenamente. Eis, então, o *Ulisses* moderno por excelência, o de Joyce, e mais precisamente a penúltima seção, "Ítaca"[3]. Leopold Bloom, o judeu irlandês de língua inglesa que representa aqui o herói homérico, já voltou para casa e está prestes a encontrar-se com sua Penélope, a infielmente fiel Molly, no leito nupcial. Bloom pensa com horror na sua iminente senectude e imagina duas alternativas a ela, o decesso ("mudança de estado") e a partida ("mudança de lugar"). Escolhe naturalmente, como "linha de menor resistência", a segunda. Embarca-se, então, em uma viagem mental que percorre em primeiro lugar a Irlanda inteira e se estende depois ao planeta, com a visita a alguns lugares significativos: Ceilão, Jerusalém, o Estreito de Gibraltar, o Partenon, Wall Street, A Plaza de Toros em La Linea na Espanha, Niágara, as terras dos Esquimós, "o país proibido do Tibete" ("from which no traveller returns"), a baía de Nápoles ("to see which is to die"), o Mar Morto[4]. A viagem será orientada por uma "lua bi-esférica", revelada em suas fases imperfeitas através do "interstício posterior da imperfeitamente oclusa saia de uma fêmea carnuda e descuidada, deambulante", "a pillar of the cloud by day"[5]. Neste ponto Bloom assumiria em primeira pessoa o binômio "universal" do ser e do não-ser, Everyman e Noman. Depois, iria ainda mais longe:

> Erraria ele sempre, ipsimpelido, ao extremo de sua órbita cometária, além das estrelas fixas e sóis variáveis e planetas telescópicos, perdidos e extraviados astronômicos, ao extremo confim do espaço, passando de terra em terra, a meio povos, a meio eventos. Algures imperceptivelmente ele ouviria e algo relutantemente, solcompelido, obedeceria aos apelos da lembrança. Daí, desaparecendo da constelação da Coroa do Norte ele como reapareceria renato sobre a delta da constelação de Cassiopéia e após incalculáveis éons de peregrinação retornaria qual distante vingador, um restaurador de justiça contra os malfeitores, um cruzado sombrio, adormecido e desperto, com recursos financeiros (por suposição) sobrepassantes dos Rothschild ou do rei da prata[6, i].

> i. Ever he would wander, selfcompelled, to the extreme limit of his cometary orbit, beyond the fixed stars and variable suns and telescopic planets, astronomical waifs and strays, to the extreme boundary of space, passing from land to land, among peoples, amid events. Somewhere imperceptibly he would hear and somehow reluctantly, suncompelled, obey the summons of recall. Whence, disappearing from the constellation of the Northern Crown he would somehow reappear reborn above delta in the constellation of Cassiopeia and after incalculable eons of peregrination return an estranged avenger, a wreaker of justice on malefactors, a dark crusader, a sleeper awakened, with financial resources (by supposition) surpassing those of Rothschild or the silver king. (J. Joyce, *Ulisses*, trad. A. Houaiss, São Paulo, Abril, 1965, p. 784)

Pouco depois, porém, Bloom decide que a viagem seria de qualquer forma impossível: em primeiro lugar, irracional como regresso; e depois, indesejável como partida, por causa da hora avançada, da escuridão noturna, dos perigos externos, da necessidade de descansar e acima de tudo porque se encontra muito perto de uma cama ocupada, da "anticipation of warmth (human) tempered with coolness (linen) obviating desire and rendering desirable: the statue of Narcissus, sound without echo, desired desire"[7] (antecipação do calor (humano) temperado com o frescor (do linho) obviando ao desejo e tornados desejáveis; a estátua de Narciso, som sem eco desejado desejo)[ii].

Observe-se com atenção como Joyce, este extraordinário Homero-Dante do século XX, trata o mito: Bloom–Ulisses, velho e horrorizado pela velhice, quer, após ter voltado para casa, partir novamente, como o Ulisses de Tennyson; dirigir-se, seguindo aquele de Dante, para as Colunas de Hércules (onde nasceu a esposa Molly e onde, com a sobreposição de Howth Head, Dublim, o *Ulisses* terminará); ver os lugares da morte (Tibete, Nápoles, Mar Morto); e, tornando-se Cada Um e Ninguém, ir além, peregrinar entre as estrelas até o limite extremo do espaço, "passing from land to land" como o Velho Marinheiro de Coleridge, mas *entre* as pessoas, *dentro* dos eventos; e enfim voltar como Odisseu, como um Cruzado, como o Conde de Montecristo.

Vagar noturno rumo à morte e além dos limites[8]: como o Ulisses dantesco. Mas também Êxodo bíblico ("pillar of the cloud"), viagem através do cosmos ptolemaico, copernicano e einsteiniano, e vôo místico: transformação em cometa, ascensão além da esfera das estrelas fixas, Ascensão ao Empíreo, renascença e Advento messiânico. Travessia da história e dos povos; *nostos* homérico e vingança à maneira de Dumas. Joyce percorre novamente numa página todas as que eu chamei, noutra parte, "sombras" de Ulisses, e ele mesmo projeta novas sombras, para criar o *seu* mito de Ulisses, que é símbolo universal, simultaneamente Cada Um e Ninguém.

Naturalmente, o sonho de viagem de Bloom contém também uma dimensão psicológico-turístico-cultural: o tour pela Irlanda que precede todas as outras viagens, passa por todos os lugares que ainda hoje são obrigatórios, paisagística e historicamente, e até mesmo pelos estaleiros navais de belfast, com este protagonista sempre atento à realidade deste *Ulisses*. Não se pode esquecer que da Irlanda virão, depois de Joyce e por ele mesmo prefigurados, outros Ulisses: os de Padraic Fallon, Louis MacNeice, Thomas Kinsella, Eiléan Ní Chuilleanain, e Michael Longley[9].

Do Novo Mundo – e omito aqui algumas fases da sua viagem, a Bloom interessa não Nova Iorque, mas, com firme intuição capita-

ii. *Idem*, p. 785.

174   A SOMBRA DE ULISSES

lista, Wall Street ("que [controla] as finanças internacionais"). Para terminar, os lugares arquetípicos do Ocidente: Atenas, e mais especificamente o Parthenon (cujas estátuas, "nuas divindades gregas", provocam Bloom, intelectual e sensualmente); e Jerusalém, "a cidade santa" não apenas do povo deste Ulisses, os judeus, mas também dos muçulmanos ("com a mesquita de Omar e a porta de Damasco, meta de aspirações").

Resumindo: no começo do Novecentos, Leopold Bloom reencarna o Ulisses do passado e prefigura os Ulisses do futuro, sonha uma viagem no real e além da realidade, rumo – existencial e culturalmente – às suas e nossas raízes, dirigindo-se, ontologicamente, para o nada (a morte) e a plenitude (as estrelas, a regeneração, o regresso); para a "entidade" de Cada Um e a "não entidade" de Ninguém; para o estranhamento e a beleza suprema:

> Quais seus tributos?
> Honrarias e presentes de estrangeiros, os amigos de Cada Um. Uma ninfa imortal, a beleza, esposa de Ninguém[iii, 10].

Leopold Bloom, este antiquíssimo e moderníssimo Ulisses, é *sombra* do homem do nosso século, da nossa história e da nossa cultura. Sigamos, então, seu longo cone na imaginação que nos envolve entre as sombras.

Gostaria de me livrar logo, não por desinteresse, mas por impossibilidade de compreendê-la plenamente, da sombra da ficção. Parece-me significativo que o maior clássico do imaginário da ficção científica contemporânea intitule-se *2001: Uma Odisséia no Espaço*. Onde poderia viajar Ulisses, hoje, a não ser no silêncio do espaço e do tempo infinitos? É a empresa sonhada por Leopold Bloom. O herói de Clarke e Kubrick "cumpre" – eis novamente a concepção figural – o desejo de Bloom. O aparecimento do monolito preto no começo do filme, enquanto ecoam as notas do *Also sprach Zaratustra* (*Assim Falou Zaratustra*) de Strauss, marca a transformação do macaco em homem. A pedra – este signo mudo do destino humano – reaparece na Lua para impelir David Bowman rumo aos confins do sistema solar, atrás do sol, no mundo sem gente. Ali o Ulisses dantesco seria agarrado pelo turbilhão e o mar fechar-se-ia sobre ele. Em 2001, porém, o vórtice não afunda seu sucessor: lança-o, ao contrário, num vôo tresloucado além de Júpiter, dentro dos mistérios do cosmos. No final desta viagem no espaço-tempo, David Bowman retorna, para casa, como Odisseu: um menino velho, um homem novo, mais um degrau na

---

iii. What tributes his?
     Honour and gift of strangers, the friends of Everyman. A nymph imortal, beauty, the bride of Noman.

evolução, talvez o super-homem anunciado pela música nietzschiana de Strauss, no começo. Por outro lado, foi Zaratustra que anunciou o advento deste homem com duas imagens da Eternidade que têm seu centro no Ulisses dantesco e no Ulisses homérico:

> Se eu amo o mar, e tudo quanto a ele se assemelha, e sobretudo quando me contradiz impetuoso, se existe em mim essa paixão investigadora que impulsiona a vela para o desconhecido; se há na minha paixão um pouco da paixão do navegante; se alguma vez exclamei como medida: "Desapareceram as costas: desprendeu-se agora a minha última cadeia; ao meu redor agita-se a imensidade sem limites; longe de mim correm o tempo e o espaço; vamos! A caminho, velho coração"! / Como não hei de estar ansioso pela eternidade, ansioso pelo nupcial anel dos anéis, do anel do acontecer e do retorno?[11]

É esta a ressurreição que nos espera para o próximo ano? Ou talvez a grande metamorfose já tenha acontecido? Talvez o Ulisses do ano 2001, que luta contra o demasiado humano computador Hal, encontre-se entre nós, reencarnação de Cristóvão Colombo e de Neil Armstrong no limiar entre o segundo e o terceiro milênio. Quando o velho astronauta John Glenn foi novamente lançado ao espaço, o Poeta Laureado americano Robert Pinsky aparece na televisão e declama o canto XXVI do *Inferno*. Por que? A história cumpre, entrando na retórica do imaginário tradicional, a profecia da poesia ou de um filme? Não sei. Mas se é assim, devemos talvez lembrar, a propósito de *2001: Uma Odisséia no Espaço*, que o de Nietzsche era considerado um caminho sem saída do niilismo ocidental e a penumbra do *Übermensch* nazista.

Tudo o que conhecemos é o que já aconteceu. E o que já aconteceu é que a poesia e a história, o imaginário e os eventos, já se encontraram pelo menos uma vez na cultura e na própria carne do Ocidente ao longo do nosso belíssimo e terrível século. E é justamente aqui que – seguindo o itinerário de Leopold Bloom – Atenas encontra Jerusalém, ou mais precisamente, entra em Jerusalém através da Europa central e oriental.

Não é por acaso, acredito, que muitos dos maiores filósofos e escritores de Ulisses da primeira parte do Novecentos – Bloch, Horkheimer, Adorno, Kafka, Canetti, Fondane, Mandel'štam – tenham suas origens na diáspora hebraica daquelas regiões; quase que o tradicional vagar de Israel encontrasse finalmente uma encarnação na figura de um Grego, um Gentio e em perene errância .

Neste ambiente filosófico-narrativo, a figura de Ulisses aparece singularmente dividida: positiva ou negativa, Cada Um ou Ninguém; e, sobretudo, sempre significando alguma outra coisa. Para Bloch, fascinado pela chama dantesca, Ulisses é um "gótico" Faust do mar, verdadeiro Cristóvão Colombo[12]. Para Horkheimer e Adorno, Odisseu encarna a dialética do Iluminismo não apenas historicamente, mas enquanto categoria da cultura: o homem da razão burguesa[13].

176 A SOMBRA DE ULISSES

Para Canetti, no plano pessoal, Ulisses é o herói da metamorfose e da curiosidade incoercível[14].

Até aqui, trata-se de um Cada Um com valência positiva. Mas já para Kafka – que Benjamin definia como um descendente de Ulisses[15] – as coisas se complicam: Ulisses sobrevive às Sereias graças às astúcias da razão e aos truques da técnica, mas o que mais importa é que em sua famosa parábola as Sereias se calam[16]. Seu silêncio – assegura Benjamin – deve-se ao fato de que para Kafka música e canto constituem "uma expressão, ou pelo menos uma garantia de salvação" e de "esperança". Seu silêncio é portanto um prelúdio ao nada; poderíamos dizer, um calar do ser e da poesia, a qual se tornou mero comentário. E na mesma narração kafkiana a língua destrói não apenas o *mythos*, mas também o *logos*, a articulação lógica, e em suma luta contra si mesma, prefigurando não apenas o final da narração, mas também da interpretação[17]: os quais, nem é preciso dizer, retomarão prontamente o seu caminho, justamente a partir de Kafka, com Blanchot[18].

O desenho que projeta a sombra de Ninguém para Ulisses está pronto. Depois da Segunda Guerra Mundial ele se cumpre. Iniciemos mais uma vez do pensamento filosófico em âmbito hebraico. As teorias de Bloch, de Horkheimer e Adorno parecem agora tornar-se meras ilusões. Emmanuel Lévinas chega a afirmar que todo o itinerário da filosofia, da metafísica e da teologia ocidentais "reste celui d'Ulysse dont l'aventure dans le monde n'a été qu'un retour à son île natale – une complaisance dans le Même, une méconnaissance de l'Autre"[19]. Ao mito do *nostos* de Ulisses, Lévinas deseja opor, como figura do pensamento "nômade" que vai do *Même* ao *Autre*, "l'histoire d'Abraham quittant à jamais sa patrie pour une terre encore inconnue et interdisant à son serviteur de ramener même son fils à ce point de départ"[20] – Atenas, portanto, contra Jerusalém.

Enfim, eu não sou filósofo, e portanto serei incauto em minhas observações. Parece-me, porém, que se por um lado Lévinas esquece totalmente Dante, por outro com ele curiosamente concorda. Ou seja, o Ulisses dantesco parte da ilha de Circe sem nenhum desejo de retorno, e rumo a uma terra que não é prometida, mas certamente desconhecida. Desde então, na história da cultura e da poesia do Ocidente, Ulisses nunca mais parou, tornando-se a própria figura da inquietude de toda uma civilização[21]. Ao mesmo tempo, no canto XXVI do *Inferno*, o próprio Ulisses, com sua língua de fogo e o seu naufrágio, sofre uma experiência ardente e fatal do Outro supremo, de um Deus que parece precisamente o oposto daquele que Lévinas chama "o deus dos filósofos", o deus do Ocidente, "adequado à razão", que não está "em condições de perturbar a autonomia da consciência"[22]. Apesar de utilizarem imagens opostas de Ulisses, Dante e

Lévinas chegam a conclusões bastante parecidas, o primeiro condenando ao Inferno, com a chama bicorne, toda a civilização do Ocidente, o segundo queimando no prazer narcisista do regresso, todo o *logos* elaborado pelo Ocidente.

Como não ver nesta coincidência singular, de um lado, uma profecia e de outro, um reflexo – um "futuro relembrado", como diria Harold Fisch[23] – do terrível evento que manchou a Europa no século XX, a Shoah? A ligação entre Ulisses e Israel é de longa data, pois remonta no imaginário à antiga Alexandria[24].

O poeta romeno-francês Benjamin Fondane compôs, nos anos trinta e quarenta do Novecentos, uma série de pequenos poemas de títulos significativos: *Ulysses, Titanic, Exode*, nos quais combinou a angústia existencial e histórica nas viagens da *Odisséia*, do Ulisses dantesco, do Titanic, e do Êxodo bíblico[25]. A vida, a poesia, a própria estética de Fondane são dominadas pela figura de Ulisses, um Ulisses auto-biograficamente hebraizado (Juif naturellement et cependant Ulysse"), e depois *tout court*, "naturellement", judeu. Mas a estética do "risque poétique" que Fondane chama "d'Ulysse" não é mera pesquisa formal, nem apenas uma busca existencial do "gouffre" baudelairiano. O que é posto em jogo com a poesia de Ulisses – como é demonstrado nas últimas páginas de *Baudelaire et l'expérience du gouffre* – é "cette chose *extrême*, cet *apeiron* qui, jadis, au retour de la montagne, rayonnait... sur le visage du Prophète"[26]: é portanto o reflexo daquele Outro que matou o Ulisses dantesco. Deveríamos nos perguntar se Fondane foi morto em Auschwitz, por este mesmo Outro? A mesma pergunta era colocada, também em Auschwitz, pelo judeu italiano Primo Levi, ao qual o "com'altrui piacque" (à suma decisão) de *Inferno* XXVI faz entre "algo de gigantesco... talvez o porquê do nosso destino, do nosso estar hoje aqui"[27]. Comparado a tudo isso, o que Victor Klemperer escreve em seu diário no dia 8 de outubro de 1934 é mera retórica, ou profecia integral. Para o próprio Klemperer a comparação entre si mesmo e Ulisses na caverna de Polifemo ("comerei você por último") torna-se uma verdadeira obsessão, um *leitmotiv* que indica a sensação de progressivo estrangulamento vivida pelos judeus na Alemanha nazista, e o terror de viver constantemente o último dia. Ele repete a comparação de 8 de outubro de 1934 mais três vezes, pelo menos, nos *Diários* entre 1942 e 1945[28]. A última, significativamente, é de 13 de fevereiro de 1945, quando Klemperer escreve ter recebido, na tarde anterior, a ordem de apresentar-se para a deportação no dia 16, de manhã cedo, (o Ciclope, finalmente, decidiu devorá-lo também): na noite seguinte, entre 13 e 14 de fevereiro de 1945, os bombardeiros aliados arrasaram Dresden, e Ulisses conseguiu, jogando fora a estrela amarela, escapar de Polifemo. Desde então, teve início a odisséia de Klemperer e sua esposa Eva pela Alemanha, que se concluiu – como qualquer Odisséia deveria

178 A SOMBRA DE ULISSES

concluir-se – com o retorno dos dois à sua própria casa, em Dölzs-chen, em 10 de junho de 1945.

Assim a sombra de Ulisses encontra outra vez a história. O périplo, feliz para os Klemperer, infelizmente foi quase sempre trágico, e transformou a chama dantesca no fogo do crematório. Isso é tão incompreensível e insuportável que nos leva a uma extrema reviravolta. A poesia de Paul Celan é dominada pelo tema do retorno, e ele mesmo, com inversão irônica, chama Ulisses o seu "macaco". Mas quando, relembrando a Shoah, ele canta o seu *Psalm*, Ulisses aparece como Ninguém, e Ninguém é, na verdade, Deus, o Outro definitivo: nada é a Sua criação, que floresce para e à despeito d'Ele:

> Ninguém nos empasta de novo, de terra e barro,
> ninguém insufla vida no nosso pó.
> Ninguém.
>
> Sejas louvado, Ninguém.
> É por amor a ti
> que queremos florir.
> De encontro a ti.
>
> Nós um Nada,
> fomos, somos,
> ficaremos, florescendo:
> a rosa do Nada
>
> a rosa de Ninguém[29, iv]

Devemos portanto declarar que Atenas e Jerusalém são irremediavelmente separadas, que Atenas e, sobretudo, Roma destruíram Jerusalém mais de uma vez, que a história termina no Velho Mundo, em Auschwitz? O próprio Primo Levi diz que, naquele campo de morte, "Considerate la vostra semenza" (Relembrai vossa origem, vossa essência) de Ulisses lhe apareceu "como a voz de Deus": "falti non foste a viver come bruti" (criados não fostes como os animais), mas, à sua imagem e semelhança "para buscar virtude e conhecimento"[30]. Derrida, lendo Lévinas, chama a nossa atenção sobre a *cópula*, para a "is" que conjuga as duas partes da proposição na frase que define o Ulisses de Joyce: *Jewgreek is greekjew. Extremes meet*[31]. Talvez a salvação que Kafka não espera mais nos virá de Leopold Bloom, pequeno Messias judeu-céltico e anglo-grego, que vive em uma Ogigia fortemente ligada a Roma[32].

Preparemo-nos para responder a estas questões. Depois da Segunda Guerra Mundial, e sobretudo nas últimas duas décadas, a som-

---

iv. Niemand knetet uns wieder aus Erde und Lehm, / niemand bespricht unsern Staub. / Niemand. // Gelobt seist du, Niemand. / Dir zulieb wollen / wir blühn. / Dir entgegen. // Ein Nichts / Waren wir, sind wir, werden / wir bleiben, blühend: Die Nichts-, die // Niemansrose... (Paul Celan, *Psalm*)

bra de Ulisses se espalha por todo o planeta: não somente na Rússia e nos Estados Unidos, mas também no Canadá, Austrália, América Latina, África, Índia, nos países árabes, no Caribe. Não é possível repercorrer aqui todos estes caminhos. Mas parece-me que se possa dizer que a conquista da Terra pelo Ocidente seja a causa primeira desta multiplicação de Ulisses. Esta conquista produz uma universalização da valência simbólica do complexo mítico que está em torno de Ulisses, que se torna sempre mais um Cada Um e um Nenhum, um gesto, um remo, um olhar, um vagar sem fim. Ao mesmo tempo, cada nova encarnação mostra uma face suplementar deste herói já poliforme.

Por exemplo, os protagonistas do *Journey to Ithaca,* da escritora anglo-indiana Anita Desai[33] são um rapaz italiano, que procura a plenitude da experiência e a transcendência terrena que o Ocidente moderno acreditou encontrar na Índia; uma garota árabe à procura de si mesma, que se torna – via Paris, Veneza, América – uma santa indiana, a Mãe; e a mulher alemã do rapaz italiano, que percorre todas as etapas da vida da Mãe. Três odisséias, uma dentro da outra, cuja meta final é uma só, uma Ítaca inspirada na célebre lírica de Kavafis[34] e identificada com a Índia. O triplo Ulisses deste romance assemelha-se enormemente ao Ulisses neoplatônico de Plotino e Porfírio[35], o Ulisses alegorizado que atravessa e tenta libertar-se da matéria para chegar enfim puro à Pátria, junto ao Pai: um Ulisses, em suma, que é sombra do místico e em cujo itinerário lutam e se fundem a tradição ocidental, islâmica e indiana.

O sincretismo do final da antigüidade é típico da sombra pósmoderna de Ulisses. O maior poeta árabe vivo, o sírio Adonis, diz de si mesmo : "Vago em grutas sulfúreas / capto faíscas / surpreendo mistérios em nuvens de incenso / e sob as unhas dos espíritos // Procuro Ulisses / Talvez erguerá para mim os seus dias / como uma escada / Talvez falará comigo / dir-me-á aquilo que as ondas não sabem"[36]. Mesmo que Ulisses voltasse, para Adonis, ele seria sempre "a história da partida", permanecendo sempre "numa terra sem promessa, numa terra sem volta"[37]. Com efeito, Ulisses é um dos mitos mais importantes nos *Cantos de Mihyar de Damasco,* de Adonis, mas ele está constantemente acompanhado por Gilgamesh e Simbá, porque Adonis pensa que existe uma antiga tradição mediterrânea na qual "a vida é um campo vastíssimo para o conhecimento humano" e as sementes que tornam fértil esse campo – as sementes do progresso – "são expressas pela épica de Gilgamesh e da *Odisséia* homérica". Mas, se pergunta Adonis, Simbá é "realmente diferente do sumério Gilgamesh ou de um Ulisses grego cantado em árabe"? O sincretismo – parece sugerir Adonis – representa para o mundo árabe de hoje a única salvação: não mera assimilação ao Ocidente, nem a "fechada realidade" que o fundamentalismo quer impor. Apaixonadamente ligados à própria língua, os poetas árabes de hoje gostariam de superar a "divisão

180 A SOMBRA DE ULISSES

das culturas" voltando aos seus mais abertos antecessores e mergulhando na mais vasta civilização do antigo Oriente mediterrâneo. O libanês Khalíl Hawi apóia Adonis, criando um outro Ulisses que é uma concreção, amarga e apocalíptica, de Gilgamesh, Ulisses e Simbá, de Coleridge e de Eliot, um "marinheiro" que vaga no inconsciente, sacrifica a sua alma à causa do conhecimento, desacredita a ciência e faz-se à vela rumo à margem primordial do Ganges, onde um velho Dervixe profetiza sua morte, a cinza e as chamas que se abaterão sobre os portos do Ocidente e o emergir da lama fervente, da terra grávida, de uma nova Atenas ou uma nova Roma[38].

Sincretismo não quer dizer absorção indolor, aceitação dos modelos alheios: significa ao contrário, como já para os judeus, dor da existência, conflito entre civilizações, divisão lancinante na vida e na história. O protagonista de *Le regard d'Ulysse* de Theo Anghelopoulus cumpre a própria odisséia à procura de uma antiga película cinematográfica nos Balcãs à mercê da guerra étnica, dos recíprocos massacres, da devastação total. Ulisses, como Dante compreendeu de uma vez para sempre: não é uma estátua, mas uma chama, é a língua de fogo que fala de um grego condenado a morte pelo Deus de uma outra cultura.

Não é por acaso que Wole Soyinka, o grande escritor nigeriano em exílio, descreva os conquistadores britânicos da África, com acre ironia, como os que se consideravam descendentes de Ulisses, e nem que veja, em Nelson Mandela, um Ulisses resistente a todas as Sereias da alma e do mundo[39]. A todas as tentações, incluindo aquela que, com voz persuasiva o convida a ser a "mascote de ébano do navio capital da nossa frota espacial", Mandela-Ulisses responde: "Não". Não, porque ele não é um prisioneiro daquela rocha, mas é a própria rocha; não, porque, "precedente neste solo", ele trabalhou duramente e combateu "como dentro da grande baleia escura do tempo, Buraco Negro da galáxia", para dar à luz a mundos novos à guisa de um antigo demiurgo. A rocha de Ulisses, a sua ilha, a Ítaca à qual ele é ligado e da qual extrai a sua força, é a África inteira. "I am that rock / In the black hole of the sky", ele conclui com bíblica certeza: "Eu *sou* aquela rocha / no buraco negro do céu".

Ulisses é um dos quatro arquétipos fundamentais de Soyinka, como indica uma das sessões de sua coleção de versos, *A Shuttle in the Crypt*. Em uma dessas poesias, intitulada "Ulysses", o poeta está em uma prisão nigeriana e escreve, de lá, o que ele mesmo chama "notas" para os estudantes de seu curso sobre Joyce[40]. Desta vez, a procura é decididamente interior, e reconduz ao antigo brincar com os "conceitos", a atividade intelectual e o ensinamento, que aparecem agora como mera "cobertura de cristal sobre o mundo" real. Este desfaz aquela ilusão com a tempestade da experiência: folhas rasgadas de tabaco, mares inchados, destroços de edifícios, flores e espinhos revirados, "consumação na lama". Assim, surge inevitável a pergunta:

ULISSES 2001 181

Até que ponto é realmente de ouro o velo reencontrado?
Uma pergunta que nos recusamos a colocar ao Bardo[v].

Joyce (agora finalmente, com Homero, o Bardo) não pode responder a esta que é a pergunta suprema da vida e da poesia. Cada indivíduo deve perguntar a si mesmo quão importante seja o velo de ouro da sabedoria e do canto. Soyinka procura a resposta na imagem arquetípica de Ulisses como sombra, de si mesmo: Circe, que transformou os homens de Ulisses em porcos, manteve o poeta numa prisão, mas sem conseguir transformá-lo em animal. A passagem entre Scilla e Cariddi, entre a Nigéria e Biafra, foi um horror que o escritor enfrentou e superou. Cada experiência arranca um pedaço de carne, rói a pele. No entanto, tornar-se experiente do mundo e dos vícios humanos e do valor é parte nobre da vida, a única que permite a "mentes que encaneceram, procurando", permanecer radicadas na atividade e no empenho, como "solidão maciça entre as ondas do centro de vinho" – a única que paradoxalmente permite manter, nos "mares caídos na escuridão", o "nosso ser brilhante, suspenso como uma miragem sobre a realidade do mundo".

A África não é um Novo Mundo, mas uma terra antiga – talvez a primeira que o *homo erectus* percorreu com pernas e mente de *sapiens*, talvez o lugar onde pela primeira vez Hércules e Aquiles, os heróis da força bruta, se tornaram Ulisses, o homem da inteligência. É uma terra suja de sangue, de fome, de opressão e exploração, de genocídios ferozes. O Ulisses Africano de Soyinka fornece uma primeira resposta à minha pergunta: não, a história não acabou em Auschwitz. Ela continua sendo o inferno em que cada um de nós vive. Para sobreviver a ela é necessário assumir e carregar a sombra dos arquétipos, do Ulisses de Joyce, de Dante, de Homero, tornar-se como eles até o fim e por fim encarnar um Ulisses novo, que conterá, no *métissage*, no sincretismo do conflito, também Nelson Mandela[41].

A cultura humanista – afirma com razão George Steiner – não impediu aos gauleiter* alemães de massacrar milhões de inocentes[42]. Mas ajudou as vítimas, Primo Levi e, dentro e além do Ocidente, Wole Soyinka. E todos nós somos vítimas. A história não é, como Paul De Man gostaria de pôr na boca de Benjamin, uma "moção", uma "errância da linguagem que nunca atinge o seu alvo", a "ilusão de uma vida que é só pós-vida"[43]. A história é real e humana, talvez "demasiado humana". O que pode nos dizer dela Ulisses, no limiar entre dois Milênios?

Poderia se tentar uma primeira resposta por meio de um dos escritores de Ulisses provenientes da América Latina e particularmente do

---

v. How golden finally is the recevered fleece? / A question we refuse to ask the Bard.

* Na Alemanha de Hitler, governador de província. (N. da T.)

182 A SOMBRA DE ULISSES

Brasil, aquela "ilha" "descoberta" quinhentos anos atrás, onde as pessoas, as histórias, as culturas se misturaram num *métissage* extraordinário, e onde os Portugueses implantaram o seu imaginário de Ulixabona-Lisboa, a última cidade fundada por Ulisses antes de desaparecer no Atlântico. Em 1990, e novamente em 1996, um dos maiores intelectuais brasileiros, Haroldo de Campos, publicou um poema intitulado *Finismundo: A Última Viagem*[*, 44]. No entanto, a Última Viagem de Haroldo de Campos é claramente também uma viagem da e para a poesia, rumo ao seu fim e o seu novo início: rumo a destroços nus e ao Oceano redondo que "ressona taciturno" e ao "canto convulsivo" das Sereias apresentado como "ultrassom incaptado a ouvido humano", mas também rumo àquele que ele chamou *Crisantempo*[46], um tempo de crise, ou então o crisântemo, a flor no e do tempo, o cristal e a crisálida da poesia.

É portanto aqui que se encontrará a salvação? Após ter publicado *Finismundo* e *Crisantempo*, Haroldo de Campos dedicou-se à tradução da *Ilíada*, o primeiro poema do Ocidente. Mas em tal Princípio lampeja uma Primeira Guerra, a de Tróia, que é também e sempre a Última. O itinerário do poeta brasileiro assemelha-se enormemente àquele de Derek Walcott, no qual – como nos outros poetas caribenhos Harris, Brathwaite e Dabydeen[47] – as sombras de Homero e de Ulisses são espessas. "The sea is History", o mar é História, ele canta, e percorrendo os livros da Bíblia, do Antigo ao Novo Testamento, reconstrói as peripécias dos afro-americanos: deportação, escravidão, emancipação[48]. O mar é história, é sangue e opressão. Em seguida, porém, Walcott publica *Omeros*[49]. E *Omeros,* fundindo o hexâmetro e a terceira rima, ecoando Joyce e Montale e Hemingway e a Bíblia, cantará um simples pescador, o "pacífico Aquiles, filho de Afolabe", que comete uma única chacina, de peixes; e cantará "os sulcos das suas costas ao sol", e Heitor e Helena, e o Mar do Caribe, que "ainda continua".

Já antes de *Homero*, todavia, Walcott havia deixado de lado a *Ilíada,* reconhecendo em Ulisses a sombra mais apropriada do Cada Um caribenho[50]. "Aquela vela que se apóia na luz, / cansada de ilhas, / uma escuna que percorre o Caribe// indo para casa", escrevia em 1976 em *Sea Grapes*, "poderia ser Odisseu, / dirigindo-se para a pátria, no Egeu". Todavia, não se trata aqui de encontrar um modelo, de copiar simplesmente os rastros da tradição. Quem provém direta ou indiretamente da cultura ocidental e vê uma vela, um homem só no horizonte marinho – afirmou Walcott – pensa em Ulisses, porque é isso que Ulisses se tornou para todos nós: um sinal, uma imagem condicionada, um reflexo dos nossos próprios olhos[51]. Mas isso não basta. Aquela vela *poderia* ser Odisseu, aquela nostalgia de pai e de

---

* Sobre a obra de H. Campos, vide cap. 9, onde Boitani apresenta sua leitura de *Finismundo*. (N. do E.)

ULISSES 2001

marido, "debaixo de contorcidas amargas videiras", é *como* o adúltero que ouve o nome de Nausicaa no grito de todas as gaivotas. Mas isto não dá a paz para ninguém.

A antiga guerra / entre obsessão e responsabilidade / não terminará nunca e sempre foi a mesma // para quem vagava pelo mar e para quem, à deriva / sacode agora as suas sandálias para voltar para casa, / desde quando Tróia exalou a sua última chama, // e a rocha do gigante cego golpeou a onda / de cujo inflar provêem os grandes hexâmetros / que se concluem no quebra-mar exausto ./ *Os clássicos podem consolar. Mas não o suficiente* [52].

Os clássicos podem consolar, mas não o suficiente. Não se deve portanto esquecer a história, com as suas dores, os seus passos incertos. Antes da *Odisséia* existe sempre uma Guerra de Tróia, e o Ulisses que retorna a Ítaca é o mesmo que reduziu Ílio em cinzas e tições, o primeiro europeu a destruir o outro e transportar escravos para o ocidente. Mas chega o momento em que a poesia – que, segundo Aristóteles, é mais séria e filosófica que a história[53] – colhe o momento primevo, o seu próprio início e o princípio do mundo. Na Bíblia, é o instante da Criação. Na cultura que dos Gregos, por meio de mil metamorfoses, descende até nós, é um outro instante de criação. Derek Walcott o compreendeu perfeitamente em seu *Mapa do Novo Mundo*, cumprindo assim o destino de Homero, Dante, Joyce, e dos mil cantores de Ulisses, por meio de um novo início:

Ao fim desta frase, iniciará a chuva,
Na beira da chuva, uma vela.

Lenta a vela perderá de vista as ilhas;
num nevoeiro irá embora a fé nos portos
de uma inteira raça.

A guerra dos dez anos acabou.
A cabeleira de Helena, uma nuvem cinza.
Tróia, um branco acumulo de cinzas
perto do gotejar do mar.

O gotejamento se estende como as cordas de uma harpa.
Um homem com olhos enuviados recolhe a chuva
e toca o primeiro verso da *Odisséia*[54, vi].

---

vi. At the end of this sentence, rain will begin. / At the rain's edge, a sail. // Slowly the sail will lose sight of islands; / into a mist will go the belief in harbours / of an entire race. // The ten-years war is finished / Helen's hair, a grey cloud. / Troy, a white ashpit / by the drizzling sea. // The drizzle tightens like the strings of a harp. // A man with clouded eyes picks up the rain / and plucks the first line of the *Odyssey*. (Derek Walcott, *Map of the New World*.)

184 A SOMBRA DE ULISSES

NOTAS

1. Na parte deste ensaio que se refere a Joyce repito inevitavelmente aquilo que foi escrito em "The Shadow of Ulysses Beyond 2001", em *Comparative Criticism,* 21, 1999, 3-19, e em "Ulysses in Another World", em *Classic Joyce (Joyce Studies in Italy 6),* Roma, Franca Ruggieri, Bulzoni, 1999, pp. 33-51.

2. Victor Klemperer, *Ich will Zeugnis Ablegen bis zum Letzten – Tagebücher 1933-1941.* Berlin, Aufbau, 1995, p. 154.

3. J. Joyce, *Ulysses,* Harmondsworth, Penguin, 1969. Todas as referências e as citações remetem a esta edição.

4. *Idem,* pp. 647-648.

5. *Ibidem.*

6. *Idem,* pp. 648-649; trad. G. De Angelis, *Ulisse,* Milão, Mondadori, 1971, pp. 969-970. As traduções de *Ulysses* aqui citadas pertencem a este texto.

7. *Idem,* p. 649.

8. Niágara "sobre o qual nenhum ser humano passou impunemente"; "o país *proibido* do Tibete", de onde, como diz Hamlet da morte, "nenhum viajante retorna", *Ulisse,* p. 968.

9. A esses poetas dediquei o ensaio "The Irish Ulysses", de iminente publicação na *Rivista di letterature moderne e comparate.*

10. *Ulysses,* p. 648.

11. F. Nietzsche, *Così parlò Zaratustra,* trad. M. Montinari, Milão, Adelphi, p. 281 ("I sette sigilli", 5). Em português: *Assim Falava Zaratustra,* trad. Eduardo Nunes Fonseca, São Paulo, Hemus, s/d.

12. E. Bloch, *Das Prinzip Hoffnung,* Frankfurt am Main, Suhrkamp, 1959, III, pp. 1201-1204; e "Odysseus Did Not Die in Ithaca", em G. Steiner e R. Fagles (eds.), *Homer,* Englewood Cliffs, N. J. Prentice Hall, 1962, pp. 81-85.

13. M. Horkheimer & T. W. Adorno, "Odysseus oder Mythos Und Aufklärung", em *Dialektik der Aufklärung,* Frankfurt am Main, Fischer, 1969, pp. 50-87.

14. Para Canetti, v. P. Boitani, *L'Ombra di Ulisse. Figure di un mito,* Bolonha, Il Mulino, 1992, pp. 149-150.

15. W. Benjamin, "Franz Kafka", em *Angelus Novus,* trad. R. Solmi, Turim, Einaudi, 1962, pp. 261-289, p. 267.

16. F. Kafka, "Das Schweigen der Sirenen", em *Parables and Paradoxes,* Nova Iorque, Schocken, 1961, pp. 88-91.

17. Sobre essa parábola de Kafka escrevi em *L'ombra,* pp. 213-219.

18. M. Blanchot, "Le chant des Sirènes", em *Le livre à venir,* Paris, Gallimard, 1959, pp. 9-37.

19. E. Lévinas, *Humanisme de l'autre homme,* Paris, Fata Morgana, 1972, p. 40.

20. E. Lévinas, *En découvrant l'existence avec Husserl et Heidegger,* Paris, Vrin, 1974, p. 191.

21. Indico para esse tema *L'ombra di Ulisse, op. cit.*

22. E. Lévinas, *En découvrant l'existence,* p. 188.

23. H. Fisch, *Un futuro ricordato,* trad. G. Angelini, Bolonha, Il Mulino, 1988.

24. Vejam-se Filone di Alessandria, *Domande e Risposte su Genesi,* IV, 2, e Clemente di Alessandria, *Protreptikos,* IX, 71.

25. Reunidos atualmente em B. Fondane, *Le mal des fantômes,* Paris, l'Ether Vague – Patrice Thierry, 1996.

26. B. Fondane, *Baudelaire et l'experénce du gouffre,* Bruxelas, Editions Complexe, 1994. Dediquei a Fondane um ensaio intitulado *Ulisse e l'Esodo: Fondane dopo il naufragio,* que será publicado nos "Atti del Convegno su Benjamin Fondane" ocorrido em Cosenza em outubro de 1999.

27. P. Levi, *Se questo é un uomo.* Turim, Einaudi, 1979, p. 145.

28. V. Klemperer, *Ich will Zeugnis ... . Tagebücher 1942-1945,* 1 de setembro de 1942; 2 de março de 1943 ; 13 de fevereiro de 1945.

ULISSES 2001   185

29. P. Celan, "Salmo", em *Poesias*, curadoria de G. Bevilacqua, Milão, Mondadori, 1998, pp 378-379.

30. P. Levi, *op. cit.*, pp. 143-144

31. J. Derrida, *La scrittura e la differenza*, trad. G. Pozzi, Turim, Einaudi pp. 120, 196-8; a frase de Joyce encontra-se no episódio de "Circe", *Ulysses*, p. 471.

32. Ver sobre isso R. Alter, "Joyce's Ulysses as Comic Messiah", em P. Boitani & R. Ambrosini, (eds.), *Ulisse: archeologia dell'uomo moderno*, Roma, Bulzoni, 1988, pp. 265-280.

33. A. Desai, *A Journey to Ithaca*, Londres, Heineman, 1995.

34. C. Kavaphis, "Ítaca", em M. Dalmati & N. Risi (orgs.), *Cinquantacinque poesie*, Turim, Einaudi, 1968, pp. 62-65

35. Plotino, *Enneadi I, 6, 8;* Porfirio, L. Simonini (org.), *L'antro delle ninfe*, Milão, Adelphi, 1986, pp. 78-85, 247-249.

36. Adonis, *Mémoire du vent. Poèmes 1957-1990*, Paris, Gallimard, p. 56

37. Adonis, *Mémoire*, pp. 57, 60.

38. Khalil Hawi, "Il marinaio e il derviscio", trad. P. Blasone, em *Linea d'ombra*, 79, 1993, 66-67.

39. W. Soyinka, "Ulysses Britannicus in Africa e 'No!´ He said", em *Ulisse: archeologia*, pp. 367-377.

40. W. Soyinka, "Ulysses", agora em *Ulisse: archeologia*, pp. 377-379.

41. Para o *métissage* ver S. Grutinzky, *La pensée métisse*, Paris, Fayard, 1999, para o conflito ver D. Quint, *Epic and Empire. Politics and Generic Form from Virgil to Milton*, Princeton, Princeton University Press, 1992.

42. G. Steiner, *Language and Silence*, Harmondsworth, Penguin, 1979, p. 83.

43. P. De Man, "Walter Benjamin's 'The Task of the Translator'", em *The Resistence to Theory*, Manchester, Manchester University Press, s. d. , p. 92

44. Haroldo de Campos, *Sobre Finismundo: A Última Viagem*, Rio de Janeiro, Sette Letras, 1996. Um ensaio meu intitulado *The Last Voyage of Haroldo de Campos* vai ser publicado em Londres nos Atos do convênio sobre Haroldo de Campos, Oxford-Yale, outubro 1999.

45. "Tupy or not tupy: that is the question", se perguntava Oswald de Andrade no *Manifesto Antropofágico* de 1928, parafraseando a célebre *quaestio* de Hamlet com o nome de tribos indígenas do Brasil.

46. Haroldo de Campos, *Crisantempo*, São Paulo, Perspectiva, 1998

47. Para Harris, Brathwaite e Dabydeen, ver o meu "The Shadow of Ulisses beyond 2001", *op. cit.* p. 18, n. 40.

48. D. Walcott, "The Sea is History", em *Collected Poems*, 1948-1984, Londres, Faber, 1992, pp. 364-367.

49. D. Walcott, *Omeros*, Londres, Faber, 1990.

50. Ver também D. Walcott, *The Odyssey A Stage Version*, Londres, Faber, 1993.

51. D. Walcott, "A Sail on The Horizon", em *Ulisse: archeologia*, pp. 47-48,

52. D. Walcott, "Sea Grapes", na *Collected Poems*, p. 297.

53. Aristóteles, *Poetica*, IX, 1451b1.

54. D. Walcott, "Mappa del Nuovo Mondo", em *Mappa del Nuovo Mondo*, Milão, Adelphi, 1992, pp. 150-151. Se isto parece um modo consolador de terminar um ensaio sobre o conflito presente na imagem contemporânea de Ulisses posso assegurar que existem ícones muito mais polêmicos: por exemplo, o *Outis* de Luciano Berio, ou a estátua de Ulisses, obra de Ugo Attardi, agora em Battery Park, Nova Iorque.

Caderno de Poemas

SELECIONADOS E TRANSCRIADOS
POR HAROLDO DE CAMPOS

NOTA DO EDITOR

O interesse de Haroldo de Campos por esta obra de Piero Boitani e pela rica viagem que ela realiza na literatura do Ocidente, à luz de um de seus heróis paradigmáticos, cuja sombra se projetou através do tempo na aventura extraordinária encetada pelo verso homérico, traduziu-se não só no desejo de vê-la publicada em português, pela editora Perspectiva, como na contribuição que faz à transcriação poética das citações do texto, dando ao leitor a oportunidade de fruir a experiência da leitura desses versos, por um mestre tradutor de poesia.

Odisséia, de Homero

DA NÉKUIA

CANTO 11

Foi assim que baixamos para a nau, mirando
o mar; antes, porém, lançamos o navio
ao sacro sal aquoso, o mastro e as velas todas
fazendo arborescer no barco escuro; então,
embarcamos carneiros e ovelhas. Subimos   5
a bordo, corações-cortados, todo-lágrimas.
Um vento enfuna-velas, favorável, ótimo
sócio, a deusa de belas-tranças, poderosa,
claravoz, Circe, envia-nos, impulso à nau
de proa azul-cianuro. Após os faticosos   10
aprestos, nos sentamos, o piloto ao leme.
Transnavegamos, velas pandas, todo o dia.
O sol no ocaso, tudo escureceu: confins
do oceano fundo-fluente, povo e país cimérios,
circum-nevoentos, fosco-núveos, nunca o sol   15
radioso os afogueia, nem quando às estrelas
sobe, nem quando à terra baixa: noite lúgubre
sobre mortais sem sorte. Aproamos o navio
à costa; os animais foram trazidos para
fora, à praia; também nós, ao longo do oceano   20

fluescente, fomos todos seguindo, no afã
de conferir o sítio proferido por
Circe no seu aviso. Lá os dois, Perimedes
e Euríloco, aferraram as vítimas, eu
saquei da espada aguda, presa à minha coxa; 25
escavei uma fossa, um cúbito de lado,
vertendo libações para todos os mortos;
por primeiro, aquamel; depois o vinho doce;
água a terceira vez; alvíssima farinha
sobrespargi; roguei muito então às cabeças 30
vácuas dos mortos: a Ítaca tornando, estéril
novilha imolarei no paço, a melhor delas;
pira plena de dons, para Tirésias, só
para ele, todanegra, sineira, uma ovelha.
Exconjurado assim o povo morto, as vítimas 35
dessangrei e na fossa negrejou o cruor.
Formas defuntas, psico-fantasmais, do Érebo,
moças e moços, multissofridos anciãos;
recém-morridas, tenras virgens que arrefecem;
muitos, bronzialanceados, caídos em combate, 40
de armas ensangüentadas; qual turba, ao redor
da fossa, inumeráveis, acorriam, daqui,
dali, em fragoroso tropel; um pavor

cloroso-pálido eis que me tomava todo.

Então aos companheiros conclamei: ovelhas,   45
que o bronze fero degolara, esfolem, grelhem-nas,
as carnes ofertando aos Sempiternos deuses,
ao forte Hades, à atroz Perséfone; do flanco
sacando a espada aguda, sentei-me impedindo
as vácuas testas de achegar-se ao sangue, enquanto   50
eu a Tirésias não tivesse ouvido. Veio
primeiro Elpénor, sombra-psiquê do finado
companheiro, insepulto ainda no ctônio chão
multívio seu cadáver, que no círceo paço
deixáramos sem pranto, sem jazigo, pois   55
outros afãs urgiam. Contristado ao vê-lo,
estas palavras-asas dirigi-lhe: "Elpénor,
como chegaste aqui sob o trevor nubloso?
A pé, ultrapassando minha nave negra?"
Tornou-me, suspiroso: "Odisseu Laercíade,   60
demonizou-me – ó multiastuto – o fado adverso;
fez me dormir o vinho na mansão de Circe;
descuidei-me da volta, de baixar ao longo
das escadas; do topo caí, partindo a nuca,
as vértebras; desceu-me a ânima ao Hades!   65
Agora, pelos teus que na pátria ficaram;

por tua esposa; por teu pai que te nutriu;

por Telêmaco, só no teu solar, imploro

(pois sei que ao deixar este reino fosco irás

com tua nau bem-torneada rumo à ínsula Eéa) 70

que de mim não te olvides (lá chegando), ó rei!

Não fique eu para trás, sem pranto, sem jazigo,

ao léu enquanto a nau navega para longe;

não chames sobre ti a cólera dos deuses.

Ao fogo os meus despojos, armas, o que é meu. 75

Ergue-me a tumba às orlas da grisalha escuma:

Um homem sem fortuna, no futuro um nome,

e planta nela o remo que entre os meus vibrei."

Falou. De minha parte, respondi-lhe: "Elpénor,

ó sem ventura, tudo o que rogas farei 80

e perfarei por ti." Sentados conversamos

nesse tom, tristemente; eu, gládio em guarda ao sangue

de um lado; ele, do lado oposto, discorrendo,

o ícone dele, e a fossa aberta entre nós ambos.

Veio a seguir a sombra-mãe, psiquê da Autólica 85

augusta Anticléia, mãe que eu deixara com vida,

vindo à Tróia. Chorei lágrimas consternadas.

Nem assim, mesmo aflito, permiti-lhe o acesso

à sanguinosa fossa, antes de vir Tirésias.

CADERNO DE POEMAS

Veio, por fim, a sombra-psiquê do tebano   90
Tirésias, cetro-de-ouro. Conheceu-me e disse:
"Odisseu Laercíade, multiastucioso,
ó sem-ventura, por que vieste, de Hélios-Sol
fugindo à luz, aos mortos e à sua atroz necrópole?
Afasta dessa fossa o gládio agudo, que eu,   95
bebendo o sangue, coisas veras te direi."
Falou. Eu me arredei, remetendo à bainha
a argênteo-cravejada espada. De anegrado
sangue saciado, o imáculo adivinho, então,
proferiu seu prognóstico: "Odisseu glorioso,   100
buscas o mel-delícia do retorno; um deus,
ao invés, se empenhará em dar-te o fel difícil:
ao Tremeterra não creio que escapes; de ânimo
iroso, não esquece que o filho dileto
lhe cegaste. Sofrendo coisas ruins embora,   105
poderás regressar ainda, caso teu íntimo
domes e o dos teus homens. Ao aproar a nau
à ilha Tridêntea, após vencer o mar violeta,
as novilhas verás pastando e as bem-fornidas
ovelhas de Hélios-Sol, o deus onividente,   110
o oniescutante. Caso as deixes em paz, fixo
no regresso, intocadas, voltarás embora

sofrendo coisas ruins. Se lhes fizeres danos,
a ti, aos teus, à nau eu predigo infortúnio.
Mesmo que escapes, mesmo assim, só muito tarde   115
voltarás, velho, sobre nau alheia, sem
companheiros. Em casa, amargura: filáucia
de príncipes, comendo tua comida, todos
assediando tua esposa quase-deusa, dando-lhe
dons de bodas. De volta, tu lhes punirás   120
os malfeitos. Da astúcia oblíqua ou do fio nu
do bronze mortos todos os rivais, irás
com teu remo até onde um povo nada saiba
do mar, nem coma sal, nem tenha visto nunca
naves púrpuro-cavas, nem os remos-asas   125
das naus. Dou-te um sinal claro, uma senha-guia:
quando um outro viajor, contigo se cruzando,
disser que sobre a espádua resplendente levas
um joeirador de grãos, então finca na terra
o remo bem-lavrado, sacrifica ao rei   130
Posêidon um carneiro e um touro, e um javali
garanhão de javardas; volta à casa e oferta
hecatombes aos numes do urânio-céu, todos,
segundo a ordem prescrita. Do talásseo mar,
então, te provirá a morte, a mais doce, tal   135

que te colha avançado na idade, cercado
de um povo feliz. É o que eu falo e é verdade."

O CANTO DAS SEREIAS
CANTO 12 (181-201)

Mas assim que o vozear distante já se ouvia,   181
mesmo nos apressando, não lhes fugia a rápida
nau desabalada, e – cristal – o canto entoam:
"Vem, ó mega-herói, glória da Acaia, Odisseu.
Pára a nave, e a nós ambas poderás ouvir;   185
jamais por aqui nave negra bordejou
sem que o melicanoro cantar escutasse
de nossas bocas e, após fruí-lo, plena e sábia
se apartar. Conhecemos o sofrer de Gregos
e Troianos em Ílion, vontade dos deuses;   190
no polifértil chão, quanto passou, sabemos."
Tive ganas de ouvir suas líquidas odes
no coração, e aos homens mandei que soltassem-me
com um aceno de olhos; recurvos, remavam.
Perimedes e Euríloco súbito ergueram-se   195
e mais forte me ataram, apertando as cordas.

Mas postos afinal ao largo, não sentindo
mais o canto-cristal das Sereias, então
os companheiros destamparam os ouvidos
da cera que eu metera neles e das cordas   200
pronto me deixaram livre, desamarrando-as.

A Divina Comédia, de Dante

INFERNO

CANTO 26 (76-142)

Quando a flama achegou-se e pôs-se aqui   76
em lugar e tempo apta ao meu guia, logo
que lhe falava desta forma ouvi:

"Ó vós que sois duas dentro de um só fogo,   79
se mereci de vós, enquanto vivo,
se mereci de vós ou muito ou pouco

quando no mundo versejei altivo,   82
não vos movais, mas que um de vós me diga:
Perdido, onde morreu? Qual seu jazigo?"

O corno, a ponta mor da flama antiga   85
começou a agitar-se, murmurando,
qual se o vento lhe desse grã fadiga;

o topo para aqui e ali meneando,   88
como se fosse língua que falasse,
pondo de fora a voz, gritou e disse:

"Quando parti de Circe, que falaz   91
junto a Ceuta mais de ano me reteve
antes que Enéias de um tal modo a nomeasse,

dulçor do filho, ou cura não deteve-me   94
do velho pai, nem débito de amor
de alegrar a Penélope conteve

dentro de mim a força desse ardor   97
que a fazer me impelia do mundo experto
e dos vícios dos homens, do valor;

e me lancei, então, ao mar aberto   100
só, com um lenho e a gente que acompanha-me
pouca, da qual jamais eu fui deserto.

De uma costa a outra costa, eis, vi a Espanha   103
afinal, e o Marrocos, e a ilha Sarda
e as outras que em redor esse mar banha.

Eu e os meus nautas, gente velha e tarda,   106
quando alcançamos essa foz estreita,
onde Hércules pôs signos como em guarda:

que ninguém de ir além se atreva à empreita;   109
à mão direita, então, deixei Sevilha,
que à sinistra deixara-me já Ceuta.

Ó vós, irmãos, que por centos de milhas   112
chegastes, por perigos, ao sol-poento,
ora a esta pequeníssima vigília

que é do nosso sentir remanescente,   115
não lhe queirais negar o experimento,
por trás do sol, do mundo sem mais gente.

Considerai estirpe e nascimento: 118
para viver não sois feitos quais brutos
mas por seguir veraz conhecimento."

Meus companheiros fiz tão resolutos   121
com esse curto exortar a pôr-se em rota,
que só à custa os sujeitei, redutos;

para o lado do oriente vôlta a popa,   124
a remar nos lançamos, louco vôo,
sempre avançando pela via canhota.

Todo o estelário já do alterno pólo   127
a noite vislumbrava, e o nosso baixo,
tanto, que não surgia do aquoso solo.

Cinco vezes aceso, cinco baço,   130
era o fulgor que dá uma luz *sub luna*,
depois que nós franqueamos o alto passo;

súbito nos surgiu montanha bruna   133
pela distância e pareceu-me tanto
se elevar, quanto igual não vi nenhuma;

nossa alegria logo tornou-se pranto,   136
que um turbilhão nasceu da nova terra,
bateu na proa e nos transiu de espanto.

Faz três vezes girar a nau que aferra;   139
e na quarta levanta a popa à altura,
e a proa declina, fiel a quem impera;

e nos fecha das águas na clausura.   142

A Última Viagem de Ulisses, de Arturo Graf

Passaram-se quatro anos. Já tornara
há quatro anos Ulisses à cara Ítaca,
a viver com seu filho e sua consorte
fiel, dando graças à propícia sorte
que dos furiosos ventos e do mar
o resgatara. Em paz, ei-lo a gozar
do sofrido repouso e do sonoro
láureo louvor da Fama, em copa de ouro
bebendo o vinho dos vinhedos flóreos
que ele herdara do pai. Junto a seus glórios,
provectos companheiros de fortuna,
assentes à lareira e à távola única,
de à vida tornar, de antes, se alegrava
e, mente vigilante, recordava
de Ílion as pugnas, do Aquileu invicto,
altivo e desdenhoso e dos muitíssimos
invejados heróis da ilustre e clara
gesta. E do lábil câmbio do mar, as
maravilhas e ardis, a funda, atroz
cova de Polifemo, a maga voz
das dolosas sereias, e à parte, à parte,
de Calipso e de Circe as manhas e artes,
coisas sabidas – ele as recontava –,

coisas que tinham sido, águas passadas;
pálidos de ânsia, com imóveis cílios
como crianças à vista de prodígios,
novas versões da loucura revelha
bebiam, onda a golfar de sua fabela,
os bravos a que o rei embevecia,
e eles à roda; amiúde os surpreendia
nessa postura o renascer do dia.

A Última Viagem,
de Giovanni Pascoli

1

PÁ

E o timão à lareira suspendeu
em Ítaca, o herói navegador.
Chegava exausto da terrena errância,
esforçando os jarretes, que cumprira
portando um remo sobre o úmero forte.
Buscava os que do mar nada sabiam
nem das naus negras, de altas proas vermelhas,
nem misturavam sal às suas vitualhas.
Já haviam-se consumido luas inúmeras
entre escarpas rochosas, e ele em vão
buscava o mar azul, onde imergir
o olhar; já há muito tempo não sentia
o céu, o odor de mar, mas o do verde:
quando lhe apareceu outro viajeiro
que disse – e o vento que ululou noturno
se debatia no monte, em torno deles,
feito urso que caiu em fossa funda:
"Ó forasteiro, vais ao rei? É tarde.
Ao rei, no silo, o grão já está mondado.
Um deus mandou este hálito que sopra

ainda hoje e o ventilabro extraiu-lhe a palha.

Agora, obra tardia, é vã tua pá."

Disse. Mas riu cordato o coração

ao herói que pensava nas palavras

do morto, cego, com seu cetro de ouro,

cego que vê, e – de tudo ciente – morto:

entre altos choupos e chorões inférteis

na caligem, bebendo sangue ao fosso,

ele dissera: "Paz só terás, mísero,

quando ao remo bem-feito do navio

hão de chamar 'despojador de palhas'."

E ora, pensando nisso, o coração

lhe sorriu: "Ó terráqueo, asa, não pá!"

Que seja. Ora firmá-la aqui, neste ato,

quero, neste solo árido, compacto.

Tudo se finda. Contra a ira de um deus,

por vôo louco, a irritar o vento, anseio.

E o outro a Odisseu falando prosseguia:

"Quem e de onde vens dentre os homens? Como

chegaste a nós? Através do ermo etéreo,

qual fosses algum cisne longocolo?

Não, mas os dois joelhos entre si cambiando.

Fala-me e sem volteios diz-me o vero."

2

ASA

E respondeu-lhe o herói, muito vivido:
"Narro-te todo o vero, sem volteios.
Eu sou desconhecido a vós, humanos
mortais, homem também, mas já divino,
qual nume que com pés, boi tardo, não
anda, nem com a máquina dos joelhos,
mas à incitação de aéreos braços, como
pássaros da cor do ar, que está por baixo,
vastíssimo. Viajando eu divisei
o desaguar de estrelas, do transgresso
Urânio afora, e a olho nu pude ver
o condutor do Carro astral que vinha
de longe, como que assobiando aos bois,
e as rodas áureas a saltar, ligeiras,
sobre o saibro a fremir da estrada azul.
Nem sempre as asas, entre céu e céu,
batíamos; muitas vezes nós tomávamos
o vento, que rosnava, pelas ventas
largas, nós o tomávamos, vão vento
louco, a nos conduzir; e com mão forte

eu as rédeas regia, freando-lhe o passo.
Um deus que nos odiava, como vós
à terra que sustenta, mas quebranta.
Tudo se finda. Ó tu, faz que do rei
um touro jovem, um cordeiro, um porco,
nos venham, para honrar o deus ignoto."
E o outro, com estupor: "Esse Não-Noto
é grande, e ainda maior, sendo ele deus."
E foi-se ao rei – coração só dulçor –,
tendo de grãos repletas suas canastas.
Assim, numa selvosa penha, o herói
plantou seu remo, a leve asa incrustada
de tártara salsugem. Ao Celeste,
furioso pelo seu Ciclope, fez
imolar um cordeiro e um touro jovem,
e um varrão montador de suínas em
terceiro. Foi descendo depois; muitas
luas vieram concorrer com o herói – uma
após a outra, se (fráguas hirtas, todas
a contornar, espúmeas) consumindo.
A última, plena, sobre o mar tremia
recintilante, e sobre a areia alvíssima,
a nau, pequena e negra, lhe mostrou

CADERNO DE POEMAS

e os companheiros que, esperando a morte,
se deixavam estar, e remirando
o monte, emudeciam. Ao largo, vendo
o Carro de áureas rodas que saltava
sobre o saibro da estrada azul, lançou-se.
Reviu, a se elevar, a fumaça e Ítaca
escarpada, e sua casa, onde ele, enfim,
suspendeu o timão sobre a lareira

24

CALIPSO

E o mar azul, que o amou, para além, para
longe, o instou, Odisseu, nove dias, nove
noites, e o arrojou à ínsula distante,
à gruta a florescer-lhe à orla, repleta
de cachos de uva e vides pampinosas.
E fosca, em torno, a selva lhe crescia
de bétulas e olentes ciparissos;
falcões e mochos, gralhas de voz gárrula
ali nidificavam e nenhum
ser vivo, deus ou homem, punha ali

o pé. E falcões entre as copas densas
da selva tatalavam rumorosas
asas; dos ocos de árvores decrépitas
os mochos assopravam e, dos ramos,
gralhas gárrulas, de algo que no mar
se dava, alvoroçavam-se. E a Urdidora
dentro, cantando, ao cálido perfume
de um cedro, ouviu na mata um trom estranho.
"Ai de mim!" – diz. "Ouvi vozes de gralhas
e o ressoprar dos mochos." E entre espessas
folhas, revoam falcões de altivas asas.
Terão visto, talvez, à flor das ondas
um qualquer nume, feito um mergulhão
gigante, sobrevoando o mar de estéreis
vórtices? Ou, qual vento, a se mover
sem rastros sobre campo de violeta
e sélinon? Do ouvido fique o dito
longe! Os deuses odeiam a Ocultadora
solitária. Eu o sei bem, desde quando
o homem que amava ao mar o devolvi
e à sua dor. Mas que vês, ó mocho de olhos
redondos? Oh, que vedes, gralhas gárrulas?
Ei-la que sai com a naveta de ouro

na mão, e espreita o que jazia na praia,
fora do mar, ao pé da gruta um último
homem que o vagalhão sacudira: a alva
cabeça dava aceno, com quem
da grota já soubesse, e um pouco trêmulo,
pendiam sobre ele cachos de uvas de uma
vinha. Era Odisseu, era ele que à déia
recambiava o mar: morto, o recambiava
à Ocultadora, à solitária deusa
e à ilha deserta que frondeja, umbigo
do sempiterno mar de águas-talássias.
Voltava nu aquele que regara
de pranto a veste imperecível, dádiva
de sua déia; branco e trêmulo em sua morte,
ele que recusara a juventude
perene. E ela envolveu o homem na nuvem
dos cabelos, e às ondas ululou,
estéreis, onde mais ninguém a ouvia:
'Não ser mais! Não mais ser! Mais nada! Morte
é o que há de menos, quando não mais se é.'

O Encontro de Ulisses, de G. D'Annunzio

E como o êxul retorna

à casa paterna

em sua nau ligeira:

seu coração, renovado,

ferve na onda à dianteira;

sua tristeza esvaece,

na virente longa esteira:

assim eu soltei a vela

com os fiéis companheiros,

num dealbar de verão

ventoso, da ápula praia,

onde vi ainda aos céus

uma ereta coluna romana;

afinal eu naveguei

assim para a Hélade esculpida

pela mão do deus na luz

sublime e no mar profundo,

igual a um simulacro

que faz aos homens visíveis

as leis da Força

perfeita. E encontramos um herói.

Encontramo-nos com aquele
que os Latinos chamam Ulisses,
nas águas da Leucádia, sob
as penhas sulcadas e alvas
pênseis sobre o vórtex voraz,
junto à ínsula pétrea
como um rude corpo
ósseo de inderrubável constructo
e só de argêntea cintura
precinta. Nós o vimos
sobre a nau cavada. E regia
no seu punho a escota
escrutando os ventos volúveis
silente. E o pileu
tecido, de marinheiro,
cobria-lhe a cabeça canosa
a túnica breve o joelho
férreo, a pálpebra, por seu turno,
o olho aguçado; e vígil em todo
músculo a infatigada
pujança do coração magnânimo.

CADERNO DE POEMAS

E não as trípodes maciças,
nem os redondos vasos
sob os bancos do lenho
reluziam, belos dons
de Alcínoo, rei dos Feácios,
nem a veste, nem o manto
estendido onde deitar-se
e dormir o Herói pudesse.
Somente o arco ele apanhara
da alegre vingança, o arco
de amplos cornos e de nervo
rijo que, tenso, estridulava
como andorinhas, núncias
do deus, quando ele escolhe a seta
para vazar a gorja ao pretendente,
só com o arco e com a negra
sua nave, longe da casa
de alta cumieira, sonora
de industriosas tecelãs, prosseguia
o seu labor necessário
contra o implacável mar.

"Ó Laertíade", gritamos,
e o coração saltava-nos no peito
como aos coribantes do Ida
por uma virtude furibunda,
e o fígado acérrimo ardia:
"Ó Rei dos Homens, eversor
de muralhas, piloto de todas
as sirtes, para onde navegas? A quais
maravilhosos perigos
conduzes o negro lenho teu?
Homens livres somos
e como tu com a escota
nós nossa vida no punho
temos, prontos a deixá-la
em bando ou estendê-la ainda.
Mas se um rei quiséssemos ter,
a tu somente quiséramos
como rei, tu que conheces mil vias.
Toma-nos a bordo de tua nau,
teus fiéis até a morte!"
Sequer dignou-se voltar a cabeça
encanecida; e a aba vermelha
do piléu lhe palpitava

ao vento sobre a face crestada
que o tempo e a dor haviam
sulcado de muitos sulcos
venerandos. "Ouve-me!", eu gritei
por sobre o clamor dos caros companheiros;
"ouve-me, Rei das Procelas,
entre eles sou o mais forte!
Põe-me à prova. Se distendo
o arco teu grande
como um teu par, toma-me
contigo. Se não o estendo, nu,
transfixa-me à tua proa."
Menos desdenhoso, ele voltou-se
àquele orgulho jovem
clarossoante no vento;
e o fulgor dos seus olhos
feriu-me no meio da testa.

Depois, tendeu a escota ao esforço
do vento; e a vela real
afastou-se pelo Iônio radiante; nós,
unidos, olhávamos, silentes.

Cantos,
de Ezra Pound

tradução de Augusto de Campos,
Haroldo de Campos
e Décio Pignatari

CANTO I

E descemos então para o navio, e
Quilha contra as ondas, rumo ao mar divino, içamos
Mastro e vela sobre a nave negra,
Ovelhas a bordo, e também nossos corpos
Pesados de pranto, e os ventos da popa
Nos lançaram ao largo, as velas infladas,
Por arte de Circe, a de bela coifa.
Sentados no meio do barco, vento premindo o leme,
A todo o pano, singramos até o fim do dia.
Sol rumo ao sono, sombras sobre o oceano,
Chegamos ao limite da água mais funda,
Às terras cimerianas, cidades povoadas
Cobertas de névoa espessa, jamais devassada
Por brilho do sol, nem
Quando tende às estrelas, nem
Quando volve o olhar do céu,
Treva a mais negra sobre homens tristes.
Reflui o oceano, chegamos ao lugar
Predito por Circe.
Aqui cumpriram ritos Perimedes e Euríloco,
Puxando a espada do flanco

Cavei o fosso de um côvado de lado;

Vertemos libações a cada um dos mortos,

Hidromel primeiro, depois vinho doce, água e farinha branca...

Então muitas preces orei sobre as débeis cabeças do mortos;

E quando em Ítaca, touros estéreis dos melhores

Em sacrifício, a pira coberta de oblações,

Uma ovelha só para Tirésias, negra e ovelha-guia,

Sangue escuro escorreu no fosso,

Mortos cadavéricos, almas saídas do Érebo, de noivas,

De jovens, de velhos que muito sofreram;

Almas manchadas de lágrimas recentes, virgens tenras,

Homens muitos, golpeados com lanças de bronze,

Restos de guerra, armas vermelhas,

Amotinaram-se a meu redor, clamando;

Pálido, gritei a meus homens por mais vítimas;

Dizimaram os rebanhos, bronze contra ovelha;

Verti ungüentos, invoquei os deuses,

Plutão, o forte, e louvei Prosérpina;

Nua a espada esguia,

Sentei-me, contive o ímpeto dos mortos impotentes,

Até ouvir Tirésias;

Mas antes veio Elpenor, nosso amigo Elpenor,

Insepulto, largado na terra larga,

Membros que abandonáramos na casa de Circe,
Sem pranto, sem manto, pois outros feitos urgiam.
Lastimável espírito. E gritei rápidas palavras:
"Elpenor, como chegaste a esta praia escura?
A pé, ultrapassando os marinheiros?"
    E ele grave:
"Má sorte e muito vinho. No mirante de Circe
Adormeci. Rolei pela longa escada,
Bati no contraforte,
Partido o nervo da nuca, a alma buscou o Averno.
Porém a ti, ó Rei, suplico: sem manto, sem pranto, recorda-me,
Reúne minhas armas num sepulcro junto ao mar, e grava:
Um homem sem fortuna e um nome por fazer.
E ergue nele o remo, que usei entre os amigos."

E veio Anticléia, que repeli, e então Tirésias tebano,
Com o cetro de ouro, reconheceu-me e falou primeiro:
"Uma segunda vez? Por que, homem de má estrela,
Encaras os mortos sem sol e este reino sem júbilo?
Longe do fosso! Deixa que eu beba o sangue
E vaticine."
    E eu recuei,
E ele forte com o sangue: "Odisseu,

Retornarás através do rancoroso Netuno, sobre mares turvos,
Perderás todos os companheiros". E então Anticléia veio.
Descansa em paz Divus. Isto é, Andreas Divus,
In officina Wecheli, 1538, procedência: Homero.
E ele partiu, passou pelas Sereias e fez-se ao largo,
Até Circe.
    Venerandam,
Na frase do cretense, com áurea coroa, Afrodite,
Cypri munimenta sortita est, radiante, oricalchi, com dourados
Cintos e laços nos seios, pálpebras de bistre, tu,
Conduzindo o ramo de ouro do Argicida. De modo que:

Ulisses,
de Tennyson

É de pouco proveito um rei ocioso,
Junto à fria lareira, entre fráguas áridas,
Cônjuge de uma rainha entrada em anos,
Leis desiguais ditando a grei selvagem,
Que amealha e come e dorme e desconhece-me.

Não posso descansar da viagem: quero
Beber a vida até a borra. Frui tudo
À larga, sempre; à larga sofri, com
Aqueles que me amavam, ou sozinho;
À praia, enquanto as Híades tormentosas
Zurziam o plúmbeo mar, tornei-me um nome;
Sempre vagando, coração faminto,
Muito conheci, muito vi – cidades,
Costumes, climas, assembléias, governos,
A mim mesmo também, todos me honrando –,
Desfrutei com meus pares dos prazeres
De guerrear no ventoso plaino de Ílion.
De tudo que encontrei sou uma parte.
Toda a experiência é um arco, e através dele
Um mundo ignoto brilha e as margens fluem
Quando me movo, sempre, para sempre.
Quão tedioso é parar, dar um final,

No desuso enrustir, sem fulgir no uso!
Fosse a vida o respiro! Vida em vida
Empilhada; tão pouco tudo, e a mim
Míngua a que resta; cada hora resgata-se
Do silêncio eternal, um algo a mais,
Um portador de coisas novas; vil
Seria que eu, por três sóis, me entesourasse,
E a esse espírito gris, mas desejoso
Da busca do saber, cadente estrela,
Para além dos confins da mente humana.

Eis meu filho, Telêmaco, a quem deixo
O cetro e esta ilha, bem-amado filho,
Capaz de, discernindo, perfazer
Seu labor e, com lenta prudência, um
Povo rude amansa, e, grau a grau,
Tanto ao bom quanto ao útil submetê-lo.
Irrepreensível há de ser, centrando-se
Na esfera do dever comum, decente,
Sem descurar ofícios de ternura,
Sem se esquecer de honrar meus deuses-lares,
Quando eu partir. Fará sua obra, eu a minha.

CADERNO DE POEMAS

Eis o porto; o navio desfralda as velas;
Se enfusca, negro, o largo mar. Meus nautas,
Gente que laborou, lutou, pensou
Comigo, que saudou, galhardamente,
O trovão e o sol cáustico, antepondo-lhes
Corações livres, frontes livres – velhos,
Vós e eu; mas tem o velho honor e afãs.
A morte tudo encerra; antes do fim,
Algo de estampa nobre ainda é factível;
De homens que enfrentam deuses não destoante.
Luzes já tremeluzem dos penhascos;
Esvaem-se longos dias; a lua vai alta.
Mil vozes circunsoam do abismo. Vinde,
Caros! Não é tão tarde para a busca
De um mundo mais novo. Em ritmo, remai,
Bem-assentes, batendo as vagas troantes.
Meu alvo: navegar além-sol-pôr;
Por todas as estrelas do Ocidente
Banhado até morrer. Os golfos podem
Engolir-nos, mas pode ser que às Ilhas
Felizes arribemos, para ver
O grande Aquiles que antes conhecemos.

Muito se nos tomou, muito perdura.

Não somos a impulsão que outrora a terra

E o céu movia, a que fomos, que já fomos –

Têmpera igual de corações heróicos,

Frágeis por sina e tempo, fortes no ânimo.

De perseguir e achar, jamais cedendo.

LITERATURA NA PERSPECTIVA

A Poética de Maiakóvski
Boris Schnaiderman (D039)

Etc... Etc... (Um Livro 100% Brasileiro)
Blaise Cendrars (D110)

A Poética do Silêncio
Modesto Carone (D151)

Uma Literatura nos Trópicos
Silviano Santiago (D155)

Poesia e Música
Antônio Manuel e outros (D195)

A Voragem do Olhar
Regina Lúcia Pontieri (D214)

Guimarães Rosa: As Paragens Mágicas
Irene Gilberto Simões (D216)

Borges & Guimarães
Vera Mascarenhas de Campos (D218)

A Linguagem Liberada
Kathrin Holzermayr Rosenfield (D221)

Tutaméia: Engenho e Arte
Vera Novis (D223)

O Poético: Magia e Iluminação
Álvaro Cardoso Gomes (D228)

História da Literatura e do Teatro Alemães
Anatol Rosenfeld (D255)

Letras Germânicas
Anatol Rosenfeld (D257)

Letras e Leituras
Anatol Rosenfeld (D260)

O Grau Zero do Escreviver
José Lino Grünewald (D285)

Literatura e Música
Solange Ribeiro de Oliveira (D286)

América Latina em sua Literatura
Unesco (E052)

Vanguarda e Cosmopolitismo
Jorge Schwartz (E082)

Poética em Ação
Roman Jakobson (E092)

Que é Literatura Comparada
Brunel, Pichois, Rousseau (E115)

*Imigrantes Judeus / Escritores
Brasileiros*
Regina Igel (E156)

Barroco e Modernidade
Irlemar Chiampi (E158)

*Escritos Psicanalíticos sobre
Literatura e Arte*
George Groddeck (E166)

Entre Passos e Rastros
Berta Waldman (E191)

*Franz Kafka: Um Judaísmo na
Ponte do Impossível*
Enrique Mandelbaum (E193)

A Sombra de Ulisses
Piero Boitani (E203)

*Poder, Sexo e Letras na República
Velha*
Sérgio Miceli (EL04)

*Relações Literárias e Culturais
entre Rússia e Brasil*
Leonid Shur (EL32)

*O Romance Experimental e o
Naturalismo no Teatro*
Émile Zola (EL35)

Leão Tolstói
Máximo Górki (EL39)

Textos Críticos
Augusto Meyer e João Alexandre
Barbosa (org.) (T004)

*Panorama do Movimento
Simbolista Brasileiro*
Andrade Muricy – 2 vols (T006)

Ensaios
Thomas Mann (T007)

*Caminhos do Decadentismo
Francês*
Fulvia M. L. Morett (org.)
(T009)

*Aventuras de uma Língua
Errante*
J. Guinsburg (PERS)

Termos de Comparação
Zulmira Ribeiro Tavares (LSC)

CRÍTICA NA PERSPECTIVA

Texto/Contexto I
  Anatol Rosenfeld (D007)
Kafka: Pró e Contra
  Günter Anders (D012)
A Arte no Horizonte do Provável
  Haroldo de Campos (D016)
O Dorso do Tigre
  Benedito Nunes (D017)
Crítica e Verdade
  Roland Barthes (D024)
Signos em Rotação
  Octavio Paz (D048)
As Formas do Falso
  Walnice N. Galvão (D051)
Figuras
  Gérard Genette (D057)

Formalismo e Futurismo
  Krystyna Pomorska (D060)
O Caminho Crítico
  Nothrop Frye (D079)
Falência da Crítica
  Leyla Perrone Moisés (D081)
Os Signos e a Crítica
  Cesare Segre (D083)
Fórmula e Fábula
  Willi Bolle (D086)
As Palavras sob as Palavras
  J. Starobinski (D097)
Metáfora e Montagem
  Modesto Carone Netto (D102)
Repertório
  Michel Butor (D103)

Valise de Cronópio
Julio Cortázar (D104)
A Metáfora Crítica
João Alexandre Barbosa
(D105)
Ensaios Críticos e Filosóficos
Ramón Xirau (D107)
Escrito sobre um Corpo
Severo Sarduy (D122)
O Discurso Engenhoso
Antonio José Saraiva (D124)
Conjunções e Disjunções
Octavio Paz (D130)
A Operação do Texto
Haroldo de Campos (D134)
Poesia-Experiência
Mario Faustino (D136)
Borges: Uma Poética da Leitura
Emir Rodriguez Monegal
(D140)
As Estruturas e o Tempo
Cesare Segre (D150)
Cobra de Vidro
Sergio Buarque de Holanda
(D156)
O Realismo Maravilhoso
Irlemar Chiampi (D160)
Tentativas de Mitologia
Sergio Buarque de Holanda
(D161)
O Lírico e o Trágico em Leopardi
Helena Parente Cunha (D171)
Poesia com Coisas
Marta Peixoto (D181)
*A Narrativa de Hugo de Carvalho
Ramos*
Albertina Vicentini (D196)
As Ilusões da Modernidade
João Alexandre Barbosa (D198)
*Uma Consciência Feminista:
Rosário Castellanos*
Beth Miller (D201)
O Heterotexto Pessoano
José Augusto Seabra (D204)
O Menino na Literatura Brasileira
Vânia Maria Resende (D207)
Analogia do Dissimilar
Irene A. Machado (D226)

*O Bom Fim do Shtetl: Moacyr
Scliar*
Gilda Salem Szklo (D231)
*O Bildungsroman Feminino:
Quatro Exemplos Brasileiros*
Cristina Ferreira Pinto (D233)
O Super-Homem de Massa
Umberto Eco (D238)
Borges e a Cabala
Saúl Sosnowski (D240)
Metalinguagem & Outras Metas
Haroldo de Campos (D247)
Ironia e o Irônico
D. C. Muecke (D250)
Texto/Contexto II
Anatol Rosenfeld (D254)
Thomas Mann
Anatol Rosenfeld (D259)
*O Golem, Benjamin, Buber e
Outros Justos: Judaica I*
Gershom Scholem (D265)
*O Nome de Deus, a Teoria da
Linguagem e Outros Estudos de
Cabala e Mística: Judaica II*
Gershom Scholem (D266)
O Guardador de Signos
Rinaldo Gama (D269)
O Mito
K. K. Rutheven (D270)
O Grau Zero do Escrevier
José Lino Grünewald (D285)
Literatura e Música
Solange Ribeiro de Oliveira
(D286)
Mimesis
Erich Auerbach (E002)
Morfologia do Macunaíma
Haroldo de Campos (E019)
*Fernando Pessoa ou o
Poetodrama*
José Augusto Seabra (E024)
*Uma Poética para Antonio
Machado*
Ricardo Gullón (E049)
Poética em Ação
Roman Jakobson (E092)
Acoplagem no Espaço
Oswaldino Marques (E110)

Em Espelho Crítico
Robert Alter (E139)
A Política e o Romance
Irving Howe (E143)
O Prazer do Texto
Roland Barthes (EL02)
*Ruptura dos Gêneros na
Literatura Latino-americana*
Haroldo de Campos (EL06)
Projeções: Rússia/Brasil/Itália
Boris Schnaiderman (EL12)
O Texto Estranho
Lucrécia D'Aléssio Ferrara
(EL18)

Duas Leituras Semióticas
Eduardo Peñuela Cañizal (EL21)
Oswald Canibal
Benedito Nunes (EL26)
Mário de Andrade/Borges
Emir R. Monegal (EL27)
*A Prosa Vanguardista na
Literatura Brasileira: Oswald de
Andrade*
Kenneth D. Jackson (EL29)
Estruturalismo: Russos x Franceses
N. I. Balachov (EL30)
Sombras de Identidade
Gershon Shaked (LSC)

Impresso nas oficinas da
Gráfica Palas Athena